HEYNE BÜCHER

Vom gleichen Autor erschien außerdem
als Heyne-Taschenbuch

Ach du meine Güte · Band 01/5622

PETER USTINOV

MEIN RUSSLAND

Eine Geschichte des Landes meiner Väter
und Vorväter,
wie sie in keinem Geschichtsbuch steht

WILHELM HEYNE VERLAG
MÜNCHEN

HEYNE ALLGEMEINE REIHE
Nr. 01/6507

Titel der englischen Originalausgabe
MY RUSSIA
Deutsche Übersetzung von Karl Heinz Siber

Genehmigte, ungekürzte Taschenbuchausgabe

Printed in Germany 1985
Umschlagfoto: Gruner + Jahr, Hamburg; Archiv des Autors
Umschlaggestaltung: Atelier Ingrid Schütz, München
Gesamtherstellung: Presse-Druck Augsburg

ISBN 3-453-02082-0

Inhalt

1
Weshalb *mein* Rußland?

Mein Rußland. Es war die Idee meines englischen Verlags. Ich fürchtete anfangs, es könne unbescheiden klingen; doch bei genauerem Nachdenken wurde mir klar, daß jeder von uns «sein» Rußland, sein England, sein Deutschland, sein Amerika hat, oder auch – sofern er weiß, wo es liegt – sein Swasiland, und wäre es nur im Sinne eines Vorstellungsbildes, das er mit dem Namen Swasiland verbindet. Vorstellungsbilder können niemals vollständige Wahrheit für sich beanspruchen und auch nie vollständig falsch sein. Denn beides, Wahrheit und Falschheit, sind relative Begriffe, und wir haben, um sie zu messen, noch nicht einmal so etwas wie eine nach oben offene Skala.

Mein Rußland ist demnach ganz einfach ein anderes Rußland als das von Breschnew oder Andropow, das von Solschenizyn oder gar das von Reagan. Als einer, der einsam auf einem von Gezeiten und Strömungen aufgewühlten Meer treibt, von Brandungswellen überrollt, aber noch nicht an den Strand einer sterilen Ideologie gespült, habe ich ein Recht auf mein eigenes Rußland; daher habe ich den Titel, seiner anmaßenden Bestimmtheit zum Trotz, für gut befunden.

Bei vielen menschlichen – und gewiß auch tierischen – Reaktionen steht Angst, zuweilen eine bewußt geschürte Angst, Pate. Ausdrücke wie «die gelbe Gefahr» oder «der schlafende Riese» erwecken assoziativ die Erinnerung an uralte Angstsymbole der Menschen: Minotauri und Monster, unsichtbare Vulkan- und Waldgottheiten, die von Zeit zu Zeit aus ihrem verdienten Schlaf erwachen, um Schrekken oder Vernichtung über die menschlichen Ameisenkolonien zu bringen, über die ihr dröhnender Schritt hinweggeht. Mit der Vorstellung von der «gelben Gefahr» war nicht gemeint, daß der zuvorkommende Ober im chinesischen Restaurant um die Ecke plötzlich die Zähne fletschen könnte; andererseits suggerierte diese Vorstellung, daß es in Asien eine Milliarde seiner Sorte gibt und daß sich irgendwann irgend etwas ereignen könnte, das das sanfte Begrüßungslächeln aus seinem Gesicht vertriebe – und er dann gewissermaßen nicht ohne Verbündete dastünde.

Die phobischen Ängste, die China vielen von uns wegen seiner unermeßlichen Bevölkerungszahl einflößt, ähneln denen, die Rußland durch seine ungeheure Größe hervorruft. Die Vereinigten Staaten und Kanada, beide in jeder Hinsicht riesige Länder, erstrecken sich über vier Zeitzonen. Die Sowjetunion erstreckt sich über deren elf und über mehr als ein Sechstel der Landmasse der Erde. Das russische Reich verdiente den Titel «schlafender Riese» in seiner jahrhundertelangen «Latenzperiode» in jeder Hinsicht. Heutzutage sind diejenigen, die es wissen müssen, einhellig der Meinung, daß der Riese aufgewacht und sogar schon mit einigen Wassern gewaschen ist. Wie in solchen Fällen üblich, gibt es die einen, die sich mit ihm gutstellen wollen, in dem Glauben, daß er für menschliche Wärme empfänglich sei und ein gutes Gedächtnis besitze, und die anderen, die mißtrauischer, nervöser und daher aggressiver sind, die Annäherungsversuche der anderen anbiedernd nennen und der Überzeugung sind, nur durch Beweise der Stärke lasse sich der Leviathan beeindrucken.

Die Erfahrung zeigt, daß Größe und Liebreiz in umgekehrtem Verhältnis zueinander stehen. Ein Hundejunges wird mit seiner Niedlichkeit einem ausgewachsenen, noch so geliebten Hund allemal die Schau stehlen, und ein Löwenjunges ist ein Ausbund an katzenhafter Verspieltheit, ohne die geringste Gefährlichkeit zu zeigen; wenn aber ausgewachsene Löwen spielen wollen, so werden sie oft mißverstanden. Das gleiche gilt für alles, was nach menschlichen Maßstäben *groß* ist.

Die Fortschritte in der Nachrichten- und Verkehrstechnik tragen, indem sie die Welt kleiner gemacht haben, nur zur Verstärkung der Angstgefühle bei, die Rußland, darin gewissermaßen Opfer seiner eigenen gigantischen Proportionen, unwillkürlich auslöst. Das Unbehagen, das Rußland dem Rest der Welt einflößt, ist ein uraltes Phänomen; in früheren Zeiten wurde es von Reiseberichten über das große unbekannte Reich genährt, und es hat sich paradoxerweise in dem Maß gesteigert, wie wir Rußland näher kennenzulernen glaubten. Es fällt eben schwer, einem solchen Koloß Harmlosigkeit oder auch nur harmlose Absichten zu unterstellen – daran zu glauben, daß auch King Kong manchmal vielleicht nur spielen möchte.

Eine Riege anmutiger, kaum der Kindheit entwachsener russischer Turnerinnen, die im Angesicht von Sieg oder Niederlage je nach individuellem Temperament entweder überschäumende Freude oder tiefe Enttäuschung oder steinerne Unbewegtheit zur Schau tragen, mag von einem westlichen Publikum noch so sehr mit Beifall überschüttet werden, unterschwellig fällt es gleichwohl schwer, sich dem Eindruck zu entziehen, daß diese elfenhaften Wesen aus irgendeiner grauen Athletenfabrik hervorgegangen sind, in der ein jede Freude tötendes Regiment herrscht.

Wir neigen dazu, ihre Eishockey- und Fußballspieler als Roboter zu betrachten, die, wie lebende Schachfiguren, von irgendeinem gestrengen Chefdenker im Hintergrund über unsichtbare Drähte gesteuert werden. All dies heißt, den grauen Schatten Rußlands mit den oft höchst lebendigen und gefühlsbetonten Menschen zu verwechseln, die unter ihm leben. Und es sind natürlich die Medien, die die mittelalterlichen Legenden warmhalten und die Feuer des Vorurteils weiter schüren. Die Medien und die Politiker, die bei all ihrer Eloquenz doch in der Regel nicht mit mehr aufwarten können als einer bestimmten Vorstellung vom gegenwärtigen Rußland, einigen düsteren Vorahnungen für die Zukunft und einem sehr geringen Wissen über die Geschichte, abgesehen einmal von den Fehlern ihrer unmittelbaren Vorgänger – ein Thema, über das sie stundenlang zu debattieren imstande sind.

Während über die Ereignisse in Polen große Aufregung herrscht, ertönt allenthalben herbe Kritik an den Beschlüssen der Konferenz von Jalta 1945, als habe die Geschichte dieses Teils der Erde ebendort erst begonnen. Roosevelts Krankheit, so wird unterstellt, sei der Ausgangspunkt der ganzen Fehlentwicklung gewesen. Es gab nach Ende des Zweiten Weltkriegs sogar Leute, die überrascht und entrüstet darüber waren, wie wenig Rücksicht auf die polnische Exilregierung in London genommen wurde, der man, so meinten sie, hätte erlauben müssen, dort weiterzumachen, wo Hitler sie zum Abtreten gezwungen hatte.

Wenn die Kommunisten der französischen Widerstandsbewegung wenige Tage vor Eintreffen der alliierten Truppen in Paris eine Regierung gebildet hätten, wäre diese wohl von den Alliierten anerkannt worden? Natürlich nicht. Wie konnte man dann, mit oder ohne Jalta, erwarten, daß in Polen ein demokratisches Regime, das erst auf eine zehnjährige Tradition zurückblicken konnte, den größten Krieg der Menschheitsgeschichte unbeschadet überleben würde?

Rußland ist und war immer sehr stark auf seine Sicherheit bedacht, und dies aus dem triftigsten Grund, den es geben kann: durch bittere Erfahrung klug geworden. Dieses Land hat sehr viel mehr Menschen und materielle Werte auf seinem eigenen Boden verloren als je außerhalb seiner Grenzen!

Es ist heute populär, extravagante Hexenjagden auf jene prosowjetischen Cambridge-Absolventen und ihre Sympathisanten zu veranstalten, die vor mehr als 25 Jahren Spione für die Sowjetunion waren. Nur sehr wenige von denen, die sie verhört, und sicherlich keiner von denen, die sich in diesem Zusammenhang im Fernsehen geäußert haben, sind alt genug, um aus eigener Erinnerung etwas von der Atmosphäre zu wissen, die in jener Zeit, als das gegenwärtige Kapitel unserer Geschichte aufgeschlagen wurde, geherrscht hat. Es war eine Zeit unbeschreiblicher Frustration. In Spanien tobte der Bürgerkrieg, in dem die legitime Regierung langsam, aber unaufhaltsam auf die Verliererstraße geriet. Frankreich, Großbritannien und die Vereinigten Staaten waren offiziell neutral; nur Intellektuelle und romantische Idealisten aus diesen Ländern zogen für die spanische Republik in den ungleichen Kampf. Italien und Deutschland leisteten den Rebellen Militärhilfe und benutzten die Gelegenheit, ihre Waffen und Taktiken zu erproben. Rußland, weit vom Schuß, unterstützte die Regierung mit den verhältnismäßig bescheidenen Mitteln, die ihm zu Gebote standen, und predigte im übrigen die Errichtung jener kollektiven Sicherheitssysteme, die später allseits gefordert wurden und in Organisationen wie der NATO und dem Warschauer Pakt Gestalt annahmen; damals jedoch stieß die Sowjetunion mit ihren Forderungen auf absolut taube Ohren.

Die hartnäckige Weigerung Herrn Chamberlains und seiner Regierung, zu begreifen, daß ein Krieg gegen Hitler unausweichlich war, machte in den Augen vieler Zeitgenossen die Sowjetunion zur letzten Bastion der Hoffnung, zum letzten Hort des Widerstandes gegen die Feilbieter nostalgischer Kreuzzugsideen, die sich rüsteten, uns mit der Wiederkehr des Römischen Reiches und den obszönen Errungenschaften einer neuen Herrenrasse zu beglücken. Erst als die Russen einsahen, daß ein kollektiver Sicherheitspakt mit denen, die klammheimlich die technokratische Effizienz des Faschismus bewunderten, wie sie sich im Bau von Autobahnen durch Kolonnen singender, stupide schuftender Männerkörper und in pünktlich abfahrenden Eisenbahnzügen manifestierte, nicht möglich war, ließen sie sich auf das folgenschwere Abkommen mit Nazi-Deutschland ein; worauf sich im Westen ein Aufschrei der moralischen Entrüstung erhob. Was dort als Gipfel russischen Zynismus angesehen wurde, war in Wirklichkeit ebensosehr ein Triumph von Hitlers Opportunismus, und wieder einmal waren es die tapferen Polen, denen die Teilung ihres Landes und der Untergang als eigenständige Nation ins Haus standen.

Natürlich stand hinter dem Verhalten der Russen nichts weniger als eine moralische Entscheidung; sie waren einfach der Gleichgültigkeit und Unschlüssigkeit der Briten und Franzosen überdrüssig, und ihr geschichtlich geschärfter Sinn für die Erfordernisse ihrer Grenzsicherung beherrschte ihr Denken jetzt noch ebenso wie rund 200 Jahre zuvor, als sie zusammen mit Preußen und Österreichern Polen in drei Stücke geteilt hatten.

Hätten sie zugelassen, daß die Deutschen sich an der russischen Westgrenze festsetzten, und wäre dann der spätere Vorstoß der Deutschen mit derselben Durchschlagskraft vorgetragen worden wie der Polen-Feldzug, so wären gewiß sowohl Moskau als auch Leningrad gefallen, und ob die Sowjets dann noch in der Lage gewesen wären, lebenswichtige Industrien aufrechtzuerhalten und Gegenoffensiven durchzuführen, ist fraglich. Für den Verständigen ist diese Erwägung schon Rechtfertigung genug für den Pakt mit Hitler.

Als die deutsche Wehrmacht nach Rußland einmarschier-

In der Schlacht von Poltawa (1709) schlug Peter der Große die Schweden.
Damit begann Rußlands Aufstieg zur Weltmacht.

te, packten die Alliierten ihre moralischen Posen flugs in die Requisitenkammer, und Rußland wurde zu einem heldenhaften Bündnispartner. Allem Anschein nach entwickelten die berüchtigten britischen Sowjetspione das Maximum ihrer Aktivität just in der Zeit, als Rußland Verbündeter des Westens war; nichtsdestoweniger werden sie heute nach den Maßstäben des kalten Krieges be- bzw. verurteilt. Man könnte einwenden, schon die Tatsache, daß jemand Geheimnisse mit einer ausländischen Macht teilt, und wäre sie auch Bündnispartner, stelle ein strafwürdiges Sicherheitsvergehen dar; doch dann erhebt sich die Frage: Müßte das nicht auch in gleicher Weise für Geheimnisse gelten, die gewisse Leute mit den Vereinigten Staaten teilen, ein Fall, der doch wohl in offiziellem wie inoffiziellem Rahmen oft genug vorgekommen sein muß?

Ich persönlich habe meine Schwierigkeiten zu begreifen, wie irgend jemand zum Spion werden kann, und sei es nur des Geldes wegen. Käme mir ein Geheimnis unter, ich würde es vermutlich gar nicht als solches erkennen, und sicherlich wüßte ich nicht, wie ich es anstellen sollte, es zu Geld zu machen; meine Sympathie für die Opfer der besagten nachträglichen Verurteilungen ist insofern eine zwiespältige. Daß sie aber nicht aus irgendwelchen schäbigen, sondern aus durch und durch emotionalen Motiven handelten, daran kann angesichts der grausamen Unfähigkeit der britischen Politik in den späten 30er Jahren und der Blindheit der britischen Regierung gegenüber der offenbaren Gefährlichkeit des Faschismus nicht der geringste Zweifel bestehen.

Die offensichtliche Genugtuung, mit der dieser kleinliche Schmutz ausgegraben und einer Vergangenheit entrissen wird, die unserem Gedächtnis längst entschwunden sein sollte, ist symptomatisch nicht nur für die Freude, die es den Engländern zu bereiten scheint, eine Zeit zu beschwören, in der England noch Staatsgeheimnisse hatte, die zu verraten sich lohnte, sondern auch für jenes anhaltende Mißtrauen Rußland gegenüber, das seine Frische im Gefrierschrank der westlichen Vorurteile noch lange bewahren wird.

Ein amerikanischer Staatsmann hat erklärt, die Sowjetunion sei auf dieser Erde das letzte imperialistische Raubtier, das auf die Erbeutung kleinerer Länder aus ist. Damit ist nichts weiter gesagt, als daß die Sowjetunion auf manchen Gebieten in ihren Methoden zurückgeblieben ist. Raubtiere schleichen heutzutage in allen möglichen Verkleidungen und Größen umher, oft mit einem freundlichen Lächeln auf den Lippen, und den Imperialismus erkennt man dieser Tage nicht mehr an Kanonenbooten und Uniformen. Er tritt in religiösem Gewand auf und scheut sich nicht, hin und wieder Ungläubige auf dem Altar des allgemeinen Erdenheils zu opfern, oder im Nadelstreifenanzug des Geschäftsmanns, der eine Supermarktkette eröffnet, oder auch im Format eines Bildschirms, über den eine als harmlose Unterhaltung verpackte ideologische Botschaft flimmert. Wenn mit Imperialismus eine nicht bloß physische, sondern auch geistige und wirtschaftliche Versklavung gemeint ist, dann ist der Imperialismus überall auf dieser Welt höchst lebendig, und dann ist es nichts weiter als ein Verdummungsversuch, ihn lediglich in *einer* seiner Verkleidungen zu denunzieren.

Rußland war historisch niemals eine imperialistische Macht im üblichen Sinn dieses Wortes, d. h., es spürte kaum den Drang, sich, auf Eroberungen sinnend, in der Welt umzutun. Nicht Rußland war es, das seine Schiffe als Freibeuter über die Meere fahren ließ oder fremden Völkern, die in ihrer Welt und mit ihren Göttern in Frieden lebten, die fragwürdigen Wohltaten des wahren Glaubens aufdrängte. Die seltenen Fälle, in denen die Russen es mit solchen Formen der Machterweiterung versuchten, endeten damit, daß sie sich allmählich unwohl zu fühlen begannen, wie jemand, der fehl am Platz ist, und sich dann zurückzogen. Gewiß, sie stießen über die Beringstraße vor – unter Führung eines dänischen Seemanns namens Bering – und setzten sich in Alaska fest, hauptsächlich als Fallensteller und Pelzhändler. Sie bekamen praktisch keine Unterstützung aus St. Petersburg, und zu guter Letzt verkauften sie die ganze Provinz den Amerikanern – eine Erwerbung, die von den Zeitgenossen als «Sewards Eisschrank» belächelt wurde. Seward hat bis dato noch nicht die Anerkennung erfahren, die ihm gebührte.

Die Russen unterhielten jahrzehntelang Stützpunkte bis weit nach Kalifornien hinunter und saßen für eine beträchtliche Zeitspanne auch auf einer der Hawaiianischen Inseln, bis sie eines Tages zu der Überzeugung gelangten, daß dieses Eiland zur amerikanischen Einflußsphäre gehörte, und sich mit Anstand in vertrautere Klimazonen, weit weg von Palmen und Einbäumen, zurückzogen.

Die russische Methode der Gebietserweiterung hat sich immer sehr stark von den Methoden der klassischen Kolonialmächte unterschieden. Da die Russen sehr zum Heimweh neigen – in einem so großen Reich kann man selbst innerhalb der Landesgrenzen heimwehkrank werden –, ziehen sie es, anstatt in die Ferne zu schweifen, vor, sich so lange gegen den Gartenzaun ihrer Nachbarn zu lehnen, bis der unter ihrem Gewicht nachgibt; dann verlegen sie ihre Grundstücksgrenze ein Stück weit nach außen und errichten dort gemeinsam mit den zurückgedrängten Nachbarn einen neuen Zaun. Gewiß, es hat auch Eroberungszüge und -schlachten gegeben, aber zumeist vollzog sich die Expansion Rußlands, namentlich nach Süden und Osten hin, in der Art eines biologischen Wucherungsprozesses.

Die eingewurzelte Abneigung der Chinesen ist sicherlich

immer wieder genährt worden durch das fast unmerkliche Vordringen des zaristischen Rußland ins Herz Zentralasiens hinein, ein Vordringen, das von unzähligen Scharmützeln östlich des Kaspischen Meeres begleitet war und das Zarenreich auf Tuchfühlung mit den britischen Interessen in Asien brachte. Das Verhältnis zur Türkei war notorisch gespannt. Anders als die westlichen Kolonialreiche, wuchs das russische Reich durch stufenweises Ansetzen neuer Randgebiete und nicht durch das Austreiben verzettelter Ableger.

Hier ist nicht der Ort für Erörterungen über die moralische Berechtigung von Imperien im allgemeinen. Lassen wir es bei der Feststellung bewenden, daß Begriffe wie Weltreich und Kolonialmacht, die heute nur noch als verbale Knüppel verwendet werden, noch vor einem halben Jahrhundert einen stolzen und rechtschaffenen Klang hatten. Diejenigen, die aus der Schwäche wehrloser Völker kalt berechnend Kapital schlugen, ohne sich um die Traditionen und die Selbstachtung der betroffenen Menschen zu scheren, warfen sich nach außen hin in die Pose fürsorglicher Betreuer. Daß sie ihren «Schützlingen» auch materielle Fortschritte im europäischen Sinn des Wortes brachten, ist unbestreitbar, aber im großen und ganzen ernteten die Kolonialmächte für ihre angeblichen Wohltaten wenig Dank. Unterdessen ist natürlich alles mögliche getan worden, um die Spuren ihrer kolonisatorischen Mission zu tilgen, oder besser gesagt: um ihre sichtbare Präsenz durch andere Symbole zu ersetzen – die Wolkenkratzer der großen multinationalen Unternehmen, die so ungemein daran interessiert sind, der Dritten Welt ihre «Hilfe zur Selbsthilfe» anzudienen. Unglücklicherweise tragen sie, indem sie dies tun, zur Entstehung einer privilegierten Klasse in diesen in die Unabhängigkeit entlassenen Ländern bei, und die Unterprivilegierten scheinen bis auf unabsehbare Zeit dazu verurteilt, zu bleiben, was – und wo – sie bisher gewesen sind.

Mit einer Simplifizierung der Probleme der Dritten Welt erweisen wir der Wahrheit und unserer Fähigkeit, sie zu begreifen, keinen Dienst. Damit, daß diese jungen Nationen so viele törichte Rituale des Imperialismus imitieren – Militärparaden, scheußliche Nationalhymnen und dergleichen –, verleihen sie der Tatsache ihrer neugewonnenen Unabhängigkeit einen paradoxen Beigeschmack, der nicht einer gewissen schmerzlichen Absurdität entbehrt.

Das russische Reich funktionierte anders; hier bestand die Möglichkeit einer Integration der zusammengewürfelten Territorien in die übergreifende Verwaltungsstruktur des nördlichen Kernlandes. Die Russen sind immer sorgfältig darauf bedacht gewesen, den Bestrebungen von Stämmen und Völkerschaften nach nationaler Eigenständigkeit entgegenzukommen; ihnen schwebte nicht das Ideal des «Schmelztiegels» vor, diese romantische Vorstellung, die den Mythos Amerika mit jenem bestirnten und gestreiften Phönix ausstaffiert hat, der im Morgengrauen einer neuen Zeit rein und stark aus der Asche der alten Welt der Intoleranz und Dummheit emporsteigen sollte. *E Pluribus Unum.* Die Russen dagegen bewahrten gewissenhaft das, was sie innerhalb ihres Reichs an nationalen Identitäten, ja selbst an Resten nationaler Identität vorfanden, und die alten Traditionen leben in vielen Republiken und autonomen Gebieten der UdSSR auch noch heute weiter.

Es gab im vergangenen Jahrhundert eine Zeit, da setzte sich die persönliche Leibwache des Zaren, also die unmittelbar für seine Sicherheit verantwortliche Truppe, ausschließlich aus Angehörigen potentiell aufsässiger kriegerischer Stämme der Kaukasus-Region zusammen. Und in jüngerer Zeit hat es unter den hohen Repräsentanten des Sowjetstaates immer wieder auch Angehörige der nationalen Minderheiten gegeben, zum Beispiel Stalin, Berija und Mikojan.

Die Sowjetunion ist in mancher Hinsicht die bruchlose Fortsetzung des Zarenreichs: Sie hat nichts von dem aufgegeben, was dieses sich einverleibt hat, obgleich die Entkolonialisierung nach dem Zweiten Weltkrieg auf der Tagesordnung stand. Die Vereinigten Staaten machten von vornherein nur wenige Eroberungen – die Philippinen, Puerto Rico und Hawaii. Während sie die Philippinen aufgegeben haben, sind die beiden anderen nach wie vor in ihrem Besitz, Hawaii ist sogar zum Bundesstaat erklärt worden.

Was den Vorwurf angeht, das letzte Raubtier zu sein, so sind auch daran Zweifel anzumelden, denn es gibt unglücklicherweise ein Verhaltensmuster, das typisch ist für alle mächtigen oder ehrgeizigen Staaten, so unterschiedlich sie sich auch sonst politisch oder im Umgang mit den Menschenrechten darstellen mögen. Die Regierenden der Länder, die sich treuherzig die «freie Welt» nennen, zeigen mit dem Finger auf die sowjetischen Panzer in Budapest und Prag und auf den Einmarsch in Afghanistan, ganz zu schweigen von den Aktivitäten Kubas in Angola, am Horn von Afrika und in Mittelamerika, und führen diese Dinge als Beweise an für die aggressive Absicht Rußlands, aus der Umkreisung auszubrechen und seine Botschaft in Teile der Welt zu tragen, in denen es nach klassischer Auffassung nichts zu suchen hat. Die Russen, verärgert über das Pharisäerhafte solcher Anschuldigungen, verweisen ihrerseits auf die Tragödie Vietnams und Kampucheas, auf die Dominikanische Republik oder auf die standhafte und nachsichtige Rückendeckung, die die Amerikaner der arroganten und rücksichtslosen Politik Israels gewähren, die ein Beispiel dafür ist, wie schrill und unmusikalisch die Stimme eines großen Volkes plötzlich klingen kann. Die Russen können auch auf die engen Beziehungen westlicher Länder zu schmutzigen Diktaturen und korrupten Regierungen in ihrer Hemisphäre verweisen, hinter denen offensichtlich noch immer jene grandiose, von Präsident Monroe formulierte Doktrin steckt, die im allgemeinen von ihren Anhängern wie ein ungeschriebenes Gesetz geachtet, von ihren Kritikern jedoch als Auswuchs eines Großmachtdünkels angesehen wird.

Eine Errungenschaft, die unser Jahrhundert unbestreitbar gebracht hat, ist, daß das öffentliche Moralempfinden sich in dem Maß geschärft hat, wie das schreckliche Ausmaß der atomaren Zerstörungskraft und die Gefahren der Umweltverschmutzung in einer im ganzen bereits übervölkerten Welt in das Bewußtsein der Menschen gedrungen sind. Es konnte nicht ausbleiben, daß im Zuge dieser Bewußtseinsveränderung eine starke Abneigung gegen jene Politiker entstanden ist, die noch immer glauben, auf dem ausgetretenen Pfad der Heuchelei weitergehen und eine selbstsüchtige Interessenpolitik als Inbegriff edlen und hochherzigen Trachtens ausgeben zu können. Eine heilsame Skepsis liegt in der Luft, und vielleicht ist dies gerade die richtige Zeit für einen Versuch, die Geschichte der Vorurteile zu untersuchen, mit denen eine Nation vom Beginn ihrer Geschichte an bis zum heutigen Tag überhäuft worden ist.

2
Die Kindheit eines Riesen

Die Eremitage in Leningrad, das riesige Museum, in dem es alles gibt, beherbergt ein Ausstellungsobjekt, das nichts mit Malerei, Bildhauerei, Möbeln oder Schmuck zu tun hat. Es ist ein Mensch, ein Mann, dessen Haut von der Beschaffenheit jener verschlissenen Gummifetzen ist, die Lastwagenfahrer beim Wechseln eines geplatzten Reifens am Straßenrand zurücklassen. Leicht wie Balsaholz, liegt die Mumie in einem jener Kühlbehälter, in denen im Supermarkt Molkereiprodukte ausliegen. Sie ist, abgesehen von einem Lendenschurz aus Sackleinen, nackt; Haare, Wimpern, Finger- und Zehennägel sind noch gut erhalten, und aus dem schwarz gewordenen Zahnfleisch ragen noch mehrere Zähne. Das rote Haar ist an einigen Stellen weißlich gebleicht, und der Abstand zwischen Knöchel und Schädeldecke läßt darauf schließen, daß der Mann zu seinen Lebzeiten gut 1,80 Meter groß gewesen ist.

Seine mumifizierte Leiche wurde gefunden in einem Grab im Permafrost-Boden nördlich des Polarkreises, in dem er zusammen mit dem Kopf seines Pferdes und einem Streitwagen bestattet war. Der Wagen ist so hoch, daß die Radnaben sich in Augenhöhe des Betrachters befinden; überdacht ist das Gefährt mit einem fransengeschmückten Baldachin. Der Mann war ein Krieger, ein Häuptling, und er lebte vor mehr als 2000 Jahren.

Im Geschichtsatlas finden wir auf der Karte dieser Periode dort, wo heute Rußland liegt, nur weißes Papier. Erst einige Jahrhunderte später zeigen sich dort einige vage in die Landschaft hineingesetzte, geschwungene Pfeile, die mit den Worten «Slawen» oder «Waräger» beschriftet sind.

Der Permafrost-Boden ist eine archäologische Schatzkammer, in der Relikte versunkener Epochen wie Gefrierfleisch konserviert sind. Neulich kam ein junges Mammut zum Vorschein, das noch unverdaute Nahrung im Magen hatte. Diese unkomplizierte und hermetische Konservierungsmethode mutet seltsam wohltuend an im Vergleich mit den Verfahren, die die alten Ägypter im Kampf gegen den Zahn der Zeit, gegen den Zerfall ihrer bemerkenswerten Mumien entwickelten.

Wer waren diese nebulösen Kreaturen, die das vereiste Ödland bewohnten, lange vor der Zeit, da Geschichtsatlanten von ihnen Notiz nahmen? Welchem Zweck dienten ihre mannshohen, überdimensionierten Streitwagen? Waren es Kommandotürme, von denen aus die flache Landschaft überblickt werden konnte, oder wurden Räder mit einem Durchmesser von 3,5 Metern besser mit dem Schnee fertig? Schwer zu sagen; jedenfalls bezeugen ihre Gerätschaften, daß diese Menschen lohnende Objekte der Entdeckung und Erforschung sind. Der Zuschnitt ihrer Kleidungsstücke und der Kopfschmuck ihrer Pferde erinnern an entsprechende bäuerliche Utensilien aus einer viel späteren Zeit.

Der tiefgekühlte Krieger wirkt unzweifelhaft nordisch. Mit seinem rotblonden Haar bietet er ein ganz anderes Erscheinungsbild als seine ägyptischen Mumien-Vettern, wenngleich sich auch in seine Züge die Jahrhunderte eingegraben und ihnen jene eingefallene Knochigkeit verliehen haben, wie wir sie bei allen diesen uns überkommenen Zeugen einer fernen Vergangenheit antreffen. So wenig wir über die Lebenswirklichkeit des rotblonden Hünen wissen, so sicher scheint es, daß die ewig gefrorene Erde Nordrußlands noch zahllose unentdeckte Geheimnisse birgt, die ans

Tageslicht kommen werden, wenn erst einmal die Mittel für eine breiter angelegte archäologische Forschung bereitgestellt sein werden.

Hitler, vor allem Himmler, ließen sich von der Sehnsucht nach Rassereinheit zu Experimenten von unübertroffener Obszönität verleiten; die all dem zugrunde liegende Rassentheorie war freilich von Anfang an idiotisch, da jegliche Reinheit im Sinne von Unvermischtheit schon vor Äonen im großen Schmelztiegel der Völkergeschichte unwiederbringlich verlorengegangen ist. Was wir als exemplarisches Sinnbild der Reinheit bewundern, ist selbst bereits Produkt von Kreuzungen, Vermischungen und Zufällen – edle Weine ebenso wie edle Menschen, und vor allem Narren.

Was für ein Mensch dieser knorrige Gummihautbursche gewesen sein mag, ist ihm in seinem froststarren Todesschlaf nicht anzusehen, obschon man das unheimliche Gefühl nicht los wird, man brauchte sich ihm nur zu nähern, und seine Augen könnten sich jeden Augenblick öffnen.

Es scheint, als seien in den wechselvollen Strudeln der Vorgeschichte die Völkerstämme über die Kontinente gezogen, wie heute Urlauber auf der Suche nach einem freien Platz über einen belebten Strand wandern. Hatten sie eine Bleibe gefunden, so verteidigten sie sie mit der Entschlossenheit eines wilden Tieres, und mit der Zeit wurde die Landschaft, in die es sie zufällig verschlagen und in der sie sich niedergelassen hatten, zu einem geheiligten, in Ansprachen als Vaterland gepriesenen Stück Erde, als sei es von einer Gottheit eigens für sie reserviert und bis zu ihrer Ankunft freigehalten worden.

Es war das Glück der Russen, daß sie sich in einem Landstrich niedergelassen hatten, der im Osten an ein großes, leeres Niemandsland grenzte, und es war eine Zeitlang ihr Unglück, daß aus dieser öden Ferne die grausamen Reiter der Goldenen Horde angeprescht kamen, die mit ihrer

Wildheit und Habgier die Entwicklung der russischen Nation bremsten, diese Nation aber zugleich auch den befruchtenden Einflüssen einer anderen Kultur aussetzten. Die mongolische Invasion war in einem sehr realen Sinn der Amboß, auf dem der Charakter der sich bildenden russischen Nation geschmiedet wurde, und die unerschöpfliche Geduld, die durch die Jahrhunderte ein Markenzeichen russischer Diplomatie geblieben ist, wurde im Umgang mit den ebenso strengen wie sanftzüngigen Khanen erworben. Wenn viele Jahrhunderte danach ein Chruschtschow sagte: «Wir werden euch begraben», dann wollte er damit nicht mehr, als auf jene aus der Not geborene Strategie anspielen, die ein Bestandteil jener Wachsamkeit ist, die auf andere wie Mißtrauen wirkt – die Strategie, den anderen zu überleben. Die zwanghaften Reflexe westlicher Propagandisten machten aus solcher Frotzelei natürlich sofort eine heimtückische und aggressive Drohung, und das Mißverständnis hat den Gegnern einer Aussöhnung denn auch treue Dienste geleistet.

Indes, wer waren diese Russen, äußerste Vorposten der europäischen Kultur für die einen, äußerste Vorposten einer orientalischen Kultur für die anderen? Das Bild vom schlafenden Riesen ist stets von denen propagiert worden, denen Rußlands bloße Größe Angst einflößte und die in seinem Schoß riesige unausgeschöpfte Möglichkeiten schlummern sahen.

Doch was wissen wir über die Kindheit des Riesen, was wissen wir über die Zeit, in der er in den Windeln lag?

Ahnten andere damals bereits, zu welcher Größe er eines Tages heranwachsen würde? Gab es eine Zeit, in der der Riese noch niemandem Komplexe einflößte? War er ein verspielter Knabe, bevor er seine Kraft entdeckte? Seine Jugend verlief auf jeden Fall turbulent und unglücklich. Die Russen, über eine große Fläche verstreut, sahen sich beständig von einer ganzen Reihe von Völkern bedrängt, die kriegerischer waren als sie, aber nicht ihre Zählebigkeit besaßen.

Skythen, Goten, Hunnen, Chasaren und Sarmaten umlagerten sie und machten sie sich häufig tributpflichtig, und da die Russen nicht über eine eindeutige nationale Identität oder ein ausgeprägtes Zusammengehörigkeitsgefühl verfügten, war dies ein verhältnismäßig einfaches und einträgliches Geschäft. Nach Angaben Herodots wurde Ackerbau in Rußland bereits um 2000 v. Chr. betrieben. Rußland war damals ein Getreideexportland, dessen Korn bis nach Griechenland verkauft wurde. Neben dem Anbau von Weizen, Gerste, Hafer und Hanf betrieben die Russen Jagd und Fischfang und woben grobe Stoffe. Wenn wir uns nicht genug über die außerordentliche Schönheit und Feinheit skythischer Goldverzierungen wundern können, so wird uns gewiß auch begreiflich, daß die Russen in den Augen mancher ihrer Bedrücker schlichte Bauerntölpel gewesen sind. Es wird ferner begreiflich, daß sie sich, Einflüssen aus Griechenland und Persien ausgesetzt, der Geheimnisse einer höher und feiner ausgebildeten Kultur inne wurden.

Rußland war anfänglich ein loser Verband selbständiger Fürstentümer, die nicht immer auf gutem Fuß miteinander standen; sie gingen als leichte Fische ins Netz der Waräger, eines nordischen Wikingervolks, das den ersten Zaren stellte, Rurik (862–879), der über ein zusammengewürfeltes Reich herrschte, das im Süden auch die Chasaren einschloß. Die Hauptstadt des russischen Staates war Kiew, heute die Hauptstadt der Ukraine.

Allein, schon hatten sich raubgierige Augen auf den jungen Staat gerichtet; der erste richtige Einfall in russisches Territorium ereignete sich 971 unter der Regierung Swjatoslaws, des vierten Zaren, der in einer Schlacht gegen die barbarischen Petschenegen fiel. Ihnen folgten bald darauf die noch schlimmeren Polowzer, denen es gelang, Rußland den Zugang zum Schwarzen Meer abzuschneiden, indem sie die hellenischen Kolonien überrannten, die einen so wesentlichen Einfluß auf die heranwachsende Nation ausgeübt hatten. Es ist ein Zeugnis für die ersten Regungen eines Nationalbewußtseins, daß die ersten genuin russischen Kunstwerke um diese Zeit und unter diesem äußeren Druck entstanden. Poeten und Barden begannen von Vaterland und Zusammengehörigkeitsgefühl zu singen, und architektonische Formen des Bauens in Stein wurden binnen kurzer Zeit übernommen. Der große Zar Wladimir (980–1015) ließ erstmals ein Befestigungssystem zum Schutz seines Landes vor den Nomaden der endlosen Steppen errichten, und wohl ahnend, daß religiöser Mummenschanz und die Anbetung heidnischer Naturgottheiten einer aufstrebenden Nation nicht mehr recht zu Gesicht standen, wählte er das Christentum zur nationalen Religion – ein Akt typischen russischen Pragmatismus, in dem sich bereits all die keimenden Vorurteile und Phobien seines Volkes widerspiegelten, und vielleicht auch sein eigentümlicher Humor.

Die Legende will wissen, daß er vor der religiösen Konversion gewissermaßen Angebote eingeholt und, wie nicht anders zu erwarten, auch unverzüglich erhalten hat: Dutzende von Mullahs sollen in Kiew eingetroffen sein, erpicht darauf, dem Islam eine neue Proselytengemeinde zuzuführen. Rußland wäre wirklich um ein Haar islamisch geworden, wäre da nicht der Pferdefuß des Abstinenzgebotes gewesen, der die Unterwerfung unter den Koran letztlich unmöglich machte, da der russische Winter nun einmal ohne Wodka nicht zu überstehen war. Die Mullahs gingen, und dafür kamen Rabbiner; sie reisten aus allen erdenklichen Richtungen an, was Wladimir stutzig machte. Er erklärte ihnen, ihm komme es so vor, als habe das Judentum irgend etwas an sich, das bewirke, daß seine Anhänger sich über die Welt verstreuten; die Zukunft Rußlands aber liege in einem unerschütterlichen Gefühl der Zusammengehörigkeit.

Ein Bischof traf ein, in einer von vier erschöpften Lakaien getragenen Sänfte thronend. Er überbrachte Wladimir eine Einladung zu einem Besuch in Rom. Wladimir sah ihn schelmisch an und sagte, wenn er denn wirklich so groß und mächtig sei, wie seine Art zu reisen es vermuten lasse, hätte er doch gleich aufs Ganze gehen und auf einer Wolke angeflogen kommen können. Auf die Einladung angesprochen, murmelte Wladimir: «Nein, bringt Rom hierher.»

Nur die Griechen machten keinen Versuch, die Russen zu ihrer Religion, dem orthodoxen Christentum, zu bekehren. Vielleicht neigten sie aufgrund ihrer geographischen Nachbarschaft zu gewissen Zweifeln daran, ob ein solcher Versuch der Mühe wert sei. Die Russen sorgten dafür, daß sie es sich anders überlegten, indem sie eine griechische Ansiedlung dem Erdboden gleichmachten und den Griechen zu verstehen gaben, ähnliches werde noch weiteren Dörfern zustoßen, wenn die griechische Kirche nicht *sofort* Popen nach Kiew schickte, damit sie, die Russen, zum wahren Glauben ihrer Wahl übertreten konnten.

Die Popen rafften ihre Roben und machten sich eilends, um neue Katastrophen zu verhüten, auf den Weg nach Norden. Dort tauften sie ganze Straßenzüge auf einmal. Das einzige Problem, das sich im Verlauf dieses Unternehmens ergab, bestand darin, einen passenden Ersatz für Perium zu finden, den heidnischen Gott des Feuers, der in einem von riesigen Wäldern bedeckten Land, dessen Bewohner aus den Wäldern heraus die Steppe erobert hatten, eine sehr gefürchtete und geachtete Institution war. Man fand die Lösung, indem man die Schreine dieses furchteinflößenden und launenhaften Gottes auf den Propheten Elias umwidmete, der aufgrund seiner Himmelfahrt im Feuerwagen für diese Rolle qualifiziert schien.

Aus dem bisher Berichteten läßt sich bereits eine Eigenart der Russen ablesen – ihre Fähigkeit, diejenigen zu absorbieren, die ursprünglich gekommen waren, sie zu beherrschen. Die Waräger sollen der Überlieferung nach ihr Entree in die russische Geschichte auf Ersuchen der Stadtrepublik Nowgorod gemacht haben, die den Streitigkeiten zwischen den einheimischen Fürsten dadurch ein Ende machen wollte, daß sie einem Ausländer die Herrscherwürde antrug, einem Skandinavier namens Hzözekz, in russifizierter Aussprache Rurik. Sein Nachfolger war Helgi, genannt Oleg. Der dritte in der Reihe, Ingvar oder Igor, verlegte den Schwerpunkt seiner Herrschaft nach Süden in die Region der großen Flußsysteme, die das Kernstück der Handelsstraße zwischen Skandinavien und Byzanz bildeten. Der im Jahr 945 zwischen Igor und Byzanz geschlossene Handelsvertrag führt auf russischer Seite 50 nordische und nur drei slawische Namen auf. Indes, bereits Igors Sohn, Swjatoslaw, trug einen eindeutig russischen Namen, und das galt auch für alle folgenden Zaren. Die gekommen waren, zu herrschen und zu erobern, waren binnen weniger Jahrzehnte von einer ihnen zuvor fremd gewesenen Lebensweise aufgesogen.

Und auch religiös waren sie integriert. Die Bibel war bereits im Lauf des neunten Jahrhunderts in die archaische slawische Sprache übersetzt worden, und die Russisch-Orthodoxe Kirche verblieb zwar zunächst noch zwei Jahrhunderte lang in ihrer selbstgewählten Abhängigkeit vom Patriarchat von Konstantinopel, gewann dann aber an Selbständigkeit und nationaler Eigenart.

Es wird oft die Ansicht geäußert, Rußland sei in die Geschichte später als andere europäische Länder eingetreten, es sei, auf seine Weise, mit seinen menschenleeren Weiten ein ebenso isoliertes, durch einen rückständigen Feudalismus geistig gefesseltes Land gewesen wie Japan. Das Ge-

Ein Porträt Iwans des Schrecklichen aus dem 17. Jahrhundert.

genteil ist richtig. Zar Jaroslaw gewährte den beiden Söhnen Edmunds auf ihrer Flucht vor dem Zorn König Knuts Asyl. Er kümmerte sich auch um den verbannten Harald Hardradi. Eine seiner Töchter heiratete König Heinrich I. von Frankreich.

Beziehungen zwischen Staaten und reisenden Händlern hat es gegeben, lange bevor die geschriebene Geschichte sie zu verzeichnen begann. Die Bilder an den Wänden aztekischer Bauwerke, namentlich des Gesandtensaals von Chichen Itza auf Yucatán, zeigen uns fremdartige Besucher, die so etwas Ähnliches wie Schottenröcke tragen. Kolumbus, der gewöhnlich als Entdecker Amerikas gefeiert wird, war vielleicht nur der erste Amerika-Tourist. Der Bedeutung seiner Tat würde dies angesichts der Millionen, die in seinem Kielwasser nachfolgten, keinen Abbruch tun.

Wie dem auch sei, die Tatsache, daß entlang den großen russischen Stromsystemen Münzen und andere Gegenstände arabischer und angelsächsischer Herkunft gefunden worden sind, deren älteste aus dem neunten Jahrhundert stammen, beweist, daß hier schon vor sehr langer Zeit abseits der bekannteren Routen eine rege Handelstätigkeit bestand.

In der ersten raschen Hochblüte, die Kiew erlebte, entstanden in der Stadt eine prachtvolle Kathedrale, Kirchen und Klöster. Auch das erste umfassende Dokument der russischen Rechtsgeschichte, die sogenannte *Russkaja Prawda* («Russisches Recht») entstand um diese Zeit. Alle Weichen schienen gestellt für den Weg in ein goldenes Zeitalter – eine nationale Kultur entwickelte sich, Hand in Hand mit dem wirtschaftlichen Aufschwung gingen Fortschritte in den technischen Sparten, und ein Rechtssystem von atemberaubender Subtilität und Differenziertheit bildete sich aus. Allein, die überragende Rolle Kiews als Handelsmetropole war bereits wieder bedroht durch die Entfaltung der furchterregenden Polowzer, die Kiew den Zugang zum Schwarzen Meer abschnitten. Mehr und mehr mußten die Russen die Bastionen ihrer Sicherheit in den Norden verlegen, und die befestigte Stadt Moskau begann, aus bescheidensten Anfängen heraus, an Bedeutung zu gewinnen.

Nowgorod war immer eine sehr eigenständige Stadt gewesen; nordwestlich von Moskau gelegen, war sie ein Stadtstaat nach Art der Hansestädte, mit Handelsverbindungen nach dem Westen und Skandinavien. Während der Glanz Kiews verblaßte, wurde Nowgorod, darin einzig unter allen russischen Städten, eine Republik. Regiert wurde die Stadt von einem Bürgerrat, der die politischen und administrativen Funktionsträger wählte und sich nur im Verteidigungsfall an äußere Potentaten um Hilfe wandte. Der Umfang der Handelstätigkeit Nowgorods war enorm, und sein Einzugsgebiet erstreckte sich bis zum Ural und zum Nordmeer. Regelmäßige Kontakte verbanden Nowgorod mit dem übrigen Europa; die Stadt verkörperte vermutlich die westlichste Spielart des Russentums in dessen ganzer Geschichte, bis Peter der Große mit der Gründung St. Petersburgs, des heutigen Leningrad, den bewußten Versuch unternahm, Fenster und Türen gen Westen zu öffnen. Während spöttische Moskauer noch heute Leningrad «das größte Museum in Rußland» nennen, ist umgekehrt Moskau für die Leningrader «das größte Dorf in Rußland». In beiden Charakterisierungen steckt mehr als ein Körnchen Wahrheit. Nowgorod jedoch war in seiner Blütezeit eine ganz einzigartige Facette russischer Wirklichkeit.

Mit seinem Übertritt zum orthodoxen Christentum handelte Wladimir sich sogleich die – rein religiös motivierte – Empörung des ganzen übrigen Europa ein.

Auf die Invasion der südlichen Nomaden folgte bald ein Kreuzzug der Schweden, und kaum daß dieser abgewehrt war, rüsteten die Deutschritter von Livland aus zum Kreuzzug, getrieben vom edelsten aller religiösen Motive, der Intoleranz gegenüber Ketzern. Die fünfte und bei weitem verhängnisvollste Invasion kam jedoch erneut aus dem Osten. In den sechs Jahren zwischen 1237 und 1242 führten die Tataren einen Vernichtungsfeldzug gegen die Russen. In der großen Stadt Kiew überlebten nur 200 Haushaltungen. Alle in mehr als 300 Jahren wirtschaftlicher und kultureller Blüte aufgehäuften Schätze waren dahin. Die die Katastrophe überlebten, wurden als Gefangene fortgeschleppt. Für eine Zeitspanne von anderthalb Jahrhunderten kam der von den warägischen Großfürsten eingeleitete Fortschritt zum Stillstand. Die Eroberer auferlegten den Russen drückende Steuern, und in regelmäßigen Abständen ergingen sie sich in mörderischen Orgien; sie kontrapunktierten ihre Massaker freilich mit merkwürdigen Nettigkeiten, so beispielsweise, als sie die Orthodoxe Kirche unter den Schutz des Großkhans stellten. Machtmittelpunkt der Tataren war die untere Wolgaregion; von hier aus brachen sie zu ihren Eroberungszügen nach Polen, Ungarn, Rumänien, Bulgarien, ja selbst nach Österreich auf, doch sehr schnell zogen sie sich wieder zurück, um sich desto gründlicher um Rußland zu kümmern.

Nowgorod und Moskau hielten zwar, zusammen mit einigen kleineren Fürstentümern, der Bedrohung stand, doch andere Teile des Landes mußten schwierige und unruhige Zeiten durchmachen. Galizien konnte im Jahr 1336 das Tatarenjoch abschütteln, woraufhin es sogleich vom katholischen Königreich Polen aufgesogen wurde.

Das Großherzogtum Litauen mit seiner Hauptstadt Wilna, damals Nowagordska geheißen, verleibte sich nach und nach andere russische Gebiete ein, so beispielsweise Polozk und schließlich auch Kiew selbst. Ironischerweise wurde Russisch zur amtlichen Staats- und Hofsprache der litauischen Fürsten. Am Beginn des 14. Jahrhunderts erstreckte

Das Innere des Terem-Palastes im Kreml. Die Rekonstruktion des Kreml begann unter Iwan III. und wurde unter der Herrschaft Iwans des Schrecklichen fortgesetzt.

sich Litauen von der Ostsee bis zum Schwarzen Meer. Selbst Moskau entging nur knapp der Eroberung und Eingliederung in diesen Großstaat, und für einen Augenblick schien es, als werde der kleine Rest an eigenständiger russischer Staatlichkeit, der noch übrig war, bald vollends verschwinden. Der Niedergang Litauens führte 1569 zum Aufgehen dieses Reiches im mächtigen polnischen Königreich. Das bedeutete, daß Moskau und der Norden, ohnehin infolge der endlosen Erniedrigungen durch die tatarische Herrschaft und das auf sie folgende finstere Zeitalter ausgeblutet, von dem anderen, dem südlichen Rußland, genannt Kleinrußland oder die Ukraine, isoliert waren; dieses Gebiet fiel an die polnische Krone, und seine Sprache begann sich mit polnischen Wörtern zu durchsetzen. Das ging so bis zur Mitte des 17. Jahrhunderts.

Würde man sich so die Kindheit und Jugend eines Riesen vorstellen? Wie auch immer, vielleicht erklären sich daraus einige Charakterzüge, die wir später an ihm bemerken werden.

3
Iwan der Schreckliche

In einem sehr handfesten Sinn bewahrte Rußland Europa vor dem Ansturm der Mongolen, indem es den Hauptstoß des Angriffs abfederte. Hier liegt vielleicht eine der geschichtlichen Bestimmungen dieses Landes. In bezug auf den Ersten Weltkrieg wäre es sicherlich verfehlt, Rußland mehr zuzuschreiben als einen Teilbetrag zum schließlichen Sieg der Entente-Mächte. Daß dieser Beitrag keineswegs unerheblich war, dafür spricht allerdings die Überlegung, daß Rußland durch seine prompte Mobilmachung, infolge deren starke Truppenverbände der Mittelmächte bis Ende 1917 im Osten gebunden blieben, die Möglichkeit eines raschen und entscheidenden Sieges im Westen von vornherein zunichte machte. Und was den Zweiten Weltkrieg betrifft, der die Sowjetunion 20 Millionen Menschen kostete, so steht auch hier der Beitrag Rußlands zum alliierten Endsieg außer Frage; seine Rolle bestand diesmal freilich darin, die volle Wucht des nationalsozialistischen Blitzkriegs abzufangen und ihn in einen kräfte- und materialverschleißenden Zermürbungskrieg zu verwandeln.

Die Tataren fegten über das östliche Europa hinweg wie ein Sturm über das Meer, um sich schließlich wieder in die Weite ihres Wolgareichs zurückzuziehen; als Beute ihres Zuges brachten sie, neben einigen am Wegrand aufgepickten Körnern, ein unterworfenes Rußland mit zurück. Ihre Herrschaftsmethoden waren subtil und durchtrieben, und die Russen hatten, während sie ihnen wehrlos zu Füßen lagen, Muße, ihre Methoden zu studieren und für sich selbst Schlüsse daraus zu ziehen. In der Kriegführung ist es so, daß jede neue Strategie eine Gegenstrategie erzeugt, und ebenso lernten die ihren Unterjochern und deren kultivierter Wildheit schutzlos ausgelieferten Russen unter anderem zwei Dinge: Demütigungen hinzunehmen und Geduld zu üben.

Moskau, verhältnismäßig weit entfernt von der unmittelbaren Schreckensherrschaft der Goldenen Horde, gewann in dem Maße an Bedeutung, wie sich das politische Schwergewicht des Russentums vom sonnenverwöhnten Süden in den grimmigeren, aber größere Sicherheit bietenden Norden verlagerte. Da Druck von außen stets die innere Eintracht fördert, entwickelte sich Moskau allmählich zu einem Zentrum russischen Widerstandes.

Man kann jedoch ohne Übertreibung sagen, daß für die Russen in ihrer Geschichte der schlimmste Feind in Friedenszeiten, ebenso wie der beste Bundesgenosse in Kriegszeiten, stets die ungeheure Weiträumigkeit ihres Landes gewesen ist, die bereits in jenen frühen Epochen dafür sorgte, daß die verschiedenen, von russischen Stämmen besiedelten Landstriche sehr unterschiedliche Färbungen und Charakterzüge anzunehmen begannen. Im weiten Umkreis der Städte mit ihren Kreml (Festungen) und ihren spezifischen gesellschaftlichen Ordnungsformen – von der Kultiviertheit Nowgorods zu den strenger hierarchischen Strukturen Moskaus, Twers und ihrer Unterfürstentümer, deren jedes von einem eigenen Rat, gleichsam Vorläufer der späteren Sowjets, verwaltet wurde – erstreckten sich spärlich bevölkerte, nominell der Herrschaft ferner Fürsten unterstehende Gebiete, in denen Bauern, von europäischen Einflüssen unberührt, unter der Knute selbstherrlicher, oft bestechlicher und launenhafter Aufseher Sklavenarbeit verrichteten.

Alle russischen Fürsten waren den tatarischen Khanen

tributpflichtig, und die Herrschaft, die sie selbst über ihre Untertanen ausübten, war eine Herrschaft von Gnaden ihrer asiatischen Tributherren. Im Laufe dieser langen, düsteren Periode der Unterwerfung zogen die Fürsten die Tataren-Khane auch in die Konflikte hinein, die sie untereinander ausfochten, und wie einige Jahrhunderte später die vor Hitler katzbuckelnden Quislinge reisten sie häufig nach Sarai, der Tataren-Hauptstadt am Kaspischen Meer, um Unterstützung im Kampf gegen diesen oder jenen russischen Rivalen zu erbitten und sich für ihre Bemühungen eine herablassende und entwürdigende Abfertigung einzuhandeln. Bei allem Geschick, mit dem die Tataren das Prinzip «teile und herrsche» anwandten, indem sie die einen Russen gegen die anderen ausspielten, machten die Unterjochten es ihnen doch zu leicht. Indes, unter diesen Demütigungen reifte ein neues, feiner gewobenes Naturell heran. Sosehr in diesem Spiel die Karten zugunsten der Tataren gezinkt waren – je länger die Russen ihre schwerverdiente Habe in diesem räuberischen Kasino verloren, desto besser begriffen sie die Regeln, die dort herrschten. Es zahlte sich für die Fürsten von Moskau aus, daß sie diese Regeln rascher und geschickter zu handhaben lernten als ihre Rivalen.

Langsam zunächst und mit dem Segen der Khane, begann Moskau seinen Herrschaftsbereich zu erweitern. Die Gebiete an der oberen Wolga fielen ihm anheim, danach andere wichtige Fürstentümer, bis sich schließlich die orthodoxen Kirchenführer entschlossen, ihren Sitz nach Moskau zu verlegen; um diese Zeit nannte sich zum ersten Mal in der Geschichte ein russischer Herrscher «Großfürst aller Russen».

Angesichts einer sich rasch festigenden Zentralmacht und eines wachsenden nationalen Identitätsgefühls fühlten die Russen sich bald stark genug, den Kampf um die völlige Befreiung vom tatarischen Joch aufzunehmen. Im Jahr 1380 fügten ihre Krieger unter Führung des Großfürsten Dimitri Donskoi der Goldenen Horde unter der Führung Mamai Khans auf dem Feld von Kulikowo eine vernichtende Niederlage zu. Es war, abgesehen von der siegreichen Schlacht Alexander Newskis gegen die deutschen Ordensritter auf dem Eise des Peipus-See im Jahr 1260, der erste wirkliche Sieg einer russischen Streitmacht. Verglichen mit dem Ausmaß und der Brutalität dieser Schlacht gegen einen mächtigen Feind, die riesige Verluste auf beiden Seiten forderte, war die Tat Alexander Newskis freilich fast nur ein Scharmützel gewesen.

Trotz des großen Sieges wurde Moskau nur zwei Jahre später von den Tataren erstürmt und niedergebrannt. Doch bald begannen sich im Gefüge der Goldenen Horde Risse zu zeigen; das tatarische Imperium begann zu zerbröckeln, und Tochtamisch, der Eroberer Moskaus, wurde seinerseits von Timur, einem anderen mächtigen Khan, gestellt und besiegt. Moskau entrichtete zwar weiterhin Tribut an die Tataren, doch wurden die Summen von nun an kleiner und die Zahlungstermine nicht immer eingehalten. Die wachsende Macht der Moskauer Großfürsten ließ eine Zwangseintreibung zunehmend schwieriger erscheinen, und dazu kam, daß eine zunehmende Zahl von Tataren auf der Suche nach Arbeit in die aufblühende Großstadt strömten, ähnlich wie heutzutage Arbeitssuchende aus den vorwiegend landwirtschaftlichen Regionen Südeuropas zu den etwas besser gefüllten Fleischtöpfen des industrialisierten Nordens drängen.

Schließlich sanken die Tributzahlungen zu bloßen Symbolhandlungen in Erinnerung an eine traurige Vergangenheit herab, zu einer schlechten Gewohnheit, von der man aus einer gewissen Wehmut heraus nicht ganz lassen zu können glaubte. Ein weiteres Jahrhundert später hörten sie ganz auf, nicht als Ergebnis eines demonstrativen Beschlusses oder eines neuerlichen Waffengangs, sondern weil plötzlich das Interesse daran auf beiden Seiten erlosch. Die Russen hatten die Macht der Khane nicht gebrochen, sondern durch Geduld erschöpft, indem sie Verschlagenheit mit Verschlagenheit, Brutalität mit Demut, Grausamkeit mit Fatalismus beantwortet und schließlich gelernt hatten, wie man einen Eroberer überlebt, indem man seinen Launen willfährt und ihm seinen Tisch mit Geschenken deckt, so lange, bis ihm eines davon im Halse steckenbleibt und er daran erstickt.

Obgleich Moskau nur über weniger als die Hälfte des von Russen bewohnten Gebietes herrschte, war es am Ende des 15. Jahrhunderts, als die tatarische Macht endgültig erlosch, die unbestrittene politische und geistig-kulturelle Führungsmacht im russischen Raum, und einer weiteren Ausdehnung seiner Herrschaft in das von den Tataren hinterlassene Vakuum hinein stand kein nennenswertes Hindernis im Wege. Die Fürstentümer Twer und Rjasan, die sich den Führungsansprüchen Moskaus so lange und hartnäckig widersetzt hatten, fielen ihm nun wie überreife Früchte in den Schoß. Selbst das stolze Nowgorod, von den Zeitgenossen «der mächtige Herr Nowgorod» genannt, wurde nebst seinen Beistädten und seiner republikanischen Selbstverwaltung kassiert, so daß nun nichts mehr der Entwicklung eines nationalen Staats mit einer zentralisierten Regierung unter einem absoluten Monarchen im Wege stand. Vorbei war es mit den Extratouren einzelner Kleinfürsten, vorbei mit den Ansätzen zu lokaler Selbstverwaltung. Als Rußland sich seiner Macht bewußt wurde, erstarrte es im Innern zu einer rigiden oligarchischen Herrschaftsstruktur und fing an, sich nachdenklich im Spiegel der Zeit zu mustern.

Unter Iwan III. wurden Paläste und Kirchen erbaut, und

der Moskauer Kreml wuchs sich zu einer verschachtelten Burgfeste aus, deren Architektur etwas von der Bestimmung Rußlands zu reflektieren schien, auch wenn italienische Baumeister angeheuert wurden, um die Schlichtheit der traditionellen und sehr schönen älteren russischen Bauwerke mit kunstvolleren Bauten zu kontrapunktieren. In der «Innenpolitik» freilich lief um diese Zeit nicht alles so reibungslos.

Die Aristokratie, die unter der Herrschaft der Fürsten eine weitgehende örtliche Selbständigkeit besessen hatte, meldete in bezug auf ihre Rolle in der neuen zentralisierten Regierungsform ehrgeizige Ansprüche an. Diesen versagten sich die Großfürsten, und die daraus erwachsenden inneren Auseinandersetzungen spitzten sich zu, als Iwan IV., der Herrscher mit dem wenig schmeichelhaften Beinamen «der Schreckliche», 1564 die drakonische Institution der *Opritschnina* einführte, ein zugleich juristisches und materielles Machtinstrument, das ihm dazu diente, die Aristokratie brutal zu verfolgen, ihren Grundbesitz zu konfiszieren und ihn den Dämonen der Krone einzuverleiben. Schon 17 Jahre vorher hatte Iwan sich zum Zaren aller Russen ausgerufen, sich im Rahmen einer prachtvollen Zeremonie krönen lassen und, gestützt auf die Erkenntnisse ihm ergebener Ahnenforscher, sogar die Behauptung aufgestellt, die russische Herrscherfamilie stamme in Wirklichkeit nicht von Rurik und den Warägern ab, sondern von den byzantinischen und römischen Kaisern, konkret von Kaiser Augustus, in dem alle Beteiligten einen würdigen Vorfahren für einen Mann mit dem Titel «der Schreckliche» sahen.

Iwan, der vorletzte Vertreter der Waräger-Dynastie auf dem russischen Thron, war ein Dostojewskischer Charakter, dessen Irrungen und Wirrungen sich kaum von denen mancher anderer Vertreter seines Zeitalters unterschieden; doch zugleich trugen seine Entwicklung und seine Reaktionen auf die Menschen seiner Umgebung spezifisch russische Züge, die es lohnend erscheinen lassen, sich näher damit zu befassen, ehe wir diesem unglaublich packend und engbeschriebenen Blatt im Buch der Geschichte den Rücken kehren.

Als Iwan im Alter von drei Jahren auf den großfürstlichen Thron gesetzt wurde, hatte er sich seinen Beinamen *Grosnij*, der zutreffender mit «der Drohende» oder «der Gestrenge» übersetzt werden müßte, noch nicht erworben; jedoch setzte jener abscheuliche Klüngel von Höflingen, von dessen schmutzigen Fingerabdrücken alle Kapitel der frühen Geschichte Rußlands wimmeln, alles daran, dieses Versäumnis wettzumachen. Zunächst einmal soll Iwans Mutter der Überlieferung nach an Gift gestorben sein – in einer solchen Umgebung die natürlichste aller anzunehmenden Todesursachen. Dann wurde seine Amme ins Gefängnis geworfen. Der Knabe blieb allein in der Gesellschaft seines geistig zurückgebliebenen Bruders Georgij und eines Mönches namens Sylvester. Die Kinder wurden vernachlässigt, und Iwan behauptete später, sie hätten wenig zu essen bekommen und dauernd gefroren. Die Hundezwinger waren für sie ein angenehmerer Aufenthalt und Spielplatz als der Palast, und so suchten der unmündige Herrscher und sein Bruder dort Zuflucht vor ihren Zuchtmeistern.

Man ließ die Knaben gewöhnlich, in Lumpen gekleidet, ihrer eigenen Wege gehen; lediglich bei Gelegenheit staatlicher Zeremonien wurden sie in kostbare Gewänder gehüllt, und die unsäglichen Bojaren knieten in einem Akt erkünstelter Untertänigkeit vor ihnen nieder, der den Stempel einer fast biblisch zu nennenden Heuchelei trug – aber die Bojaren jener Zeit waren ja auch gute Bibelkenner. Bedenkt man die «Erziehung», die Iwan zuteil, die absurden emotionalen Wechselbäder, die ihm verabreicht, und die Obszönitäten, die ihm in einer von käuflichen Höflingen und Intriganten bevölkerten Umgebung vorgeführt wurden, so muß man sagen, daß Iwan eine bemerkenswert normale Entwicklung nahm und keine aus dem Rahmen fallenden Vorlieben oder Marotten zeigte. Dafür praktizierte er eine ausgesprochen russische Tugend: Er wartete auf seine Zeit. Seine Fähigkeit, zu hassen, steigerte sich im gleichen Maß wie seine unterdrückten Rachegelüste, und sie schlug sich in einem Gerechtigkeitsgefühl von übersteigerter Rigorosität nieder. Und dann saß er eines Tages nicht mehr in Lumpen, sondern in Roben seiner eigenen Wahl gekleidet auf dem Thron, der jeder seiner Willensäußerungen Gesetzeskraft verlieh; und das erste, was er tat, war, die Verhaftung Andrej Schuiskijs anzuordnen, des mächtigsten aller Bojaren. In Schrecken versetzt durch diese, wie es ihm erschien, unvorhersehbare Tollheit eines abgerichteten Haustiers, ergriff Schuiskij die Flucht, wurde aber bald eingefangen und getötet. Zu ihrer Bestürzung mußten die Bojaren erkennen, daß aus dem vernachlässigten Wildfang ein Mann geworden war, der still und klaglos seine Umgebung beobachtet und eigene Schlüsse aus seinen Erfahrungen gezogen hatte.

Wenig später proklamierte Iwan sich zum ersten Zaren der russischen Geschichte und erwählte sich eine Frau aus der Familie der Romanows, die sich stets bewußt aus den Kabalen der Bojaren herausgehalten hatte, eine Abstinenz, die ihr später zugute kam, als nach dem Aussterben der Rurikiden-Dynastie Michail Romanow zum Zaren gewählt wurde. Iwans Gemahlin war sehr jung und sehr reizvoll und verwöhnte ihn, solange ihr kurzes Leben währte, wohl sicher mit Liebe und Zärtlichkeit. Er vergalt ihr das, indem er sie seine «kleine Stute» nannte. Als sie starb, sagte er schluchzend: «Meine kleine Stute ist fort.» In der mit Mißgunst geladenen Atmosphäre eines Palastes, wo hinter jeder Säule ein auf Mord Sinnender lauern konnte und wo die Nacht mit von flackernden Kerzen geworfenen Schattenbildern erfüllt war, lag für Iwan der Gedanke nicht fern, daß seine Frau vergiftet worden sei, und er rächte sich an allen, die er zu fassen bekam, um sicherzugehen, daß der Schuldige der Strafe nicht entging. Er heiratete noch sechsmal, aber der Zauber der Liebe kehrte nicht wieder.

Einsam und mißtrauisch, vergrößerte er seine persönliche Leibwache auf über 5000 Mann, eine Schar von Raufbolden und Saufkumpanen, die er, in sarkastischer Nachahmung zeitgenössischer Mönchstrachten, von Kopf bis Fuß in Schwarz kleidete; diesen Haufen aus desertierten Kriegern fremder Heere, abtrünnigen Bojaren und Rabauken unbekannter Herkunft bezeichnete er als seine Bruderschaft. Der Drang, sich mit den am entgegengesetzten Ende der sozialen Skala Angesiedelten zu verbrüdern, ist ein weiterer konstanter und charakteristischer Zug russischen Denkens und Fühlens – der brennende Wunsch, von ganz unten her Höchstes zu erreichen oder sich umgekehrt aus höchster Höhe in die Tiefen der Erniedrigung hinabzubegeben. Vielleicht ist es die Hoffnung darauf, den Sinn des Lebens besser zu begreifen, die diesem sich immer von neuem wiederholenden Vorgang zugrunde liegt, dieser Ambivalenz, die bewirkt, daß der feierliche Prunk einer Zeremonie im nächsten Augenblick als eitle, großspurige Gaukelei und Täuschung, die Insignien des Amtes als hinfällige Torheit verworfen werden. Iwan war einer, der diesen abrupten Wechselbädern des Gefühls unterlag, und er fühlte sich dann am meisten eins mit sich selbst, wenn er zusammen mit seinen Kumpanen und, wie diese, in Schwarz gewandet, zechte, folterte und tötete. Stets registrierte er sorgfältig die Namen seiner Opfer, damit er später für die Unsterblichkeit ihrer Seelen beten konnte.

Wie Iwan den Anspruch erhob, Erbe der römischen Kaiser und einziger wahrer Prophet in einer Welt voller Ketzer und Verräter zu sein, so tat dies viel später auch Hitler auf seine Weise. Wie Iwan hatte auch Hitler das Bedürfnis, sein Verhalten durch alle möglichen Rassentheorien zu legitimieren, die geeignet schienen, seine weltfernen, mystischen Visionen zu untermauern, und Mussolini redete sich ein, so etwas wie der Träger einer olympischen Fackel zu sein, die er aus den Händen unsichtbarer Gesandter des römischen Kaiserreichs empfangen haben wollte. Die heiße Luft, die die pragmatischen Handlungen selbstsüchtiger und gieriger Autokraten umweht, enthält im wesentlichen immer dieselben Geruchsstoffe, die in ihrer momentanen Aufwallung Übelkeit verursachen, sich dann aber doch jedes Mal als ebenso flüchtig wie die Zeit selbst erweisen.

Was den Luxus betrifft, sich eine eigene Religion zu leisten, so sollte man daran denken, welche Befriedigung es Heinrich VIII. von England bereitete, sich an den Sprossen seiner Scheidungen aus dem Schwerefeld des Katholizismus herauszuhangeln und sich ein neues, gemütliches religiöses Nest zu bauen, die Kirche von England. Auch Iwan fand Trost und Genugtuung darin, daß Staat und Kirche Hand in Hand und einträchtig für die Interessen eines eigenen, maßgeschneiderten Gottes arbeiten konnten, der sein Ohr den russischen Problemen öffnete – die nichts anderes waren als die seinen.

Und davon gab es viele. Das erste war, daß Rußland, obgleich inzwischen in der Lage, nach außen hin Macht und Pracht zu demonstrieren, wann immer die Situation es erforderte, in Wirklichkeit herzlich wenig besaß, um den durch seine glänzende Fassade dokumentierten Ansprüchen gerecht zu werden. Das Moskauer Hofleben wurde von denen, die in diesen Dingen Erfahrung hatten, als primitiv eingeschätzt, und die einheimischen Handwerker und Künstler konnten sich nicht mit denen des Westens messen. Iwan setzte alles daran, Kontakte und Handelsbeziehungen zum Westen herzustellen, aber zwischen seinem Land und seinen Wunschpartnern lag ein undurchlässiger *cordon sanitaire* von Staaten, die Rußland feindlich gesonnen waren, weil sie seine latente militärische Potenz fürchteten, und die alles taten, um ihm den Zutritt zu Europa zu versperren. Das Schwarze Meer war inzwischen fast ein Binnengewässer des Osmanischen Reiches geworden, über die Ostsee beugten sich Schweden und Livland. Einem englischen Seefahrer namens Richard Chancellor blieb es vorbehalten, in den 1550er Jahren die Nordmeer-Handelsstraße zum Weißen Meer zu eröffnen; diese Route war jedoch nur während weniger Monate im Jahr zu befahren, und Rußland wäre nicht gut beraten gewesen, das Gewicht seiner kommerziellen Hoffnungen an den dünnen Faden dieser unsicheren Schönwetterverbindung zu hängen. Gleichwohl berührt es merkwürdig, wenn man sich vergegenwärtigt, daß als Folge dieser englischen Pioniertat eines schönen Tages eine Gruppe derber russischer Bojaren in offizieller Mission in England eintraf, mit dem ausdrücklichen Auftrag, am Hofe Königin Elizabeths I. eine Frau für Iwan den Schrecklichen zu finden. Sie logierten in Greenwich, und es ist eine amüsante Fußnote, daran zu erinnern, daß dies die einzige englische Adresse war, die sie bei ihrer Heimkehr nach Moskau mitbrachten, und daß infolgedessen Peter der Große 150 Jahre später, als er England besuchte, mit Selbstverständlichkeit sein Quartier ebendort aufschlug. Die Wahl dieser bärtigen, ungeschlachten Männer fiel schließlich auf Lady Mary Hastings, eine Hofdame, die freilich, als sie erfuhr, für welche Gunst des Schicksals sie ausersehen war, in einen anhaltenden Schockzustand verfiel, eine Reaktion, die die Bojaren, die sich als Glücksbringer wähnten, tief kränkte. Königin Elizabeth persönlich setzte schließlich der Delegation auseinander, daß es für Iwans Glück, langfristig gesehen, vermutlich besser sein würde, wenn er mit einer bodenständigeren Jungfrau vorlieb nahm, für die die Gewalttätigkeit und das krankhafte Mißtrauen des alternden Monarchen nicht ganz so aus heiterem Himmel kommen würden.

Als Iwan eines Tages entdeckte, daß es ihm nicht mehr genügte, sich an individuellen Opfern zu vergreifen, überfiel er eine ganze Stadt: Nowgorod. Der Fluß, an dem die Stadt lag, rötete sich vom Blut der Getöteten. Und dann erreichte das Wüten unseres Zaren einen makaberen, Tragik mit Absurdität vereinigenden Höhepunkt. Mit der Affenliebe des Senilen hatte er alle seine Hoffnungen auf seinen Sohn Iwan konzentriert, das Kind seiner Liebe zur «kleinen Stute», sein Souvenir aus glücklicheren Zeiten. Da schlug er, in einem Anfall unbändigen Jähzorns, seinen Sohn mit dem schweren Metallknauf seines Zepters nieder, und der junge Mann erlag drei Tage später seinen Wunden. Welchen Inhalts die Gebete des alten Zaren von da an waren, daran zumindest konnte kein Zweifel sein. Er selbst starb keine zwei Jahre später.

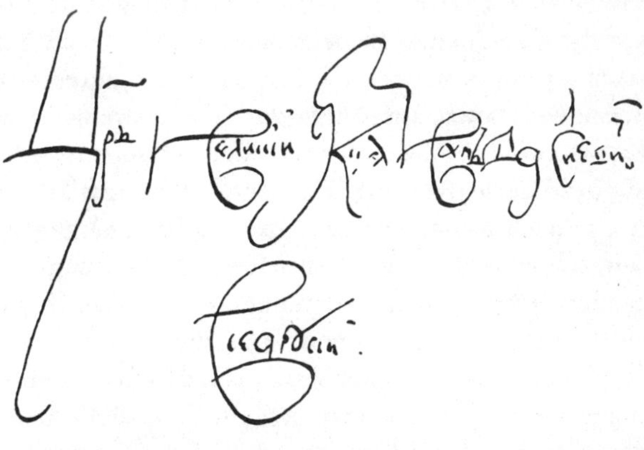

Die Unterschrift Iwans IV.: Zar und Großfürst Iwan Wassiljewitsch von ganz Rußland. Einige Historiker glauben allerdings, Iwan habe nie selbst Dokumente unterzeichnet, sondern seinen Ersten Sekretär beauftragt, für ihn zu unterschreiben.

4
Schwere Zeiten

Im Licht unserer Kenntnisse über den heutigen Sowjetstaat nehmen sich einige der in der zweiten Hälfte des 16. Jahrhunderts durchgeführten Reformen höchst interessant aus. Beispielsweise wurde jeder, der sich in den Dienst ausländischer Interessen stellte, in welcher Funktion auch immer, zum Verräter gestempelt. Während Rußland ein echtes Feudalsystem im europäischen Sinn dieses Begriffes nie gekannt hatte, wurde die Leibeigenschaft nunmehr als Zugeständnis an militärische und organisatorische Erfordernisse allgemein eingeführt; sie ermöglichte eine permanente Mobilisierung aller Kräfte der Nation, zumal das System nicht nur auf die eigentlichen Leibeigenen angewandt wurde, die praktisch so etwas waren wie Privatsoldaten ihres Grundherrn, sondern auch auf die anderen Klassen der Gesellschaft, die Glieder einer strengen hierarchischen Ordnung waren, gewissermaßen Offiziere und Unteroffiziere des Staates, je nach Rang. Die gesamte staatliche Organisation war auf einen permanenten Ausnahmezustand zugeschnitten; Steuern wurden je nach den militärischen Verpflichtungen der Grundherren erhoben, und die Krone gewährte dem aufstrebenden Landadel Vergünstigungen, um ihn zum Gegengewicht gegen die unablässigen Ansprüche und lärmenden Forderungen der alten Aristokratie aufzubauen. Genau wie den Soldaten einer kämpfenden Truppe war es den Bauern ausdrücklich verboten, sich von dem Ort, der durch den Zufall der Geburt ihre Heimat war, zu entfernen und sich etwa bei einem anderen Grundherrn zu verdingen.

Welche treibenden Kräfte standen hinter dieser außerordentlich rigorosen Politik des straffen Zügels, die trotz aller Umwälzungen und Revolutionen, die es seither gegeben hat, noch heute die russische Wirklichkeit prägt?

Die russische Entwicklung läßt sich nicht losgelöst von der Haltung der benachbarten Staaten betrachten, deren instinktive düstere Vorahnungen über den Kurs, den das aufstrebende Zarenreich einzuschlagen sich anschickte, wie ein ansteckendes Fieber um sich griffen. Die Erfolge der Russen im Kampf gegen schwedische und livländische Truppen weckten in Europa erstmals Besorgnisse, wie immer, wenn sich das Wirken einer neuen Macht bemerkbar zu machen beginnt. Es ist wiederum, wenn wir an unsere Zeit denken, höchst aufschlußreich, daß die ersten Stimmen, die in schrillem Gleichklang vor einer Bedrohung des Weltfriedens warnten, aus Polen und aus dem Vatikan ertönten; beide bewegte wohl die Furcht vor einer weiteren Ausbreitung des häretischen Ostchristentums, die Polen darüber hinaus noch die Furcht vor der russischen Militärmacht. Allerdings betrachteten nicht alle Nationen Rußland als eine bedrohliche Macht. Die Briten beispielsweise erweiterten den Umfang ihres Handels mit dem Zarenreich, ebenso alle nicht in aktive Händel mit den Russen verstrickten Länder Nordeuropas, und in wachsender Zahl begannen sich ausländische Handwerker, Ingenieure und Künstler in Moskau niederzulassen, wo sich ihnen ein potentiell unerschöpflicher Markt für praktisch alle Produkte handwerklicher und künstlerischer Fertigkeit eröffnete.

Iwan hatte eine Zeitlang einen Fuß in der Tür zur Ostsee gehabt, ihn jedoch zurückziehen müssen, und das System des straffen Zügels strangulierte die geistigen Kräfte der Nation. Als Iwan 1584 starb, übernahm sein willensschwacher Sohn Fjodor den Thron, und als sich daraufhin die

Zügel lockerten, begann der Staat langsam auseinanderzufallen. Die Alarmrufe Polens und des Vatikans waren verfrüht gewesen. Rußland war noch nicht reif, seine endgültige Rolle anzutreten. Seine Kraft hatte es im Fortgang seines Wachstumsprozesses verbraucht, und nun geriet das Land allmählich aus dem Tritt. Boris Godunow, ein Mann von Intelligenz und Weitblick, mit dessen Namen wir heute fast nur noch den Protagonisten einer tragischen Oper verbinden, wurde zum Regenten ernannt; er trat sein Amt in der erklärten Absicht an, die Politik Iwans des Schrecklichen fortzuführen, stieß aber auf den Widerstand der Bojaren, die gegen ihn mit größerem Mut aufzumucken wagten als zuvor gegen Iwan. Nach dem Tode des unfähigen Fjodor im Jahr 1598 proklamierte Boris sich, wenn auch von Selbstzweifeln geplagt, selbst zum Zaren, eine Entscheidung, die er zweifellos bald bereute. Ohne sich durch die Tatsache beirren zu lassen, daß der einzig legitime Thronerbe, Dimitri, 1591 vorsorglich umgebracht worden war, trumpften die Bojaren mit einem in aller Eile aufgeputzten Thronprätendenten, einem falschen Dimitri, auf, nachdem sie sich zuvor der Hilfe der Polen versichert hatten, ähnlich wie sie in früherer Zeit um die Unterstützung der Tataren im Kampf gegen ihr eigen Fleisch und Blut gebuhlt hatten.

Es soll nicht unerwähnt bleiben, daß Klassenkämpfe ein beständig wiederkehrendes Phänomen der russischen Geschichte gewesen sind und daß die Loyalität zur eigenen Klasse oft stärker war als die Loyalität zu Krone und Nation – bis sich im 18. und 19. Jahrhundert das Nationalstaatsprinzip durchsetzte. Doch scheint es, als hätten die Russen jenes ältere Prinzip bis in alle logisch denkbaren Konsequenzen hinein und noch darüber hinaus durchexerziert, worin vielleicht mit eine Erklärung liegt für die Intensität der Wut, die sich in den Anfangstagen der russischen Revolution gegen das Bürgertum und die Aristokratie entlud, sowie für die bereitwillige Aufnahme, die das Marxsche Modell einer schematisch in Klassen eingeteilten Gesellschaft bei der russischen Bevölkerung fand.

Wie dem auch sei, irgendwann im Jahr 1605, zwei Monate nach dem mysteriösen Tod Boris Godunows, machte der falsche Dimitri, die Polen als Helfer im Rücken, seine Aufwartung in Moskau. Doch er spielte seine Rolle nicht lange. Seine Ausschweifungen und der ausgesprochene Katholizismus seiner Umgebung genügten, um seine Anhänger gegen ihn aufzubringen. Sie zettelten eine kleine Volkserhebung an, und ein wütender Mob erschlug den Usurpator nur wenige Monate nach seinem triumphalen Einzug.

Danach rutschten die Ereignisse vom Tragischen und Dramatischen auf das Niveau einer Schmierenkomödie ab. So überzogen waren die Zeugnisse der Machtbesessenheit, so rasend die Ausbrüche des Hasses und von so abgründiger Tollheit die Anmaßungen, der Aberglaube und die Widersinnigkeiten der Hauptakteure, daß selbst ein Shakespeare vor der Aufgabe hätte kapitulieren müssen, den Wirbel der Ereignisse zu einem logisch oder psychologisch einleuchtenden Bild zu ordnen.

Nach dem Tod Boris Godunows und der Ermordung des falschen Dimitri gelangte 1606 ein Angehöriger der alten Aristokratie, Wassili Schuiski, auf den Zarenthron. Er ging, was angesichts der Verhältnisse gewiß vernünftig war, daran, dem hemmungslosen Gemetzel innerhalb seiner eigenen Klasse, wie Iwan der Schreckliche es zu seinem bevorzugten Zeitvertreib erkoren hatte, ein Ende zu machen; doch seine Gesten der Verständnisbereitschaft gegenüber den Reichen im Lande nützten ihm nicht viel, war doch mittlerweile eine neue Klasse adliger Grundbesitzer herangewachsen, die unter Ausnutzung des entstandenen Machtvakuums beherrschenden Einfluß gewonnen hatte. Dazu kam, daß neue Kräfte auf der Bildfläche erschienen: entlaufene, aufsässige Leibeigene und Kosaken. Vielerorts brachen Aufstände aus, von denen der bemerkenswerteste, von einem Leibeigenen angeführt, große Teile des Südens erfaßte. Die weiter von Moskau entfernten Provinzen des Reichs befanden sich in offenem Aufruhr, und als dann noch ein zweiter falscher Dimitri in Erscheinung trat, der vom russischen Volk Gefolgschaft forderte und Anspruch auf den Thron Wassilis anmeldete, schlugen die Wellen der Anarchie noch höher. Wem dies alles ausgesprochen russisch vorkommt, der sollte sich vielleicht daran erinnern, daß auch England seinen Perkin Warbeck und seinen Lambert Simnel gehabt hat, wenn diese beiden auch, wie ich zugebe, ihren historischen Auftritt um einige Zeit früher hatten. Vielleicht ist dies ein Beispiel für den Mangel an Fingerspitzengefühl, den die Russen bei ihren Versuchen, den Westen zu imitieren, gelegentlich an den Tag legen.

Wassili, irritiert ob des Schwankens der Bojaren, von denen einige bereit schienen, sich auf die Seite des neuen Usurpators zu schlagen, hatte eine noch bessere Idee, als sich an die Tataren oder die Polen zu wenden. Er ging die Schweden um Hilfe an, was verständlicherweise die Polen ärgerte, da sie ein Vorzugsrecht auf lukrative Aufträge dieser Art zu haben glaubten. Sigismund, König von Polen, schlug Karl XI. von Schweden vernichtend und bezog Stellung unweit von Moskau. Daraufhin setzten die Bojaren Wassili ab und ließen den Thron eine Zeitlang verwaist – ein unberechenbares Chaos war ihnen wohl lieber als eine berechenbare polnische Ordnungsmacht.

Sie waren indes so wetterwendisch wie eh und je und kamen schließlich auf die Kompromißlösung, den russischen Thron dem jungen Wladislaw anzubieten, dem Sohn des ehrgeizigen Sigismund. Wie so viele Kompromisse, stellte auch dieser nicht alle Beteiligten zufrieden. Die Bojaren öffneten zwar freiwillig die Tore Moskaus einer polnischen

Streitmacht und waren auch bereit, sich einer polnischen Oberherrschaft unterzuordnen, wenn ihnen und dem mächtigen Landadel die angestammten Privilegien und Gewohnheitsrechte garantiert blieben, aber Sigismund sah nicht ein, weshalb sein Sohn in den Genuß einer solchen Ehre kommen sollte; er begehrte den verlockenden Thron für sich selbst. Dieser unbescheidene Gedanke löste bei den Russen Unmut aus, die zwar bereit waren, einen polnischen Prinzen zu akzeptieren, dem man noch russische Lebensart beibringen konnte, jedoch keinerlei Bedürfnis nach einem Herrscher hatten, der immer ein Pole bleiben würde. Unter diesen Umständen gewann der zweite falsche Dimitri für die Russen prompt eine verlockende Echtheit, sie scharten sich um sein Banner, und nur die Tatsache, daß ihr neues Idol von – ausgerechnet – einem seiner tatarischen Leibwächter ermordet wurde, zwang sie, ihr Projekt aufzugeben. Jetzt fand es die Geistlichkeit an der Zeit, gegen die Katholiken im Kreml in den Ring zu steigen. Die Wort- und Heerführer des Landadels wurden ermuntert, mit Hilfe eines Kosakenführers die Dinge fest in die Hand zu nehmen, und die Polen gerieten alsbald in die unangenehme Situation, wie Gefangene im belagerten und von allen Seiten eingeschlossenen Kreml zu sitzen. Allein, wiederum brachen unter den Belagerern des Kreml Zwistigkeiten fast possierlicher Art aus. Im Verlauf der Auseinandersetzung, die vermutlich über Fragen der Strategie entbrannte, töteten die Kosaken den militärischen Anführer des Adelsheeres, woraufhin sich dieses angewidert aus dem Belagerungsring zurückzog, nur um kurze Zeit später an anderem Ort wiederum eine Streitmacht aufzustellen, die sich feierlich der Aufgabe verschwor, das, was von Rußland noch übrig war, so lange zu schützen, bis ein annehmbarer Herrscher gefunden war. Dieses neue Adelsaufgebot verpflichtete sich insbesondere, keinerlei Hilfe seitens der Kosaken anzunehmen, nicht nur aus dem sehr guten Grund, daß ihm die Hilfe der Kosaken beim letzten Mal sehr schnell zu viel geworden war, sondern auch weil diese wilden Krieger sich wie eine Seuche über das gesamte nördliche Rußland verbreiteten, sich auf Kosten der Landbevölkerung ernährten und eine Spur von Raub und Plünderung hinterließen; marodierende Polen eiferten ihnen darin nach.

Das neue Heer setzte sich aus dem Stoff zusammen, aus dem man Legenden zu weben pflegt. Angeführt wurde es von zwei nach Herkunft und Charakter sehr unterschiedlichen Männern, Dimitri Posarski, einem Fürsten, und Kusma Minin, einem Metzger. Hinter ihnen stand die Autorität der Kirche in der Person des Patriarchen Hermogen. Als das Heer sich Moskau näherte, strömten ihm Bauern und Leibeigene zu, die den Hunger und die ständige Bedrohung ihrer Existenz nicht länger ertragen wollten. Es war, als habe die existenzielle Bedrohung ein mystisches Gefühl der Einheit heraufbeschworen, ganz ähnlich jener patriotischen Reaktion, die die übermenschlichen Kraftakte des Befreiungskampfes gegen Napoleon im 19. und gegen Hitler im 20. Jahrhundert möglich machte. Das Heer traf im Juli 1612 vor Moskau ein, das bereits von Kosaken belagert wurde; König Sigismund hatte inzwischen zur Verstärkung weitere polnische Truppen in die Stadt geholt. Die Kosaken betrachteten die Ankunft eines Fürsten, eines Metzgers und eines zusammengewürfelten Haufens als störende Einmischung in ihren eigenen Versuch, die Probleme zu lösen. Die Kosaken waren selbständige Bauernkrieger aus den Grenzregionen, die ihre Identität in Kriegen und Reibereien mit den Tataren entwickelt hatten. Ihre ersten militärischen Erfahrungen hatten sie als autonome Gelegenheitsgrenzschützer in eigener Sache gesammelt; in der Tradition dieser improvisierten Verbände entstanden mit der Zeit Reiterbanden, die sich gelegentlich als Söldnertruppen anheuern ließen, viel lieber jedoch auf eigene Faust Abenteuerzüge unternahmen; Unterordnung lag ihnen weniger als ein unabhängiges Dasein in einer einem urwüchsigen Moralkodex verpflichteten Gemeinschaft, ganz in der Art der Pioniere des amerikanischen Westens. Wie diese als Vorreiter die Erschließung des Westens, so sollten die Kosaken die Erschließung des russischen Ostens vorantreiben, indem sie in unbesiedeltes Territorium vorstießen, sich lohnendes Land sicherten und nach natürlichen Reichtumsquellen suchten.

Nun aber hatten sie sich in den Kopf gesetzt, die Polen im Kreml in die Knie zu zwingen und anschließend, so kann man annehmen, die russische Nation in eine an ihrer freien, ungebundenen und wilden Lebensweise orientierte Zukunft zu führen. Auch diesmal legten sie sich mit ihren Verbündeten an und überließen schließlich Minin und Posarski die Erstürmung Moskaus, während sie sich schmollend in den Hintergrund verzogen. Als jedoch die Entscheidung nahte, ergriff sie jener spontane russische Patriotismus, der sich immer dann rechtzeitig und mit ansteckender Gewalt einzustellen scheint, wenn die Gegensätze auf einen Punkt zutreiben, an dem sich eine eindeutige Entscheidungsalternative in brutaler Klarheit stellt. Mit wildem Geschrei stürzten die Kosaken sich an der Seite des Bauernheers in die Schlacht, und die Polen kapitulierten.

1613 trat in Moskau ein *zemskij sobor*, eine Art Volksparlament, zusammen, um einen neuen Zaren zu wählen. Heutzutage verbinden die meisten von uns mit Rußland die Vorstellung eines seit alters her ununterbrochen bestehenden autokratischen Regimes; in Wirklichkeit ist die autokratische Tradition keineswegs ungebrochen. Die Russen haben immer großen Wert auf Diskussion, Beratung und Abstimmung gelegt. Das Wort «Sowjet» bedeutet ja eigentlich auch nichts anderes als Rat oder Ausschuß. Im *zemskij sobor* von 1613 waren nun alle Stände der damaligen russischen Gesellschaft vertreten, und der Gewinner der Wahl war ein erst siebzehnjähriger Jüngling, der Sohn eines Priesters, der seinerseits der Neffe der ersten Frau Iwans des Schrecklichen war. Der junge Mann hatte den Vorzug, kein Sprößling der alten Aristokratie zu sein und sich somit nicht zum Werkzeug in der Hand der Bojaren zu eignen; andererseits stand er in der Hierarchie weit genug oben, um respektiert zu werden. Und Michail Romanow war Russe. Der *zemskij sobor* tagte drei Jahre lang in Permanenz, um dem jungen Zaren bei seiner heiklen Aufgabe zur Seite zu stehen und die Solidarität zu demonstrieren, deren die Nation so dringend bedurfte. Die Zusammenarbeit aller Klassen mit dem neuen Zaren funktionierte trotz der Rückkehr von dessen Vater, dem mächtigen Patriarchen Filaret, aus polnischer Gefangenschaft so vielversprechend, daß die Tätigkeit des nationalen Parlaments nochmals um eine dreijährige Sitzungsperiode verlängert wurde.

Der Preis für den Frieden war, daß die finnische Ostseeküste den Schweden überlassen werden mußte und die alte russische Stadt Smolensk im Zuge einer neuen Grenzziehung polnisch wurde. Diese Veränderungen trugen jedoch nicht den Stempel der Unwiderruflichkeit. Gleichzeitig mit der Wiederherstellung der Ordnung – oder dem Versuch dazu – führte die Regierung eine vollständige Neuordnung des Heeres durch, warb ausländische Glücksritter als Führungsoffiziere an und ließ sich sogar dazu herbei, ganze Söldnerkompanien anzuheuern. Die Russen bewiesen in dieser Zeit, da es galt, sich für die Revanche zu wappnen, einen Pragmatismus, der eines ihrer Markenzeichen werden sollte. Wenn man durch die Hinnahme einer Demütigung seine Siegeschancen verbessern konnte, dann war sie kein zu hoher Preis. Dieses Rezept hatte schon den Tataren gegenüber funktioniert. Die Russen hatten gelernt, Entwürdigungen mit dem täglichen Brot hinunterzuschlucken und dabei einen keine Gemütsbewegung verratenden, nur stoische Geduld ausstrahlenden Gesichtsausdruck zu bewahren.

Dieses Ausdrucksverhalten ist bis heute typisch geblieben, insbesondere bei alten Menschen. Leute, die einem auf der Straße begegnen, tragen eine Unbewegtheit zur Schau, die den Eindruck einer griesgrämigen Gleichgültigkeit gegenüber ihrer Umwelt vermittelt; allein, unter dieser Maske der Unbewegtheit verbirgt sich ein tiefer Brunnen der Gefühle und Seelenqualen. Es scheint, als ob die Menschen ihre seelische Temperatur instinktiv auf einem niedrigen Stand halten, weil sie wissen, zu welcher Hitze der Leidenschaft sie fähig sind. Auch heute noch vermitteln eine moderate Presse und ein Fernsehen, das nicht konfliktorientiert berichtet, sondern in ruhiger und sorgfältig überlegter Weise an das allgemeine Interesse appelliert, ganz und gar nicht das Bild einer rigorosen diktatorischen Herrschaft, sondern eher den Eindruck einer fürsorglichen Schulung des Geistes, einer so vernunftorientierten Vermittlung von Nachrichten, daß es manchmal wie ein hypnotischer Einschläferungsversuch wirkt.

Eine Übertragung amerikanischer Formen der Aufbereitung von Nachrichten nach Rußland hätte sicherlich katastrophale Auswirkungen. Die ausgiebige Berichterstattung amerikanischer Fernsehstationen über Mordfälle beispielsweise – mit Nahaufnahmen lebloser Körper, die in einer Feuerleiter hängen oder auf einem blutbefleckten Gehweg liegen – und die gelassenen Schilderungen von Polizisten und Augenzeugen würden die sowjetischen Zuschauer schockieren, die sehr wahrscheinlich der Meinung wären, wenn solche häßlichen Dinge schon vorkämen, müsse man es der Miliz überlassen, sich darum zu kümmern, die für solche Dinge schließlich ausgebildet sei, und dürfe sie nicht auf dem Bildschirm breittreten, wo sie möglicherweise von Kindern mit angesehen werden könnten.

Es mag merkwürdig erscheinen, wenn ich an dieser Stelle, inmitten eines kurzen historischen Abrisses, solche zeitbezogenen Betrachtungen einschalte, aber jener Abschnitt ihrer Geschichte, den die Russen mit vornehmer Untertreibung die «Zeit der Wirren» nennen (1604–13), läßt Facetten des russischen Charakters hervortreten, die auch heute noch sehr offenkundig sind. Hier findet man keine romanische Launenhaftigkeit, keinen abrupten Wechsel zwischen Regenschauern und Sonnenschein, keine jähen Gefühlsausbrüche und tränenreichen Versöhnungen. Wenn der russische Himmel sich zu verfinstern beginnt, dann sind die möglichen Varianten so unbegrenzt wie der Horizont, und es ist immer genug Zeit, daß jede einzelne Variante sich einstellen kann. Das Schicksal hat keinen Grund zur Eile.

Peter der Große war der Herrscher, der es liebte, sich unter das gemeine Volk zu mischen, um zu erfahren, was die Leute redeten und was sich zusammenbraute. Auf seinen Reisen pflegte er einen äußerst schlichten Lebensstil und überließ das Majestätische denen, die diesen Dingen etwas abgewannen. Alexander I. hundert Jahre nach ihm verkroch sich inkognito in ein Kloster; er wollte angeblich nicht mehr als ein von den Regierungsgeschäften zurückgetretener Herrscher erkannt werden. Eine noch schlagendere Parallele steuerte der große Feldherr Suworow bei, der während seiner Schlachten gerne in die Uniform eines Gefreiten schlüpfte und sich, wenn er nach einem seiner unzähligen Siege betrunken und lärmend durch das Lager zog, von seinem Spieß in einem vorher eingeübten Ritual brutal zur Ordnung rufen ließ. «Bettruhe!» brüllte der Unteroffizier gewöhnlich. «Auf wessen Befehl?» brüllte Suworow zurück. «Auf Befehl Seiner Exzellenz Feldmarschall Fürst Suworow-Rimnizkij», schmetterte der Unteroffizier. Daraufhin erschrak Suworow, nahm stramme Haltung an, murmelte: «Ihm muß man gehorchen» und stakste schweigend zu seinem Lager.

In vielen Menschen lebt der Wunsch nach einer Erweiterung der Grenzen ihrer Erfahrung. Sadisten oder Leute, die sich irgendwelche Machtvollkommenheiten erträumen, sind oft kleinlaute, unbedeutende Menschen von unauffälligem Erscheinungsbild, während diejenigen, die in den Bordellen der Welt nach der Befriedigung suchen, die ihnen das Ausleben von Unterwerfungsphantasien gewährt, zuweilen mächtige Industriekapitäne, Minister oder Bischöfe sind, die in ihrem Beruf Tag für Tag Entscheidungen treffen und dabei keine Spur von Servilität zeigen. Die Franzosen nennen diese seltsame Lust an der Erniedrigung *nostalgie de la boue*, womit sie der Sache ein viel poetischeres und menschlicheres Antlitz verleihen, als der abwertende psychiatrische Fachausdruck es tut. Daß das Phänomen existiert, ist jedenfalls sicher, und vielleicht sind die Russen anfälliger dafür als die Angehörigen der meisten anderen Völker. Jedenfalls sind die Russen zu erstaunlichen, von Zuversicht getragenen Kraftakten und zu ebenso erstaunlichen Verzichtleistungen fähig, wie wenn das Pendel bei ihnen stärker – und oftmals unberechenbarer – ausschlüge als bei anderen Völkern.

Die außerordentlich hysterische Reaktion, die der staatliche Zerfall in der «Zeit der Wirren» auslöste, war selbst nach den Maßstäben der Zeit bemerkenswert. Als der erste falsche Dimitri den Thron bestieg, nahm er sich eine Polin namens Marina zur Frau. Als er 11 Monate später abgesetzt und getötet wurde, gelang es Marina zu fliehen. Als dann der zweite falsche Dimitri seine Thronansprüche erhob, kam Marina aus ihrem Versteck hervor und begrüßte ihn als ihren Mann, obgleich er keine physische Ähnlichkeit mit dem ersten Dimitri aufwies. Als auch der zweite Dimitri ermordet wurde, entkam Marina mit einem kriegerischen Häuptling aus dem Süden; diesmal machte sie, vermutlich um die Aussicht auf ein relativ ruhiges Leben im Sattel nicht zu gefährden, keine Anstalten, ihn zu einem weiteren Dimitri zu erklären.

Und alle diese Geschichten verfolgten die Leute mit der gleichen Anteilnahme, die sie heute einer populären Fernsehserie entgegenbringen. Der einzige Unterschied ist, daß sich in jenen Tagen alles live abspielte und daß die Leichen wirklich tot waren.

5
Peter der Große

Was an Berichten über diese blutigen Geschehnisse durchsickerte, löste im Ausland offensichtlich Besorgnisse aus, doch das allein erklärt nicht, weshalb der Westen in Rußland schon jetzt eine potentiell bedrohliche Macht zu sehen begann. Am Anfang der langen Regierungszeit Iwans, als das Land sich nach den Maßstäben jener Zeit in einer Phase relativer Ruhe befand, konnte der Botschafter Königin Elizabeths I. von England seiner Herrscherin noch berichten, in Rußland lebten alle Menschen in Frieden, jedermann «im Genuß und in der Kenntnis dessen, was sein eigen ist»; überall seien «gute Beamte eingesetzt» und werde «Gerechtigkeit geübt». Und doch erahnte er in der Ferne, jenseits der Baumreihen und der Holzhäuser, die Vorboten eines aufziehenden Gewitters – er schloß seinen Brief mit den Worten: «Gott hält für Sein Volk eine schwere Heimsuchung bereit.»

Die Russen hatten es niemals leicht gehabt mit ihrem Erscheinungsbild nach außen. Die europäischen Mächte besaßen seit langem wohldefinierte Grenzen, vor allem weil sie Küstenstaaten waren. Wo Englands Grenzen lagen, war trotz interner Auseinandersetzungen mit Schotten und Walisern im wesentlichen klar. Frankreich litt zwar ebenfalls noch an inneren Spaltungen, war jedoch im Begriff, sich zu einer zusammenhängenden, sprachlich homogenen Einheit zu konstituieren; seine nationalen Grenzen waren im Norden, Westen und Süden durch Küstenlinien oder Gebirgszüge klar gezogen. Spanien befand sich im Zwist mit Portugal, aber nachdem einmal die Mauren vertrieben waren, bestanden hinsichtlich der natürlichen Grenzen eines spanischen Staates keine Zweifel mehr.

Von jenseits des Atlantik her hatte sich noch niemals eine Gefahr angedeutet; dort winkte im Gegenteil die verlockende Aussicht auf märchenhafte Reichtümer.

Auch Schweden war eine Nation mit einer durch die Ostseeküste eindeutig vorgezeichneten äußeren Begrenzung. Nur nach Osten hin fluktuierte der schwedische Herrschaftsbereich beständig. Deutschland und Italien waren noch in zahlreiche dynastische Kleinstaaten zersplittert, und aus ihrer verspäteten nationalen Einigung sollten sich noch einmal unheilvolle Verstrickungen ergeben, als sie sich in der Euphorie über das endlich erreichte Ziel zu kolonialpolitischen Abenteuern hinreißen ließen – zu einer Zeit, da die besten Stücke schon aufgeteilt waren. Schließlich wandten sie sich, enttäuscht, daß ihre Träume von imperialer Machtentfaltung unerfüllt geblieben waren, wieder Europa zu. Allein, dies alles lag zu der Zeit, mit der wir uns hier befassen, noch in weiter Ferne.

An Mitteleuropa schloß sich nach Osten der *cordon sanitaire* der katholischen Staaten Livland – beherrscht von dem sogenannten Schwertbrüderorden, einem mit päpstlichem Segen wirkenden militärisch-religiösen Ritterorden – und Polen an. Und was lag jenseits davon? Kein Ozean der Verlockungen, sondern eine *terra incognita*, aus der schon etliche Male schreckliche, spukhafte Erscheinungen aufgetaucht waren, wilde Reitertruppen aus einer anderen Welt, auf der Suche nach Sklaven und Tribut, Freibeuter, vor deren plötzlichen, raschen Eroberungszügen es kein Entrinnen gab. Und weiter im Süden, da waren die Türken, ein weiteres, allerdings höher organisiertes Kriegervolk, das nach Europa hereindrängte, sich über den Balkan vorgeschoben hatte bis unmittelbar vor die Tore Wiens; dort war der türkische Ansturm zwar abgewehrt worden, aber noch hatte Europa das Gefühl, diese aggressiven Eroberer lägen, Wölfen gleich, auf der Lauer. Und irgendwo dazwischen waren die Russen, die in den zurückliegenden Jahrhunderten die Hauptstöße des mongolischen Vormarsches abgefangen und damit als Schutzschild für Europa fungiert hatten und seither, wiederum zum Vorteil Europas, in unablässige Kämpfe gegen die Türken verwickelt waren.

Der Osten galt, verglichen mit dem Westen, als dunkel und rätselhaft, ein Vorurteil, das sich im europäischen Unterbewußtsein bis heute erhalten hat. Und es war eben das Pech Rußlands, daß es im Osten lag und daß in die Deutung seines Verhaltens und seiner Motive stets all die Vorurteile eingingen, die diesem Teil der Welt nun einmal anhafteten. Es war, als ob der Zug der europäischen Entwicklung sich in Richtung auf eine helle technische und menschliche Zukunft in Bewegung setzte und Rußland auf dem Bahnsteig nebenherlief, immer wieder aufzuspringen versuchte und immer wieder von den im Zug sitzenden Passagieren, hochmütigen katholischen Würdenträgern, polnischen Adligen und deutschen Ordensrittern und deren Vasallen, zurückgestoßen würde.

Erschöpft gaben die Russen den Versuch auf und warteten auf den nächsten Zug, zusammen mit anderen, die auf dem Bahnhof zurückgeblieben waren und mit denen sie in unablässige erbitterte Positionskämpfe gerieten. Nach der «Zeit der Wirren» glätteten sich die Wogen der Unruhe eine Zeitlang; man leckte seine Wunden und schärfte seine Krallen. In den stets unruhigen Grenzgebieten brodelte es weiterhin, aber es war nicht die Zeit für ein entschlossenes Eingreifen. Zuviel war zu Hause zu tun, und noch immer kamen, ungeachtet der europäischen Rußland-Phobien, ganze Schwärme unternehmungslustiger Europäer nach

Rußland geströmt, in der Hoffnung, in einem Staat, der an technischen Errungenschaften arm und an Möglichkeiten der Belohnung reich war, ihr Glück machen zu können. Der Reiz, den Rußland diesen Leuten bot, war nicht unähnlich dem Reiz der amerikanischen *frontier* einige Zeit später, des romantisch verklärten Symbols der Freiheitssehnsucht der Entrechteten und Vertriebenen. Allerdings war es nicht immer nur die Freiheit, die die Einwanderer suchten, sondern ebenso oft auch die Aussicht auf ein materielles Glück, das ihnen in ihrem Herkunftsland nicht erreichbar schien.

Um die Mitte des 17. Jahrhunderts, vor nicht viel mehr als 300 Jahren, besaßen die Russen noch weder einen Zugang zur Ostsee noch zum Schwarzen Meer, und Sibirien war kaum erkundet. Die Südrussen, im Gefolge der tatarischen Tyrannei lange Zeit vom Norden abgeschnitten, begannen jetzt gegen die polnische Oberherrschaft aufzubegehren, und in dem Bestreben, die relative Selbständigkeit wiederzuerlangen, die immer ihr höchstes Gut gewesen war, orientierten sie sich wieder mehr nach Osten und Norden. Im Jahre 1654 unterstellte der ukrainische Hetman Bogdan Chmelnitzki sich der Oberhoheit des Zaren, und die reiche Ukraine wurde wieder in den russischen Staat eingegliedert, unter dem Vorbehalt, daß eine eigenständige ukrainische nationale Identität innerhalb des schützenden russischen Staatsverbandes erhalten bleiben sollte.

Dies war ein wichtiges historisches Datum, da das durch Gewalt Getrennte nunmehr aus freiwilligem Entschluß wieder vereint war. Es versteht sich fast von selbst, daß das unmittelbare Ergebnis dieser Vereinigung ein Krieg gegen Polen war; und dieses Mal schnitt die reorganisierte russische Streitmacht mit ihren ausländischen Zuchtmeistern besser ab als bei früheren Gelegenheiten: Sie eroberte eine Anzahl von Städten, darunter das russische Smolensk und die alte litauische Hauptstadt Wilna, zurück und konnte sie auch

Zar Michail, Begründer der Romanow-Dynastie.

halten. Die Schweden warteten unterdessen ab, bis die von diesen Siegen geschwächten Russen Luft schöpfen mußten, und gingen dann ihrerseits zum Angriff über. Sie richteten gegen die Russen mehr aus als die Polen und konnten Livland und Litauen zurückholen. Indes war es nicht die Außenpolitik, sondern in erster Linie innere Entwicklungen, die in der Periode zwischen dem Ende der Rurikiden-Dynastie und dem historischen Auftritt Peters des Großen im Brennpunkt der russischen Politik standen.

Ich habe bereits an anderer Stelle die Vermutung geäußert, daß das Pendel der Gegensätze bei den Russen weiter ausschlägt als bei allen anderen Völkern; in diesen Kontext gehört auch die Beobachtung, daß der russischen Seele ein merkwürdiger Hang zum Fundamentalismus innewohnt, der, so scheint es, derart mächtig und unausrottbar ist, daß er die Russen ebensosehr zu Revolutionären wie zu rücksichtslosen Unterdrückern jeder revolutionären Regung prädestiniert. Am schärfsten tritt diese Neigung zum Fundamentalismus natürlich im religiösen Bereich hervor, aber sie zeigt sich auch im kulturellen und im täglichen Leben.

Aus durch und durch vernünftigen und konservativen Überzeugungen heraus unternahm der Patriarch Nikon den Versuch, gewisse Elemente des orthodoxen Glaubens zu modernisieren, die zum Teil auf falschen Übersetzungen und Fehldeutungen der Heiligen Schrift beruhten; dafür wurde er von denen, die selbst Irrtümer als etwas Heiliges und über jede Kritik Erhabenes betrachteten, sogleich der Gotteslästerung beschuldigt. Es entspannen sich theologische Auseinandersetzungen, in deren Verlauf einige der Beteiligten Zeichen dafür zu erkennen glaubten, daß das Ende der Welt nahe sei; in Rußland haben solche abergläubischen Prophezeiungen stets breiten Anklang gefunden, und vielleicht erklärt diese Neigung zu Mystizismus und religiöser Leichtgläubigkeit wenigstens zum Teil die Heftigkeit

1697 bereiste Peter der Große Westeuropa. Im holländischen Zaandam arbeitete er als Zimmermann und Schiffsbauer.

der antikirchlichen Reaktionen der Bolschewisten in den ersten Revolutionsjahren, als sie aktiv die Bewegung der Besboschniki, der Gottlosen, förderten.

Die Volksmassen ließen sich in Rußland immer viel zu leicht von Bauernfängern verführen, von Predigern mit brennenden Augen, bei denen der Mangel an sinnlicher Nahrung die Wahrnehmung übersinnlicher Himmelsvisionen förderte – und es waren nicht immer nur die Unwissenden, die auf die Flötentöne der Rattenfänger hereinfielen. Denken wir nur daran, wie sehr der ganze Hof Nikolaus' II. unter dem Einfluß Rasputins stand, eines hedonistischen, den Frauen schmeichelnden, sich als Heiliger gebärdenden, an Körper und Geist gleichermaßen kranken, einfältigen wie durchtriebenen Schwärmers. Der *nostalgie de la boue* frönte man dort auf Louis-quinze-Kanapees oder auf gestärkten, von Rasputins öligen Haarsträhnen befleckten Kissen. Es scheint, als hätten ganze Schwadronen vornehm erzogener Frauen Gefallen an diesem gesellschaftlichen Sündenfall gefunden, bis einige aus der illustren Gemeinde sich zusammentaten, um den brünstigen Mönch beiseite zu schaffen; der Tod, den ihm Fürst Jussupow schließlich bereitete, kam langsam und qualvoll und war ebenso schmutzig, wie sein Leben es gewesen.

Diejenigen, die unbeirrt am alten Glauben festhielten, wurden von dem ratlosen Patriarchen schließlich exkommuniziert (und das hatte für sie schlimmere Folgen als etwa in unserer Zeit für die Anhänger des Erzbischofs Lefèvre, die, wie der Leser sich wohl noch erinnert, auf der Beibehaltung der lateinisch gelesenen Messe beharrten, wovon mehrere Päpste sie, abwechselnd durch freundliches Zureden und durch Drohungen, abzubringen versuchten). Einige jener unbeugsamen russischen Altgläubigen fanden schließlich den Weg nach Kanada und in die Vereinigten Staaten, wo sie ihren traditionellen Gottesdienst noch heute praktizieren, zusammen mit den Duchoborzen, die sich in der Öffentlichkeit entkleiden, und anderen obskuren Sekten, die beispielsweise die Selbstentmannung praktizieren, was nur zeigt, daß ihre Obskurität eine verdiente ist.

Es ist interessant, daß das russische Wort für Schisma *raskol* heißt und daß Dostojewski, der tiefstschürfende unter jenen Höhlenforschern, die sich in die dunklen Kavernen der russischen Seele hinabließen, den Helden seines Romans *Schuld und Sühne* Raskolnikow nannte. Dieser symbolische Anklang macht die Zeichnung des Charakters des jungen Mörders mit seinem überwältigenden Bedürfnis nach Erlösung von seiner Schuld um so interessanter.

Im Grunde verkörperte die Kirche – sieht man einmal von Reformern wie Nikon und politisch aufgeklärten Patriarchen wie Hermogen ab, der maßgeblichen Anteil an der Beendigung der «Zeit der Wirren» gehabt hatte – ein statisches Element; zweifellos stillte sie ein vitales psychisches Bedürfnis der Menschen. Doch während die Bedürfnisse der Menschen sich möglicherweise mit der Zeit veränderten, hielt die Kirche dogmatisch an den traditionellen Werten fest und beargwöhnte jeden kritischen Gedanken als eine Gefahr für den Erkenntnisprozeß.

Die Geistlichkeit im allgemeinen und die geistlichen Fürsten im besonderen unterschieden sich in bezug auf Einfluß und Rolle nicht wesentlich von ihren Pendants in anderen europäischen Ländern, doch nur wenige Nationen waren je mit einer so zähen, bornierten und rachsüchtigen Aristokratie geschlagen, wie die Bojaren sie verkörperten.

In einer Epoche, in der die Monarchen nur danach bemessen wurden, ob sie stark oder schwach waren, war es in allen Ländern nur natürlich, daß die führenden Adligen sich beim ersten Zeichen der Schwäche, das ein Herrscher zeigte, in die Startlöcher duckten; doch bei diesen Bojaren kam dazu noch etwas ganz Eigentümliches: In einem im Wachsen begriffenen Land mit fluktuierenden Grenzen gebärdeten sie sich wie Angehörige eines exklusiven Klubs, der nur Hochgeborene als Mitglieder aufnimmt. Innerhalb dieses Klubs herrschten rauhe Sitten: Man tat einander Gift in den Wein und dergleichen mehr. Das einzige, was bei diesen Männern einen Sinn für gemeinsame Interessen und praktische Solidarität weckte, war nicht etwa ein bedrohlicher militärischer Angriff auf ihre Nation, sondern der Versuch Unbefugter, Zutritt zu ihrem exklusiven Klub zu erlangen.

Iwan der Schreckliche, der als kleiner Junge, sich selbst überlassen, in den Lumpen eines Bettelknaben durch seinen Palast gestreift war, schilderte später in der Rückerinnerung an diese Zeit, wie die Bojaren dem Kronschatz handvollweise Juwelen entnommen oder sich mit Stiefeln an den Füßen auf dem königlichen Bett ausgestreckt hatten. Auch sie repräsentierten ein statisches Element innerhalb des staatlichen Gefüges; sie waren Hohepriester des Status quo, konnten in ihrer hermetischen Exklusivität kaum anders, als einander ausnahmslos zu hassen – und schienen doch gerade diese Atmosphäre des Hasses zu genießen, wie manche Leute blutige Sportarten genießen. Es muß natürlich auch Ausnahmen gegeben haben, aber was die Mitglieder dieses Klubs im allgemeinen ausstrahlten, war eine Aura der Rückwärtsgewandtheit, der Arroganz und eines ausgeprägten Byzantinismus. Sie waren so etwas wie ein durch Erbschaft verewigtes Kabinett grauer Eminenzen, von Herrschern und Volk gleichermaßen gefürchtet.

Ein Katalysator, der die positiven Elemente des Landes zu einer sichtbar und wirksam an einem Strang ziehenden Kraft zusammenspannen und zugleich jene Schranken durchbrechen würde, die den Fortschritt behinderten, mußte früher oder später auf den Plan treten. Er erschien überraschenderweise in Gestalt des vierzehnten Kindes von Zar Alexej I., das seine zweite Frau ihm gebar.

Peter der Große wurde am 30. Mai 1672 im Moskauer Kreml geboren, und es wurde bald offenkundig, daß er kein gewöhnliches Kind war. Zunächst einmal schlug er ein phänomenales Wachstumstempo an. Als erwachsener Mann war er wohl über zwei Meter groß. Wenn er ging, mußten seine Begleiter traben, um mit ihm Schritt halten zu können. Er besaß eine außerordentliche Tatkraft und brachte sie auf allen denkbaren Gebieten mit einer nicht alltäglichen Intelligenz zur Anwendung.

Dabei begann seine Regierungszeit so wenig vielversprechend wie jene Iwans des Schrecklichen. Immerhin war Peter, anders als Iwan, der als Dreijähriger zum Zaren ernannt worden war, schon zehn Jahre alt – und sah noch wesentlich älter aus –, als er den Thron bestieg. Ein Bojar, Fürst Wassili Golizyn, amtierte de facto als Regent. Er war der Günstling Sophias, Peters Tante, einer emanzipierten und klugen Frau. Peter hatte noch einen Halbbruder, Iwan, einen kränklichen jungen Mann, der eigentlich der rechtmäßige Thronfolger gewesen wäre. Sophia, die selbst die Regentenrolle anstrebte, arbeitete auf eine Thronfolgerschaft Iwans hin. Sie begann zu diesem Zweck, böswillige Gerüchte über Peters Mutter und ihren Ratgeber Artamon Matwejew auszustreuen. Sie planten, so die kolportierten Behauptungen, Iwan zu beseitigen und das Land an Ausländer zu verraten. Solche Dinge waren in der Vergangenheit oft genug vorgekommen, so daß diese Lügen bereitwillig geglaubt wurden, namentlich in den Reihen der kaiserlichen Leibgarde, der sogenannten Strelitzen (d. h. Scharfschützen), der Prätorianer des Kreml. Gerüchte allein genügten jedoch nicht. Auf Geheiß Sophias wurden Reiter durch die Straßen Moskaus geschickt, die die Nachricht verkündeten, Matwejew und Natalja Narischkina, Peters Mutter, hätten Iwan stranguliert!

In der Sorge, daß nun womöglich eine neue Zeit der Unruhen provoziert werde, eilten die Strelitzen, einen wachsenden Haufen Volks hinter sich, in den Palast. Matwejew zeigte sich zusammen mit Natalja, Peter und Iwan auf einem Balkon. Für einen Augenblick schien es, als trüge die Besonnenheit den Sieg davon; Matwejew appellierte, getragen von der Autorität und Würde des Alters, an den Gerechtigkeitssinn der Strelitzen und lobte sie für ihre bewiesene Tapferkeit. Die Situation schien schon gerettet, als der junge Fürst Dolgoruki, dessen todkranker Vater die Strelitzen befehligte, vor diese hintrat, ihnen Vorwürfe wegen ihrer Leichtgläubigkeit machte und sie mit einem Hagel von Beschimpfungen überschüttete. Das war zuviel für die verwirrten und erregten Soldaten, und sie verloren den Kopf. Sie warfen Dolgoruki von einer Treppenempore aus in die aufgepflanzten Lanzen ihrer Kameraden. Auf dieselbe Weise töteten sie Matwejew, nachdem sie ihn den Armen Nataljas entrissen hatten. Iwan und Peter blieben unbehelligt, doch hinterließ dieses Ereignis bei Peter einen tiefen und bleibenden Eindruck; es demonstrierte ihm auf drastische und brutale Weise, wie unberechenbar eine aufgehetzte Menschenmenge reagieren und wie leicht in Augenblicken kollektiver Hysterie jede Urteilsfähigkeit verlorengehen konnte. Es war eine Lektion, die er niemals vergaß, und als lebenslanges Andenken an diese grausige Einführung in die Grundbegriffe des politischen Geschäfts verblieb ihm ein gelegentliches nervöses Zucken im Gesicht.

Iwan und Peter teilten sich danach in den Thron, souffliert von Sophia, die hinter den Kulissen waltete. Sie war selbst erst 25 Jahre alt und besaß außerordentliche Begabungen. Peter war seinem schwächlichen Halbbruder in jeder Beziehung über und wurde rasch zum beherrschenden Akteur. In den Jahren 1687 und 1689 unternahm Golizyn, Sophias verschworener Freund, zwei mit großem Pomp inszenierte Expeditionen mit dem Ziel, die Türken von der

Krim zu vertreiben; beide Male mußten die Russen unverrichteter Dinge zurückkehren. Peter nutzte den psychologisch günstigen Moment zu einer raschen und entschlossenen Aktion nach dem Vorbild Iwans des Schrecklichen: Er verbannte Golizyn und entfernte Sophia aus ihrem Souffleurkasten, indem er sie in ein Kloster bringen ließ. Er war zu diesem Zeitpunkt 17 Jahre alt.

Obgleich der junge Hüne den Waffensport liebte, sah es anfangs danach aus, als würde er sich zu einem grillenhaften, dem politischen Geschäft gegenüber gleichgültigen Herrscher entwickeln. Er verbrachte einen erheblichen Teil seiner freien Zeit in der sogenannten deutschen Vorstadt, in der mitteleuropäische Handwerker, Ingenieure und Künstler in gettoartiger Isolierung – Frucht der Vorurteile und des Mißtrauens der Moskowiter – wohnten und in der ein viel freieres geistiges Klima herrschte als im übrigen Moskau. Ein eingewanderter Schweizer namens François Lefort wurde zu Peters ständigem Gefährten und weihte ihn nicht nur in die Genüsse des Lernens und Wissens, sondern auch in die Freuden des Fleisches ein.

Nicht lange, und Peter führte, um seine Fähigkeiten als Feldherr zu erproben, selbst eine kriegerische Expedition gegen die Türken, ohne indes mehr ausrichten zu können als Golizyn. Wichtig war jedoch, was er daraus lernte. Er wußte nun, wo die Schwächen Rußlands lagen, und ging daran, dem Rat Leforts folgend, sie durch die Inangriffnahme eines in jeder Hinsicht höchst bemerkenswerten Projekts zu beheben: Er schickte eine Gesandtschaft nach Mitteleuropa, die dort neue militärische und seemännische Techniken und Taktiken studieren sollte; er selbst schloß sich der Gesandtschaft, als einfacher Handwerker verkleidet, an.

Sein Wissensdurst steigerte sich in dem Maß, wie er dazulernte. Als Knabe hatte er mit seinen Freunden Kriegsspiele veranstaltet. Er hatte sie in feindliche Parteien eingeteilt, und die Knirpse hatten mit ledernen Kanonenkugeln aufeinander geschossen. Damals waren die Umrisse einer Vision entstanden, die nun der Ausgestaltung und Verwirklichung harrte. Mit einem Naturell begabt, das ihn die erregenden Freuden des Entdeckens und Lernens genießen und die Anregungen seiner Lehrer zu kühnen Gedankenflügen verarbeiten ließ, war Peter in weitgehendem Maß Autodidakt. Während er das Lesen und Schreiben nur mit Mühe beherrschte, eignete er sich auf anderen Wissensgebieten, etwa in Arithmetik und Navigation, gründlichere Kenntnisse an. Nebenbei war er ein vielseitiger Handwerker: Er konnte drucken, Stein und Metall bearbeiten, war ein ausgezeichneter Zimmermann und verstand es, fachmännisch Zähne zu ziehen. Er schaffte sich ein Astrolabium an, das heute in der Eremitage zu besichtigen ist, in einer den handwerklichen Leistungen des großen Zaren gewidmeten Abteilung. Dieses bereits in der Antike bekannt gewesene, aber erst neuerdings wiederentdeckte bzw. neu erfundene Instrument, ein Vorläufer des Sextanten, erlaubte die Bestimmung der geographischen Breite und der Tageszeit. Sehr rasch entwickelte Peter, zunächst unter dem Einfluß Timmermanns, eines Holländers aus der Ausländervorstadt, ein brennendes Interesse an der Seefahrt. Es faszinierte ihn, daß es mit bestimmten Techniken möglich war, Schiffe gegen den Wind zu segeln, und einher mit diesem und anderen ähnlich unscheinbar anmutenden Schritten in Richtung auf ein volles Verständnis der von Briten und Holländern perfektionierten Segeltechniken ging die Erkenntnis, daß nationale Machtentfaltung durch Handel nur möglich war, wenn man sich das Meer untertan machte.

Peter reiste inkognito nach Deutschland und Holland, wo er eine Zeitlang als Schiffszimmermann auf einer Werft arbeitete. Er setzte nach England über und wohnte, wie seinerzeit die Gesandten Iwans des Schrecklichen, in Greenwich. Man mag sich die Frage stellen, wie er einen Unruheherd wie den Kreml so lange unbeaufsichtigt lassen konnte; in der Tat mußte er seine Wanderjahre abkürzen und vorzeitig die Heimreise antreten, um mit neuen, von Sophia aus ihrem Kloster ferngelenkten Aufständen der Strelitzen fertig zu werden.

Seine Probleme waren zu diesem Zeitpunkt mindestens so groß wie seine Vorhaben. Irgendwie mußte er etwas Sinnvolles aus seinem riesigen Herrschaftsgebiet machen, das sich mittlerweile weit über das öde, verschlossene Gebiet Sibiriens erstreckte, wo die unermüdlichen Kosaken, die Enge und Strenge des Zarenstaates fliehend, schon 1639 die Küste des Pazifischen Ozeans, genauer des Ochotskischen Meers, erreicht hatten.

Im Norden lag das noch unerforschte Polarmeer mit seiner undurchdringlichen Eiskruste und nur einem einzigen während einiger Monate des Jahres zugänglichen Hafen, Archangelsk. Im Süden versperrten die Türken den Zugang zum Meer, und im Westen hatte man es noch immer mit den altbekannten Gegnern zu tun.

Die Probleme waren, so erkannte Peter, nicht bloß militärischer oder wirtschaftlicher Natur. Was not tat, war eine grundlegende Verbesserung des Bildungswesens, zunächst einmal für die Elite, später dann für die Masse. Rußland mußte sich einmal einen Ruck geben, nicht immer nur mißmutig und in weitem Abstand den Errungenschaften kleinerer, besser organisierter Nationen hinterherlaufen. Man mußte versuchen, selbst etwas hervorzubringen, das anderen Ländern zum Vorbild gereichen konnte, durfte sich nicht auf immer und ewig mit der Rolle des sich mißtrauisch und widerwillig an ausländischen Einflüssen orientierenden Nachzüglers begnügen.

Die Leinwand für dieses Bild, das Peter sich von der Zukunft seiner Nation malte, war das Meer. Das Meer war ein Zivilisationsfaktor. Ein schiffbrüchiger Seemann wurde nicht nach seiner Nationalität oder seiner Religion gefragt, ehe man ihn an Bord holte. In seinen unwirtlichen Momenten war das Meer der gemeinsame Feind aller, die darauf segelten, und machte sie zu Brüdern. Anders das Land, wo im Schutz einer jeden Geländedeckung ein Hinterhalt lauern konnte und wo so vieles, vom schmiedeeisernen Tor bis zur einfachen Feldhecke, vom Grenzpfahl bis zum abweisenden Festungsgürtel, einen Eigentumsanspruch verkündete.

Wenn Rußland noch immer ein Symbol für Rückständigkeit und Analphabetentum war und wenn es seine Zurückgebliebenheit oft klaglos, ja selbstgefällig ertrug, dann war dafür das Land haftbar zu machen, das sich wie ein Teppich über eine unregierbare Weite von Tausenden von Kilometern erstreckte, ohne doch in irgendeine Richtung hin strategisch wirklich bedeutsame Zugänge zu eröffnen. Aus dieser anonymen Weite waren all die ungebetenen Besucher gekommen, um mit Waffengewalt zu erobern oder mit waffenloser Gewalt aus der Isolation ihrer Gettos heraus ihren zersetzenden Einfluß zu verbreiten. Das Rußland der Bojaren und der orthodoxen Popen wollte nichts anderes, als sich in seinen eigenen, angestammten Bräuchen, in seinem Russentum aalen, ohne von Neuerungen oder ungesunden Ideen behelligt zu werden. Peter fand, daß es an der Zeit sei, die Fenster dieses großen, mit stickiger Luft erfüllten Raumes zu öffnen.

Er begann damit, daß er jeden Fremden, der auch nur die geringste Ahnung von Schiffbau, Seefahrt oder Navigation hatte, in Dienst nahm. Bauern wurden zusammengetrommelt und mußten ganze Wälder fällen und die Baumstämme zu neuen, verblüffenden Formen zuschneiden. Eine improvisierte Schiffswerft entstand, gezwungenermaßen im Innern des Landes. Nach einer bemerkenswert kurzen Zeit war die erste russische Flotte einsatzbereit und segelte aus Woronesch ab, flußabwärts gen Süden, eine erstaunliche Armada aus Kriegs- und Versorgungsschiffen. Sie griff in den Kampf um Asow ein, zur totalen Überraschung der Türken, die damit gerechnet hatten, es wieder nur mit den 7000 Infanteristen und Reitern zu tun zu bekommen, deren Angriffe sie schon einige Male zurückgeschlagen hatten. Die Feste Asow fiel an Peter. Die Folgen waren umwälzend. Endlich hatte Rußland sich den Zugang zum Asowschen Meer und damit auch zum Schwarzen Meer gesichert. Die Tür stand offen, zumindest einen Spaltbreit.

Als die Nachricht sich, Überraschung und Bestürzung auslösend, an den europäischen Höfen verbreitete, entsandte Peter erneut Botschafter nach dem Westen, die die Chancen für eine Waffengemeinschaft der Christen gegen die heidnischen Türken erkunden sollten. Die Türken galten vielerorts als die im Vergleich zu den Russen akutere Gefahr, und daher glaubte Peter, mit der Eroberung von Asow etwas für seine Popularität getan zu haben; allein, sein Vorschlag wurde nur kühl aufgenommen. Niemand wollte einen schlafenden Hund wecken, erst recht nicht, wenn daneben ein anderer schon gefährlich knurrte, unberechenbar wie eh und je.

Im Grunde war die Überzeugung, die etwa von der amerikanischen Führung in den letzten Jahren vertreten worden ist – daß es gefährlich sei, politisch unkultivierten Völkern unbegrenzte technologische Entwicklungshilfe zu leisten, da sie am Ende die Hand beißen würden, die sie füttert –, schon zur Zeit Peters des Großen verbreitet. Die große, über 200 Personen umfassende russische Gesandtschaft, der auch ein Matrose namens Michailow angehörte, der niemand anders war als der Zar selbst in einer seiner zahlreichen plebejischen Verkleidungen, erzielte eine eher, um es mit einem neuen politischen Modewort zu sagen, kontraproduktive Wirkung.

Bezeichnenderweise war in Rußland erhebliche Kritik an dieser diplomatischen Mission laut geworden; man fürchtete, die Gesandtschaftsmitglieder könnten von westlichen Ideen verseucht werden.

Zu dieser Haltung gibt es eine moderne Parallele, die von der «freien Welt», wie sie sich euphemistisch nennt, oft mißverstanden wird. Man nimmt im allgemeinen an, in der systematischen Abschirmung sowjetischer Ballettensembles oder des Personals sowjetischer Botschaften von Kontakten mit ihrem Gastland äußere sich, wie im Bau der Berliner Mauer, die Furcht, unzufriedene Sowjetbürger könnten sich in den Westen absetzen. Daß solche Fluchtversuche tatsächlich hin und wieder gemacht werden und trotz aller Überwachung auch gelingen, scheint diese Annahme zu bestätigen. Tatsächlich aber hat die Politik der Abkapselung ihren Grund mindestens ebensosehr in jener alten Ansteckungsphobie: Ein Gesellschaftssystem, das sich in den Augen eines durchschnittlichen Russen auf dem Weg ins Goldene Zeitalter befindet, soll vor ansteckenden Kontakten mit einem innerlich kranken und bösen System – dem internationalen Kapitalismus – geschützt werden. Damals wie heute galt und gilt den Russen ihre Lebensform als ein kostbares, schutzwürdiges Kleinod, und wenn der Schutz dieser Lebensform mit Disziplin und einem Verzicht auf frivole Freiheiten erkauft werden mußte, denen die Menschen anderswo frönten, dann war das ein Opfer, das man guten Gewissens bringen konnte. Mit Politik hat der Durchschnittsrusse im Grunde niemals etwas im Sinn gehabt. Er weiß von Kabalen und Konflikten. Er weiß von Machtkämpfen. Aber er ist daran nicht beteiligt, und wer immer aus diesen Machtkämpfen siegreich hervorgeht, wird mit Respekt und Gehorsam rechnen können, wenigstens so lange, bis er etwas Verwerfliches tut; dann wird er ausgestoßen. Daß aber gewählte Volksvertreter in einem eigens dafür eingerichteten Gebäude zusammenkommen, um vor aller Öffentlichkeit ihre Anliegen und Meinungsverschiedenheiten auszutragen, diese Idee hat für die Russen noch nie etwas unmittelbar Einleuchtendes oder Vernünftiges gehabt.

Wenn ein Mensch den unbedingten Drang nach Freiheit verspürt, so kann er jederzeit die Weite der Felder und Wälder suchen, sich in die Sonne legen oder im Schnee wälzen, fischen oder jagen, wonach immer sein Herz gerade verlangt. Das ist die russische Vorstellung von Freiheit; seine Zeit aber, statt solchen bukolischen Genüssen, irgendwelchen ermüdenden Debatten und dergleichen zu opfern, dünkt den Russen wie der frevelhafte, störende Einbruch qualvoller und unnützer Geschäftigkeit in die Domäne des Schönen und Friedvollen. Wahlen bringen es unweigerlich mit sich, daß es frustrierte, benachteiligte Verlierer gibt. Da ist es doch, so glauben die Russen, besser, wenn ein ganzes Volk gemeinsam Niedergeschlagenheit oder Freude durchlebt. Das sät zumindest weniger Zwietracht und gibt der Bevölkerung die Chance, ihre Probleme in wahrhaft nationaler und spontaner Solidarität zu lösen.

Wenn die Russen auch nur während einer sehr kurzen Zeitspanne ihrer Geschichte eine Duma, ein nationales Parlament, gehabt haben, so wimmelt es in ihrer Geschichte doch von Vertretungsorganen aller Art – *zemskij sobor, sowjet, zemstwo.* Den Russen war immer ein unverwüstlicher Glaube an die kollektive Regelung ihrer Angelegenheiten eigen, auch in Zeiten einer rigorosen autokratischen Herrschaft. In solchen Zeiten wurden jene Kollektive natürlich automatisch zu Verschwörerzirkeln; dort wurde gewiß kontrovers diskutiert, aber dennoch dominierte das Gefühl, daß alle Beteiligten auf derselben Seite standen und genau

Ein voll bewaffneter Krieger vom Hof Iwans des Schrecklichen.

wußten, worum es im wesentlichen ging, selbst wenn sie in dieser oder jener Frage unterschiedlicher Meinung waren. Die offene Entzweiung jedoch, die zur Fraktionierung in rivalisierende, Loyalität fordernde Parteien und Parteiflügel führt, erscheint dem Russen als pure Zeitvergeudung und zudem als gefährlich, weil geeignet, schwelende Feuer anzufachen, Feuer, die man besser still und unauffällig von den dazu Berufenen austreten läßt, sei es, wie früher, von den Strelitzen oder, wie heute, von den Sicherheitskräften des Staates.

Die Russen kennen sich selbst gut genug, um zu wissen, daß sie zwar von Natur aus ruhige Patrone sind, aber auch leicht explodieren können, wenn ihre Temperatur über einen bestimmten Punkt steigt; eingedenk dessen verharren sie auf einem mittleren Niveau der Gleichgültigkeit, vor Aufregungen durch eine Zensur geschützt, die von jeher der Schrecken der Künstler und Journalisten gewesen ist, von der Bevölkerung im großen und ganzen jedoch als Sicherheitsfilter gegen allzu verunsichernde und provozierende Informationen gutgeheißen wird. Bezeichnend ist in diesem Zusammenhang, daß das Wort «Provokation» sehr häufig gebraucht wird, und zwar immer in der Bedeutung eines böswilligen Versuches, Unzufriedenheit zu schüren und gefährliche Temperaturen zu erzeugen, sei es auf individueller oder gesellschaftlicher oder internationaler Ebene.

Der «Matrose Michailow» und sein Wanderzirkus ritten auf der Woge des von der neuen russischen Flotte errungenen Achtungserfolgs in die europäische Manege ein, um die Trommel für die russische Weitsicht zu rühren – und um zu lernen. Neben dem Schiffsbau wurden Geschütztechnik und Ballistik studiert. Aus dem bei dieser Gelegenheit Gelernten erwuchs die große russische Artillerietradition. Da Peter ein Netz von Verbindungswegen zwischen den großen russischen Flußsystemen plante, studierte er auch die

Technik des Kanalbaus und lud wiederum Fachleute aus den besuchten Ländern ein, nach Rußland zu kommen und dort als Lehrmeister zu wirken. Als Studienreise gesehen, ließ Peters Mission sich durchaus als Erfolg bewerten, doch machte sie auch deutlich, daß Rußland noch einen weiten Weg vor sich hatte, ehe man es im Westen ernst nehmen würde. In der Tat wurde den Russen die bissige Bemerkung eines ihrer Gastgeber hinterbracht, diese Versammlung feierlicher Emissäre mit Bart und fettigem, schulterlangem Wuschelhaar wirke wie eine Horde getaufter Bären.

Die Bemerkung muß unter die Haut gegangen sein, denn Peter behandelte die Barttracht von nun an als Symbol selbstgewählter Rückständigkeit und patriarchalischer Blasiertheit. Kaum war er nach eineinhalb Jahren der Abwesenheit wieder zu Hause eingetroffen, da schnitt er höchstpersönlich unzähligen Bojaren den Bart ab und führte die berüchtigte Bartsteuer ein, die all jene zu entrichten hatten, die partout an diesem äußeren Zeichen der Autorität und Weisheit festhalten wollten. Er stellte ferner das Tragen der wallenden Kaftane unter Strafe, die den russischen Adligen ihr ein wenig schlafwandlerisch anmutendes Erscheinungsbild verliehen hatten, und gewöhnte ihnen europäische Kleidersitten an. Was Wunder, daß viele, und nicht nur die Altgläubigen, in Peter die Verkörperung des Antichrists sahen, der, wie sie seit jeher geglaubt hatten, eines Tages erscheinen würde, um sie für die Sünden der Modernisierung zu bestrafen. Es gibt einen interessanten Wesensunterschied zwischen den Russen und den Juden. Letztere haben, selbst in Zeiten schlimmsten Leids, nie aufgehört, an die Ankunft des Messias zu glauben, und dieser Glaube gab ihnen die Gewißheit, daß ihre Opfer nicht umsonst waren. Die Russen dagegen haben selbst in Zeiten relativen Wohlstands und Friedens damit gerechnet, daß der Antichrist erscheinen würde, um sie für ihre Irrtümer zu bestrafen.

Peter war ein ausgesprochen optimistischer Charakter, wie vermutlich alle Menschen mit hochfliegenden Plänen. Er war nicht der Mann, sich von mystizistischem Hokuspokus beeinflussen zu lassen; er war im Gegenteil entschlossen, diese Dinge mit Stumpf und Stiel auszurotten. Hierfür wird ihm auch im pragmatischen Rußland von heute noch Lob und Anerkennung gezollt; sein prachtvolles Grab in der Kapelle der Peter-und-Pauls-Festung in Leningrad – das weit mehr seine als Lenins Stadt ist – zieren immer frische Schnittblumen. Von wem sie kommen, ist nicht zu erfahren, aber sie fehlen nie und lassen nie die Köpfe hängen.

Die regelmäßige Erneuerung der Grabblumen ist ein Akt der Disziplin, der nach dem Geschmack Peters gewesen wäre, selbst wenn er die sentimentalen Aspekte dieser traditionellen Geste als überflüssigen Klimbim abgetan hätte. Seine Initiativen richteten sich nicht nur gegen den sturen Konservatismus seines Volkes, sondern auch gegen die durch eine dumpfe Engstirnigkeit des Denkens erzeugte Lethargie. Er trieb sein Volk an, versuchte ihm Geschäftigkeit einzuhauchen, es seine eigene persönliche Entwicklung nachvollziehen zu lassen; und er schaffte es tatsächlich, diese träge Masse zu einer Art Armee zu formieren, die den Meeren, den erfrischenden Böen eines neuen, den Körper stählenden und den Geist von den Spinnweben der Erstarrung befreienden Windes entgegenmarschierte.

Peter schloß, nun da er einen Fuß in der Tür zum Süden hatte, Frieden mit den Türken und wandte sich dann unverzüglich den Schweden zu, die zur maßgeblichen Militärmacht des europäischen Nordens geworden waren. Während es ihm nicht gelungen war, ein Bündnis gegen das Osmanische Reich zusammenzubringen, konnte er für seine schwedischen Pläne Verbündete im Westen gewinnen, zum ersten Mal in der russischen Geschichte. Daß dies möglich war, lag einzig und allein am Expansionsdrang Karls XII.

von Schweden, dessen Armeen man in Europa ebenso fürchtete, wie man seine Ambitionen beargwöhnte. Peters Verbündete bei dieser Machtprobe waren Dänemark und Polen, die sich dieses eine Mal Rußland in gemeinsamem Interesse verbunden fühlten. Der Konflikt dauerte volle 20 Jahre an und forderte von allen Beteiligten einen hohen Preis.

Während der ersten Phase des Krieges setzten die Russen sich am südöstlichen Zipfel der Ostsee fest und behaupteten einen Teil der dortigen Küstenzonen trotz einer schweren Niederlage, die sie bei Narwa gegen die Schweden erlitten. Peter gründete am 1. Mai 1703 die Stadt St. Petersburg, und die Holzhütte inmitten sumpfiger Flußauen, um die herum die große Retortenstadt zu wachsen begann, steht noch heute in schlichter Bescheidenheit mitten zwischen imposanten Palästen wie ein in Spiritus konservierter Embryo. Der breite Fluß, der der Stadt ihr außergewöhnliches Antlitz verlieh, heißt Newa, ein Wort, das den Wohlklang eines Mädchennamens besitzt, im Finnischen jedoch nichts anderes bedeutet als «Schlamm». Dies läßt ahnen, auf welche widersinnige Herausforderung Peter sich in seiner nie versiegenden Zuversicht eingelassen hatte. Es war ganz einfach ein unmöglicher Platz für die Errichtung einer großen Stadt, einer zukünftigen Hauptstadt, und Tausende von denen, die in Sumpf und Morast die Fundamente legten, gingen zugrunde. Später kam das geflügelte Wort auf, St. Petersburg ruhe auf den Gebeinen seiner Erbauer. Peter indes trieb die Errichtung seiner Petropolis unbeirrt voran; die Stadt wurde zum triumphalen Denkmal seiner Vision; unter niedrig dahinjagenden Wolken erglänzend, vom anbrandenden Meer benetzt, war St. Petersburg ein Schlag ins Gesicht des rückständigen, trägen, finster dahinbrütenden Moskau, das dem Zaren in seiner Kindheit und Jugend so viel angetan hatte.

Unterdessen hatten die Schweden sich sowohl der Dänen als auch der Polen entledigt und wandten ihre Aufmerksamkeit dem dritten Partner in der Koalition ihrer Gegner zu. Ihrem König Karl stiegen seine Erfolge zu Kopfe, ähnlich wie später Napoleon und Hitler die ihren. Moskau erschien ihm freilich als eine zu harte Nuß, so daß er es links liegen ließ und sich die Ukraine mit ihren reichen Schwarzerdeböden vornahm, jenseits deren er noch weitere lohnende Eroberungen winken sah. Je näher er seinem Ziel kam, desto länger wurden seine Nachschubwege, aber er schöpfte Zuversicht aus der Tatsache, daß Masepa, der gegen Moskau rebellierende Hetman der Ukraine, ihm seine Hilfe zusagte. Wie sich herausstellte, war dies nicht mehr als eine symbolische Hilfe. Und Peter, der Zeit hatte, das russische Heer auf der Grundlage regionaler Rekrutierungsverpflichtungen neu aufzustellen – anstelle des zuvor praktizierten umständlichen und vor allem zeitraubenden zentralistischen Systems der Truppenaushebung wurde dieses Mal jeder der acht russischen Provinzen die Aufstellung und der Unterhalt eigener Kontingente auferlegt –, verfolgte den selbstgewissen schwedischen König durch den russischen Süden und stellte ihn am 27. Juni 1709 bei Poltawa. Was folgte, war der erste große russische Triumph seit Asow, oder um weiter zurückzugehen, seit dem Sieg über die Mongolen auf dem Feld von Kulikowo. Der Gegner wurde vernichtend geschlagen; Karl XII. floh verwundet über die türkische Grenze, die Überlebenden seiner Streitmacht blieben versprengt oder gefangen zurück. Russische Truppen restaurierten nur sechs Wochen später den polnischen Thron und zogen in Pommern ein, um das von den Schweden hinterlassene Vakuum zu füllen. Doch damit nicht genug, errang die russische Flotte, die endlich das offene Meer erobert hatte, in der Schlacht vor Hangö ihren ersten Seesieg gegen Schweden, die traditionsreiche Seefahrernation.

Europa staunte und beunruhigte sich über die rasante Entwicklung, die die «getauften Bären» seit der Rückkehr in ihr Habitat durchgemacht hatten. Abgesehen einmal von der damals weitaus gemütlicheren Verbreitungsgeschwindigkeit von Nachrichten, muß der Aufstieg Rußlands ein ähnliches Echo gefunden haben wie zwei Jahrhunderte später die außerordentliche Metamorphose Japans aus einem von fremden Einflüssen gänzlich isolierten Feudalstaat zu einer Industrie- und Militärmacht ersten Ranges.

Peter begriff sehr schnell auch die Regeln der Heiratslotterie, der die europäischen Fürstenhäuser frönten – ein faszinierendes Spiel mit «Vernunftehen» aus machtpolitischen Motiven, das seit dem Untergang des Römischen Reiches gespielt wurde, das Bündnisse geschaffen und gesprengt und über den Verlauf von Grenzen entschieden hatte. Seit dem 10. Jahrhundert, als eine Tochter des Fürsten Jaroslaw von Kiew den Sohn Heinrichs I. von Frankreich und andere Töchter desselben Fürsten König Harald von Norwegen und König Andreas von Ungarn geheiratet hatten, war kein russischer Monarch mehr zu diesem Spiel zugelassen worden. Das war lange her, gehörte einer Zeit an, da Kiew noch ein jugendlich-unschuldiges Fürstentum gewesen war, unberührt von den tatarischen Invasionen und von drei Jahrhunderten demütigender Unterjochung. Jetzt war Kiew russische Provinz und der russische Zar seinerseits zum Eroberer geworden. Getragen von seiner gerade aus der Feuertaufe hervorgegangenen Flotte, waren seine Truppen in Stockholm gelandet, um den militärischen Ambitionen Schwedens den Garaus zu machen. Im Frieden von Nystad erhielt das russische Reich Estland, Livland und Teile Finnlands – das zu dieser Zeit noch schwedisch war – zugesprochen. Peter wurde als Kaiser von Rußland anerkannt. Er verheiratete eine seiner Nichten mit dem Herzog von Kurland und eine andere mit dem Herzog von Mecklenburg;

diese Ehen markierten die beginnende Verlagerung seiner Interessen weg von seinen bisherigen Verbündeten Dänemark und Polen, die für ihn nach der Ausschaltung Schwedens an Bedeutung verloren, auf Deutschland hin.

Während Peter seinen Feinden mit einigem Erfolg seinen Willen aufzuzwingen vermochte, war der Erfolg seines Bemühens, den unförmigen Koloß Rußland in den Griff zu bekommen, im großen und ganzen geringer. Sein Naturell erlaubte es ihm nicht, seine Fähigkeiten an Organisations- und Verwaltungsreformen zu erproben, die Geduld erfordert hätten und naturgemäß keine dramatischen Erfolge zeitigen konnten. Die Aufgabe, dieses Riesenreich rationell zu regieren, hätte, bedenkt man die überaus beschwerlichen Verkehrs- und Kommunikationswege und die hohe Analphabetenrate in der gesamten Bevölkerung, wohl selbst die Kreativität der glänzendsten europäischen Reformköpfe überfordert.

Peter versuchte alles. Zwar behielt er den Senat als Regierungsorgan bei, doch ergänzte er ihn durch sogenannte Kollegien, die so etwas wie Fachministerien waren; es gab unter anderem Kollegien für Auswärtiges, für das Heer- und das Flottenwesen, für Manufaktur und Bergbau, dazu andere mit etwas verschwommener gefaßten Aufgabenbereichen, beispielsweise das Revisionskollegium. Aus den freien und halbfreien Arbeitern wurden kurzerhand Leibeigene gemacht, auf die ihre adligen Eigentümer Steuern entrichten mußten, und die Adligen selbst wurden zu bestimmten Dienstleistungen für den Staat verpflichtet. Auf den unteren Verwaltungsebenen wurden allerlei Reformen durchgeführt, die durchweg auf manchmal mißverstandenen und unter russischen Verhältnissen undurchführbaren deutschen oder schwedischen Vorbildern beruhten. Allein, allen Versuchen der Vereinfachung und Rationalisierung zum Trotz, wurden die Weisungshierarchien und Befehlsstränge immer verschachtelter und verschlungener, und unausweichlich machte sich die Erfahrung geltend, daß, gleich mit welchen Varianten man es auch versuchen mochte, die Verwaltung eines riesigen Landes einfach eine riesige Bürokratie erforderte, eine Wahrheit, die bis zum heutigen Tag offensichtlich nichts von ihrer Geltung eingebüßt hat. Korruption und Schlendrian gehören nun einmal zum ständigen Gefolge bürokratischen Papierkriegs und fehlgeleiteten Übereifers, insbesondere wenn ein großer Teil der für das Funktionieren eines bürokratischen Apparats Verantwortlichen weder lesen noch schreiben kann. In seiner händeringenden Verzweiflung angesichts der erdrückenden Kosten seiner Feldzüge und angesichts des Chaos, das hinter den Linien herrschte, ging Peter so weit, ansehnliche Preise für diejenigen auszusetzen, die mit neuen Ideen zur Verbesserung des Steuerwesens aufwarten konnten; das war ein beredter Kommentar zu der Verfassung, in der die neue russische Gesellschaft sich befand.

Die beiden traditionellen Feinde des Fortschritts, die Bojaren und die Kirche, waren es, die das Augenmerk des Zaren auf sich zogen. Er kreierte den «Heiligen Synod», ein weiteres, mit den Angelegenheiten der Religion befaßtes Kollegium, was de facto die Abschaffung des Patriarchats und dessen starrer Dogmengläubigkeit bedeutete. Anders gesagt: Er demokratisierte die Kirche, indem er an die Stelle des Wortes eines einzigen die Unwägbarkeiten einer pluralistischen Meinungsbildung setzte. Natürlich erzeugte auch diese Initiative, wie jede andere, auf ihre Weise latente Opposition und erbitterte Widerspenstigkeit.

Bei einem so umfassenden Spektrum von Aktivitäten, bei so häufiger und langer Abwesenheit vom Kreml und bei so viel Engagement für das zukünftige Wohl eines ganzen Volkes konnte Peter kaum ein idealer Vater sein. Die Vernachlässigung der Vaterpflichten sollte sich als seine Achillesferse erweisen. Er hatte viele, freilich sporadische Versuche unternommen, ein gutes Verhältnis zu seinem einzigen am Leben gebliebenen Sohn zu gewinnen, aber Alexej war zu lange unter dem Einfluß der Popen gestanden, die in ihm ein Feuer des Widerwillens gegen die Häresien seines Vaters entzündet hatten, Häresien, die ihrer Überzeugung nach aller vorübergehenden Erfolge von Peters Politik zum Trotz früher oder später bestraft werden würden. Es war Alexej, der seinem Vater die Schmach antat, nach Wien zu fliehen und sich als politischer Flüchtling unter den Schutz des österreichischen Kaisers zu stellen – und dies zu einer Zeit, da zum ersten Mal überhaupt der Stern Rußlands hell am internationalen Firmament erstrahlte. Nach einem langwierigen diplomatischen Tauziehen, bei dem mit Haken und Ösen und mit teilweise entwürdigenden Methoden gearbeitet wurde, erzwang die russische Regierung schließlich die Auslieferung des jungen Mannes. Peters Rache war so gründlich und unsentimental, wie seine Handlungen als Herrscher und Mensch es stets gewesen waren. Die schal gewordenen Hoffnungen, die er auf seinen Sohn gesetzt hatte, in einen toten Winkel seines Herzens verbannend, ließ er Alexej foltern und anschließend wegen Hochverrats anklagen. Die Richter, die sich in einer entsetzlichen Zwickmühle sahen zwischen Mitgefühl und Verständnis für die Tragödie einer Familie und dem, was sie für ihre Pflicht hielten, entschieden sich schließlich für die Todesstrafe. Der Junge gab dem Galgen das Nachsehen, indem er in seiner Zelle starb, unter Umständen, die ebenso rätselhaft bleiben müssen wie das, was sich im Denken und Fühlen Peters abgespielt haben mag.

Trost fand Peter in seiner zweiten Ehe; 1712 hatte er Katharina Skawsonskaja geheiratet, ein aus Livland gebürtiges ehemaliges Dienstmädchen, mit dem er schon vor der Heirat einige Jahre zusammengelebt hatte. Sie war eine in jeder

Hinsicht bemerkenswerte Frau; in Lebensführung und Auftreten so schlicht wie Peter, teilte sie seinen Optimismus und sein Bett, in dem er ihr nicht weniger als 11 Kinder zeugte. Daß ein Kaiser sich, für wie lange auch immer, auf eine Liaison mit einer ungebildeten Magd einließ, die ihren Mangel an Kultiviertheit auf andere Weise wettmachte, war eine Sache; eine andere Sache war es, einer solchen Frau die Kaiserkrone aufzusetzen. In einem letzten, spektakulären Akt der Auflehnung gegen die Orthodoxie tat Peter eben dies.

Er verfügte – vielleicht im Vorgefühl des nahenden Todes –, daß der Zar von Rußland in Zukunft seinen Nachfolger nach eigenem Ermessen sollte bestimmen können. In verblüffender Inkonsequenz jedoch versäumte er selbst es, diese Verfügung zu befolgen. Der Tod ereilte ihn als Folge einer Tat, die ebenso menschlich wie unköniglich war: Er sprang in das eiskalte Wasser des Meeres, um einige Matrosen zu retten, deren Boot gekentert war, und holte sich dabei eine Erkältung, von der er nicht wieder genas. Die See, um die er so lange geworben hatte, hatte ihn endlich erhört.

6
Katharina die Große

Der Tod Peters riß in das Gefüge der Nation eine klaffende Lücke, die nicht zu schließen war. Es hätte sich möglicherweise eine neue Zeit der Wirren anschließen können, aber die Dinge hatten sich mittlerweile grundlegend geändert. Mochten auch die Provinzen so verschlafen vor sich hindämmern wie eh und je, das Leben in der Hauptstadt hatte sich doch gewandelt; während die ausländischen Einflüsse von dem narbenübersäten alten Haudegen Moskau nur widerstrebend akzeptiert worden waren, hatten sie sich in das Bild der aufblühenden Königin St. Petersburg inzwischen tief eingegraben. A. D. Menschikow, Sohn eines Stallburschen und Peters lebenslanger brüderlicher Freund seit gemeinsamen Jugendtagen im Dorf Preobraschensk, wo beide zusammen Soldat gespielt hatten, bemächtigte sich mit starker Hand der schlaffen Zügel. Bevor noch irgend jemand anders die Situation zu eigenem Vorteil nützen konnte, proklamierte Menschikow mit Rückendeckung der Kaiserlichen Garde, die an die Stelle der berüchtigten Strelitzen getreten war, Katharina zur Kaiserin, während Peter, der zehnjährige Sohn des verstorbenen Alexej, in eine Statistenrolle gedrängt wurde. Doch dieser Zustand war nicht von Dauer. In einer Abfolge kurzer, farbloser Amtszeiten kamen und gingen Peter II. und Peter III. wie Figuren eines Glockenspiels, gefolgt von Anna, einer Nichte Peters des Großen, und, nicht lange danach, von Elisabeth, einer seiner beiden Töchter.

Die kurzen Regierungszeiten dieser Übergangszaren und -zarinnen waren in keiner Hinsicht bemerkenswert, abgesehen von dem stürmischen Siegeszug der Annehmlichkeiten und Utensilien westlichen Lebens, die gut in die prächtigen Paläste paßten, mit denen italienische und schottische Architekten, assistiert von einigen wenigen gelehrigen Russen, die neue Hauptstadt auszustaffieren begannen. Eine Etikette-Schule wurde eröffnet, ebenso eine Schule für Gesellschaftstanz. In anderen europäischen Hauptstädten hätten solche Dinge keine Aufmerksamkeit erregt, in Rußland jedoch waren es Ereignisse von nationaler Bedeutung. Von vielleicht dauerhafterem Wert waren andere Neuschöpfungen: Ein Nationaltheater wurde gegründet, ein Opernhaus eröffnet, an dessen Spitze der erste in einer langen Reihe italienischer Direktoren berufen wurde, und 1755 öffnete die erste russische Universität ihre Pforten; mit ihr verwirklichte sich der Traum eines Mannes, der einer der herausragenden kritischen Geister seiner Zeit war: Michail Lomonossow, Dichter und Mann der Wissenschaft. Er war, als Sohn eines Fischers, im hohen arktischen Norden Rußlands geboren. Er sollte in die Fußstapfen seines Vaters treten, doch eine brennende Lernbegierde – ebenso leidenschaftlich, wenn auch nicht so ungestüm wie jene, von der Peter der Große besessen gewesen war – zog ihn nach Moskau und von da aus nach St. Petersburg. Er war unter den Auserwählten, die Peter auf seine berühmte Studienreise mitnahm, beschäftigte sich neben anderen Fächern mit Metallurgie und begann sich als Verfasser wunderbarer lyrischer Dichtungen hervorzutun. Was die offiziellen Würden betraf, so brachte er es zum Chemieprofessor, Universitätsrektor und Staatsminister. Was ihm aber wirklich zur Würde gereicht, ist, daß er aus zwei vorhandenen sprachlichen Grundelementen, dem alten Kirchenslawisch mit seiner starren neugriechischen Syntax und dem formlosen, vulgären Umgangsrussisch des einfachen Volkes, eine Sprache von vielfältigster Formbarkeit, eine Sprache voller Nuancenreichtum und Assoziationskraft schuf.

Wenn die Karriere Michail Lomonossows etwas bezeugte, dann vielleicht vor allem dies: daß trotz eines verknöcherten Regierungsapparats und einer rigiden hierarchischen Klassengesellschaft der Sohn eines Fischers vom Nordmeer zu höchster Angesehenheit emporsteigen konnte, wenn er nur die Begabung und den Willen dazu hatte.

Die Frauen, die Rußland einige Jahre lang regierten, waren, ebenso wie ihre Vorgänger, die beiden kurzlebigen Peter, nicht ohne Charakter. Anna war eine stämmige, kurzhalsige Person, die das Schießen liebte und sich mit Deutschen umgab. Diese letztere persönliche Vorliebe führte dazu, daß sie gestürzt und Elisabeth auf den Thron gesetzt wurde.

Elisabeth war eine gutaussehende Frau, würdig ihres berühmten Vaters, dem sie sowohl von der Persönlichkeit als auch vom Äußeren her ähnelte, abgesehen davon, daß sie, anders als er, ihre weltfremde jugendliche Verspieltheit nie ablegte. Ihr Liebhaber war ein Sergeant der Garde, und als sie zur Herrscherin erkoren wurde, verschwand der junge Mann in der sibirischen Verbannung, nachdem man ihm zuvor die Zunge herausgeschnitten hatte, so daß er zwar über seine königliche Vergangenheit nachdenken, seine Geheimnisse aber nicht ausplaudern konnte.

Russische Truppen traten bei allen möglichen, meist geringfügigen, internationalen Konflikten in Erscheinung, aber derartige Demonstrationen der Stärke brachten in keinem Fall irgendeinen Gewinn; sie verursachten lediglich Kosten. Die einzigen Bereiche, in denen es wirkliche Fortschritte gab, waren Kultur und Wissenschaft. Weniger weltbewegend, aber gleichwohl aufschlußreich, waren Neuerungen wie die, daß das Tanzen in Mode kam, daß die Umgangsformen ungezwungener und die Kleider – zumindest der Wohlhabenden – üppiger wurden. Elisabeth soll, verteilt auf die verschiedenen kaiserlichen Garderobenschränke, mehr als 15 000 Toiletten besessen haben.

Nur in einer Beziehung machte sie es besser als ihr Vater: Sie wählte mit der denkbar größten Sorgfalt einen Nachfolger für den unbequemen Thron aus, den sie innehatte. Sie ließ sich dabei von ihrer Vorliebe für die Linie ihrer Schwester Anna leiten, die einen Herzog von Holstein geheiratet hatte. Dieser Verbindung war ein Sohn entsprossen, der zu Ehren seines berühmten Großvaters auf den Namen Peter getauft worden war; allerdings war es eine evangelisch-lutherische Taufe gewesen. Gleichwohl wurde der junge Mann nach St. Petersburg gebeten, um dort zum zukünftigen Zaren erzogen zu werden und sich an den orthodoxen Glauben und an andere russische Bräuche zu gewöhnen. Er nahm die Einladung an und heiratete eine nicht sonderlich reizvolle und schon gar nicht sehr reiche deutsche Prinzessin, Sophie von Anhalt-Zerbst. Die Ehe wurde zu einer Katastrophe für das Paar, aber, wie sich erweisen sollte, zu einem großen Glücksfall für Rußland.

Der Gedanke, eines Tages Kaiserin zu sein, berauschte Sophie, und sie setzte sich über die Bedenken ihrer Eltern hinweg, die diese Ehe als eine Art Verbannung betrachteten. Aber Sophie war eine ebenso konsequente wie eigensinnige Person. Sie stürzte sich in das russische Abenteuer mit geradezu missionarischem Elan und in der Entschlossenheit, sich durch nichts von der Verwirklichung dessen abbringen zu lassen, was sie sich vorgenommen hatte. Sie war von durch und durch germanischem Temperament, was in den höchsten Sphären der russischen Hofgesellschaft ungewöhnlich genug war, aber höchst segensreiche Folgen zeitigte. Eigentlich war es Friedrich der Große gewesen, der Elisabeth auf die junge Frau aufmerksam gemacht und für sie eingenommen hatte; er sah in Rußland einen potentiell gefährlichen Rivalen und wollte sich seinen Einfluß am russischen Hof bewahren.

Indes, Sophie und ihr Gatte konvertierten zum orthodoxen Glauben, er widerwillig, sie mit Feuereifer. Seine Abneigung gegen alles Russische steigerte sich rasch zu pathologischen Dimensionen und schien auch seine persönliche Entwicklung zu hemmen. Sein Heimweh nach den preußischen Kasernenhöfen war so groß, daß er das eheliche Bett mit Spielzeugsoldaten vollpackte und auf der Daunendecke große Kriegszüge inszenierte; mutmaßlich war der Körper seiner Frau für ihn nicht mehr als eine einigermaßen interessante Geländeformation. Fest steht, daß sie halbe Nächte damit verbrachte, mit Hilfe eines Stapels von Büchern russische Grammatik zu pauken. Während er immer kindischer wurde, entwickelte sie sich zu einer ausgezeichneten Kennerin alles Russischen. Sie änderte sogar ihren Namen; um keine unnötigen Erinnerungen an jene andere, berüchtigte Sophia zu wecken, nannte sie sich nun Katharina. Die Geschichte sollte ihr noch einen Beinamen verleihen, der sie in jeder Hinsicht dem mächtigen Vorfahrn ihres abgeschlafften Gatten ebenbürtig machte: die Große.

Als Elisabeth starb, verstörte Peter III. mit der Art und Weise, wie er sich beim Begräbnis aufführte, ganz Moskau, wogegen Katharina in ihrer Schleiertracht eine vollkommene Figur machte. Peter regierte törichte sechs Monate lang, in denen er dutzendweise Holsteiner ins Land holte, die ihm helfen sollten, sein Heimweh zu lindern, und Pläne schmiedete, wie er dem kleinen Herzogtum durch die Entsendung russischer Soldaten dabei helfen konnte, Dänemark ein paar Hektar Land abzujagen. Dieses und andere Zeugnisse seines völligen Mangels an politischem Realitätssinn genügten, um am Hofe eine zutiefst zerknirschte Stimmung einziehen zu lassen. Die einzige einigermaßen vernünftige Tat, die Peter je vollbrachte, war, daß er, als Katharina mit einem Kind niederkam, für dieses ohne weiteres – und vielleicht sogar dankbar – die Vaterschaft übernahm. Es scheint, daß Katharina trotz ihrer etwas furchteinflößenden Erscheinung – sie wirkte eher wie ein leicht feminines Mannsbild denn wie eine Frau – im Schlafzimmer außerordentliche Anziehungs- und andere Kräfte entwickelte, nun da die Zinnsoldaten wieder in ihren Schachteln verstaut waren. Während der kurzen Regierungszeit ihres Mannes war Katharinas Liebhaber ein Offizier des Preobraschensk-Garderegiments namens Graf Orlow. Er und sein Bruder bewerkstelligten die Absetzung Peters III. bei Gelegenheit einer Reise, die der schwachbrüstige Zar unternahm, um seine geliebten Holsteiner zu inspizieren. Katharina wurde zur Zarin proklamiert und zog in den Winterpalast ein, bevor Peter noch Gelegenheit hatte, Getreue um sich zu sammeln. Als er von der vor aller Öffentlichkeit demonstrierten Treulosigkeit seiner Frau erfuhr, brach er zusammen und bat darum, in sein geliebtes Holstein emigrieren zu dürfen. Noch ehe dieses Ersuchen beantwortet werden konnte, berichteten die Gebrüder Orlow der neuen Zarin, ihr Mann sei «bei einem Streit» getötet worden, was in etwa gleichzusetzen ist mit der in Diktaturen so beliebten Formel «auf der Flucht erschossen».

Dies war der Hintergrund, vor dem Katharina in das Zeitalter der Aufklärung eintrat, dem sie ihren Tribut dadurch zollte, daß sie mit berühmten europäischen Köpfen wie Voltaire und Diderot sowie mit Amtskollegen wie Friedrich dem Großen und Maria Theresia von Österreich-Ungarn korrespondierte. Sie war am Schreibtisch ebenso fleißig wie im Bett. Sie verfaßte sogar einige ambitionierte Stücke, «En imitation de Shakespeare», wie es auf dem Programmzettel hieß. Es waren gnädigerweise kurze Stücke, was ihre Verfasserin jedoch nicht hinderte, darin Hunderte von Figuren aus Rußlands finsterster Vergangenheit auftreten zu lassen, die in unglaublicher Fülle vor dem Publikum defilierten und sich in Befolgung der vermeintlichen Etikette früherer Epochen einer archaischen Sprache bedienten. Trotz oder vielleicht wegen des dichten Personengewimmels fand nicht viel Handlung statt, und die Stücke zeigten, daß die Autorin, vielleicht wegen der deutschen Gründlichkeit, mit der sie auf jedes ihr unterkommende Problem losging, davon, worin das Genie Shakespeares bestand, keine blasse Ahnung hatte. Für die Feder Shakespeares hätte die Geschichte Rußlands, hätte er sie gekannt, ein Festschmaus werden können, enthielt sie doch alle seine Lieblingszutaten: Schreckensherrschaft, Leidenschaft, subtile und derbe Komödie, Selbstprüfung, Reue, Lust an der Grausamkeit, Stärke des Schwachen, Schwäche des Starken, die tragischen Verstrickungen der Macht. Katharina erfaßte nichts von alledem. Für sie waren Pomp und Wappenschilder der ganze Shakespeare.

Anders als Peter der Große, mußte sie sich europäisches Gedankengut nicht erst aneignen, sie war damit aufgewachsen. Und sie war klug genug, sich ihren russischen Ratgebern gegenüber nicht stur zu stellen, wenn sie auf Widerstand stieß. Seit jeher an die Autokratie und die ihr anhaftenden Absurditäten gewöhnt, benahm jenen die sanfte Brise der Liberalität, die bei ihren Zusammenkünften mit der Zarin wehte, ohnehin oft genug den Atem.

Vielleicht ebenfalls eine Folge ihres Deutschtums war, daß sie sich zum romanischen Temperament hingezogen fühlte, in dem sie eine Leichtigkeit und Objektivität entdeckte, die sie an ihren Landsleuten vermißte. Die Bibeln ihrer Reformpolitik waren *L'esprit des lois* des Franzosen Montesquieu und *Von den Verbrechen und Strafen* des Italieners Beccaria. Sie sprach revolutionäre Sätze aus, die man ganz sicher in Rußland, und vielleicht auch anderswo, aus

Herrschermund noch nicht gehört hatte, wie beispielsweise, daß alle Menschen vor dem Gesetz gleich sein müßten, daß Freiheit das Recht bedeute, alles zu tun, was nicht ausdrücklich von Gesetzes wegen untersagt war, daß die Folter abgeschafft werden solle und daß bei Schwurgerichten auch Bauern unter den Geschworenen sein müßten. Sie erklärte, der Zweck der Gesetze sei die Verhütung von Verbrechen und nicht deren Bestrafung, und sie setzte durch, daß die Leibeigenschaft reglementiert und der Großgrundbesitz gewissen Beschränkungen unterworfen wurde.

Es versteht sich beinahe von selbst, daß sich gegen derlei Ideen sogleich Opposition regte, und Katharina hütete sich, die Konfrontation zu suchen. Ihre Reformvorschläge standen den Interessen praktisch all derer entgegen, denen sie zur Kenntnis gelangten. Die anderen wurden um ihre Meinung nicht gefragt. Doch wie auch immer, die Tatsache, daß solche Reformen vorgeschlagen werden konnten, noch dazu von einer Monarchin, war von immenser historischer Bedeutung, zeigte sich darin doch zum ersten Mal ein Einfluß nicht bloß technisch-naturwissenschaftlicher, sondern auch philosophischer und politischer Ideen westeuropäischer Provenienz auf das russische Denken, und wenn diese Ideen auch zunächst abgewehrt wurden, so legten sie doch eine Saat für die Zukunft.

Dank der Flexibilität, die Katharina im Umgang mit der Aristokratie bewies, wurde ihre lange Regierungszeit für diese zu einer goldenen Ära. Die Zarin legte großen Wert darauf, der neuen Hauptstadt St. Petersburg, die aufgrund der Entfernungen und Kontraste dieses Riesenreichs äußerst isoliert war, weltstädtische Eleganz zu verleihen. St. Petersburg war ein Schaustück, ein Brasilia des 18. Jahrhunderts, angelegt eher wie ein Pavillon für eine glanzvolle Weltausstellung denn wie eine bewohnbare Stadt. Es besaß alles, was die Sinne bezaubern konnte, und dazu ein beträchtliches ausländisches Ferment, das für eine kosmopolitische Atmosphäre und für einen fruchtbaren Wettstreit der Meinungen sorgte. Allein, die Galionsfigur wollte einfach nicht recht zum Schiff passen. Moskau war, gleichsam wie eine verlassene Geliebte, zu einer zwar großen, aber zweitrangigen Provinzstadt im Herzen des Landes herabgesunken, gezeichnet von vielen Kämpfen und von Erinnerungen an eine Vergangenheit voller Glanz und Elend.

An einer Verwirklichung ihrer aufgeklärten Regierungsmaximen zunächst einmal gehindert, richtete Katharina den Blick nach draußen, wie es nun einmal die Art ehrgeiziger Potentaten ist, denen innerer Zwist die Hände bindet. In Erkenntnis der Vorteile, die Rußland aus dem Gegensatz zwischen seinen wichtigsten Rivalen im östlichen Europa, Preußen und Österreich, ziehen konnte, beschloß sie, an der Südgrenze ihres Reiches die von Peter dem Großen gesetzten Markierungen zu überschreiten: Sie zog gegen die Türkei zu Felde, mit Unterstützung Preußens, aber gegen den Widerstand Österreichs. Ihre von Rumjanzew befehligten Truppen errangen 1774 einen Sieg über die Türken und für den russischen Zaren das Recht, sich hinfort als anerkannter Schutzherr der in den Grenzen des Osmanischen Reiches lebenden christlichen Minderheiten zu betrachten, was einem bedeutsamen moralischen Erfolg gleichkam.

Friedrich der Große unterbreitete Katharina die zynische Empfehlung, Rußland und Preußen sollten das zwischen ihnen eingeklemmte, ohnehin bereits arg beschnittene Königreich Polen unter sich aufteilen. Listig gab er zu bedenken, daß Rußland sich mit einer solchen Erwerbung für die hohen Kosten des Türkenkrieges entschädigen könne. Dieser Akt eines politischen Kannibalismus brachte Rußland und Preußen in direkten Grenzkontakt miteinander, und als bald darauf der zweite Türkenkrieg ausbrach, sah er Rußland im Bündnis mit Österreich und in Gegnerschaft zu

Peter der Große (1672 – 1725).

Eine Prozession von Bojaren, gefolgt von Pelzhändlern. Holzschnitt von Michael Peterle, 1576.

Preußen. Diesmal konnte Katharina dank der Meisterschaft ihrer Truppenführer Repnin und Suworow die weite Steppenlandschaft zwischen den Flüssen Dnjepr und Bug erobern. Dann, während Preußen und Österreich es an ihren Westgrenzen unerwartet mit den französischen Revolutionstruppen zu tun bekamen, schnappte sie sich auf eigene Faust ein weiteres Stück von Polen und setzte einen ihrer Günstlinge zum König über dieses unglückliche Land ein.

Das russische Heer war zu einem ernstzunehmenden militärischen Faktor geworden. Was schon immer seine Stärke gewesen war, die bedingungslose, fatalistische Kampfbereitschaft seiner Soldaten, hatte es sich bewahrt; dazu kamen aber nun auch Offiziere mit Geschick und Erfahrung und zumindest ein Heerführer von genialer Begabung. Feldmarschall Suworow war ein kleinwüchsiger Mann, nicht viel größer als ein Zwerg, aber ein Mensch von unübertrefflicher Willenskraft und Entschlossenheit. Er war zur Zeit der

Türkenkriege bereits ein alter Mann – wäre er ein wenig jünger gewesen, die Napoleonischen Kriege hätten sehr wohl einen anderen Verlauf nehmen können. Seine Tagesbefehle waren stets von vorbildlicher Klarheit und Bündigkeit – wie zum Beispiel «Der Feind wird gefangengenommen», so daß alle wußten, was sie zu tun hatten.

Zeitweilig mußte Suworow sich, zwangsläufige Folge der aus der Not geborenen Bündnisse gegen Napoleon, dem Oberbefehl orthodox denkender österreichischer Generäle wie Mack unterstellen, doch wenn er sich den Fesseln entzog, die sie ihm anzulegen versuchten, beendete er jede militärische Aktion, die er unternahm, mit glänzendem Erfolg. Eine seiner Glanztaten war die erstaunliche Überquerung der Schlucht am Gotthard-Paß in der Schweiz, als eine ganze russische Armee einer von den Franzosen aufgestellten Falle entschlüpfte, indem die Soldaten aus ihren Gürteln eine Hängebrücke bauten und auf diese Weise sogar schwere Geschütze über die schäumende Klamm schafften. Noch heute steht am Gotthard-Paß ein Gedenkstein aus schwarzem Marmor, dessen Inschrift aus vergoldeten kyrillischen Buchstaben an das denkwürdige Ereignis erinnert. Kein Geringerer als Nelson hielt große Stücke auf Suworow, und auch Byrons romantischer Geist war von dem kleinen Feldherrn fasziniert.

Die militärischen Erfolge konnten jedoch nicht darüber hinwegtäuschen, daß die wirtschaftliche Entwicklung des ländlichen Rußland weiterhin stagnierte. Hinter der Fassade der Paläste und der intellektuellen Großzügigkeit lag noch immer jener unberührte menschliche Urwald, das bäuerliche Rußland, das sich seit der Zeit, da die ersten mongolischen Eroberer seinen Frieden gestört hatten, weder technisch noch geistig nennenswert weiterentwickelt hatte. In mancher Hinsicht hatte es sich sogar zurückentwickelt, insofern nämlich, als an die Stelle der alten Stammesfreiheiten die Leibeigenschaft getreten war und das Schicksal der Bauern nun in der Hand einer unberechenbaren Obrigkeit lag. Die 70er Jahre des 18. Jahrhunderts sahen ein Naturereignis, das auf furchterregende Weise die Erinnerung an die «Zeit der Wirren» wieder aufleben ließ und der vornehmen Anmut St. Petersburgs einen gehörigen Schrecken einjagte. Fern im russischen Hinterland kam einem Kosaken namens Emeljan Pugatschow die glänzende Idee zu behaupten, er sei Peter III., der in Wirklichkeit nicht getötet worden, sondern nur untergetaucht sei. Wie die falschen Dimitris fast 200 Jahre zuvor, fand auch Pugatschow sogleich viele Abenteuerlustige, die ihm seine Geschichte glaubten, ganz besonders als er seine Absicht bekanntgab, die Leibeigenschaft aufzuheben. Im Laufe des sich nun erhebenden Aufstandes wurden systematisch Grundbesitzer grausam gefoltert und ermordet, ihre Häuser niedergebrannt und auch Kaufleute und Priester nicht verschont. Tausende schlossen sich Pugatschow an, darunter auch viele Angehörige derjenigen nationalen Minderheiten, die das russische Reich sich im Zuge seiner Expansion nach Osten und Süden einverleibt hatte. Der Aufstand nahm so gewaltige Ausmaße an, daß er nur mit größtem Einsatz niedergeschlagen werden konnte. Schließlich jedoch wurde Pugatschow gefangen, in einem Käfig nach Moskau transportiert und auf dem Roten Platz hingerichtet. Es ist interessant, daß die Hinrichtung in Moskau stattfand, der Stadt der Erinnerungen, und nicht in St. Petersburg, dessen jungfräuliche Unschuld man nicht durch den Anblick eines so barbarischen Strafgerichts entweihen wollte.

Der Aufstand war 1773 ausgebrochen, und obgleich er so etwas wie eine Reprise dessen war, was sich 1610 unter anderen Vorzeichen im Zentrum Rußlands abgespielt hatte, war er doch ein Vorbote der wenige Jahre später auf dem

Spielplan stehenden Französischen Revolution. Die Krise der alten Ordnung lag in der Luft. Katharina versuchte es von neuem mit einem Reformprojekt; sie wollte, daß der Strom des Fortschritts weiterfloß, wie träge auch immer, anstatt sich aufzustauen und dann vielleicht zu revolutionären Überflutungen zu führen.

1775 erließ sie ihr – nicht von den allgemeinen Maximen Montesquieus, sondern von den handfesteren staatspolitischen Ideen ihres Beraters Sievers inspiriertes – «Statut für die Provinzen». Das Ziel war, durch eine Übertragung von Rechtsprechungs-, Haushalts- und Verwaltungsbefugnissen an die Regional- und Lokalverwaltungen diese staatlichen Aufgaben zu dezentralisieren – das einzig Vernünftige in einem so riesigen Land. In jeder Provinz sollten alle drei Jahre die Adligen zusammentreten, um die anstehenden Probleme ihrer Region zu diskutieren und aus ihren Reihen einen «Adelsmarschall» zu wählen, eine Art Sprecher oder Sekretär. Ein Stadtbürger-Statut schuf, auf anderer Ebene, die Grundvoraussetzung für die erste dem Einfluß des Adels entzogene lokale Selbstverwaltung in der russischen Geschichte. Obgleich diese Reform nichts an der unbefriedigenden Lage der Leibeigenen änderte, markierte sie doch einen wichtigen Schritt auf dem Wege zu einer rationelleren Regierung.

Wie so oft in der Geschichte, widerfuhr es jedoch auch Katharina der Großen, daß ihre liberalen Ansätze von einer plötzlich ausbrechenden Entwicklung überrollt wurden, angesichts derer sie sich zum Rückzug auf eine an sich gar nicht zu ihr passende reaktionäre Politik gezwungen sah. Der Ausbruch der Revolution in Frankreich versetzte alle gekrönten Häupter Europas in Angst und Schrecken, besonders als Ludwig XVI. und Marie Antoinette enthauptet wurden. Die abstrakten Ideen kultivierter Intellektueller, über die sich bei Tisch und Kerzenlicht so angeregt disputieren ließ, hatten plötzlich eine gewalttätige und häßliche Realität angenommen. Anders als die spontane Rebellion Pugatschows, die sich weitab von den Nervenzentren der Macht abgespielt hatte, fand die intellektuell getragene Revolution der Franzosen in Paris statt, und das Staatsoberhaupt befand sich in der Gewalt der Revolutionäre. Ohne den Kopf aber war der Körper hilflos. Die europäischen Monarchen beobachteten die Dynamik und die radikale Gründlichkeit der Revolution mit Bestürzung, so als begriffen sie, daß es kein Zurück zu der relativen Sicherheit früherer Zeiten geben würde. Von nun an mußte das Spiel nach neuen Regeln gespielt werden.

Da Marie Antoinette eine österreichische Königstochter war, suchten Österreich und andere Mächte militärisch einzugreifen, nur um sich von den französischen Revolutionsarmeen, die das Feuer neuer proletarischer Ideen im Tornister trugen, eine gründliche Abfuhr zu holen.

Katharina war von diesen Ereignissen ebenso schockiert wie alle anderen Monarchen, auch wenn sie sich die dadurch verursachte Verwirrung zunutze machte, um sich ein weiteres Stückchen von Polen unter den Nagel zu reißen. Sie untersagte das Hissen der Trikolore der französischen Republik im Hafen von St. Petersburg und setzte eine persönliche Verfolgung der Liberalen in Gang, denen sie selbst noch Mut gemacht hatte. Der Schriftsteller Alexander Nikolajewitsch Radischtschew, Autor eines Buches, das zuvor durchaus günstige Aufnahme gefunden hatte, wurde 1790 als «Jakobiner» zum Tode verurteilt, eine Strafe, die bemerkenswert geschickt auf die aktuelle politische Entwicklung in Europa abgestimmt war. Allerdings hatte Radischtschew Glück, denn er wurde zu 10 Jahren sibirischer Verbannung begnadigt. Als er zurückkehrte, hatte sich bereits Napoleon des befleckten Traums bemächtigt.

Als Katharina nach 34jähriger Regierungszeit starb, hinterließ sie einen Staat, der sich im Grunde schon über jenes Sechstel der Erdoberfläche erstreckte, die er auch heute bedeckt. Sie war Kaiserin von Rußland in einer von Anmut, Etikette und geistiger Gärung gekennzeichneten Epoche. Es war auch eine Periode sittlicher Freizügigkeit, in der die Angst vor dem Fegefeuer schwächer war als die mehr oder weniger subtilen Verlockungen des Fleisches. Das Vokabular der Wüstlinge wurde mit dem süßen Gewürz der Heuchelei parfümiert, und die Verwirrung und kunstvolle Verteidigung des Opfers machten zur Hälfte den Reiz der Jagd aus.

Nichts von alledem war Katharina fremd; sie eignete sich die Züge ihrer Zeit ebenso gründlich an, wie sie einst den Katechismus des orthodoxen Glaubens und die russische Sprache gelernt hatte. Ihr Schlafzimmer war nur selten ein Ort einsamer Kontemplation. Sie kostete ihr Leben aus und gehorchte dabei den Regeln des Geschäfts, ob sie sich in Trauerkleidung warf für jemanden, an dem ihr nichts gelegen hatte, oder ob sie ihre Kleider ablegte für jemanden, an dem ihr sehr viel lag.

7
Der Kampf gegen Napoleon

Katharina hinterließ auch einen legitimen Thronerben, dessen Unausgeglichenheit und groteske Arroganz ihn in der Tat zum Sohn Peters III. stempelten. Sein Name war Paul, und er war wohl kaum weniger unerträglich als sein Vater, der eine Verfügung erlassen hatte, die es den Adligen erlaubte, auf den Straßen von St. Petersburg zu jagen. Es wurde nie ganz klar, was sie dort sollten jagen dürfen. Paul besaß ein reizendes Palais, das Katharina für ihn in Pawlowsk hatte errichten lassen; sein Standbild steht noch heute im Vorhof des Schlößchens. Es ist ein gnadenloses Porträt, das an die Königsbilder eines Goya erinnert. Die knopfförmige Stupsnase, das ein wenig blöde grinsende Gesicht, dem sie aufsitzt, und die Körperpositur, eine merkwürdige Mischung aus Gespreiztheit und Hochmut, verleihen der Figur den Ausdruck lächerlicher Aufgeblasenheit.

Er war in der Tat ebenso versponnen, wie sein Vater es gewesen, nur mit dem Unterschied, daß er lebende Soldaten gerne so behandelte, als wären sie aus Zinn gegossen, während Peter III. es umgekehrt gemacht hatte. Damit untermauerte er seine legitime Anwartschaft auf die Zwangsjakke. Pauls Innenpolitik war ebenso unberechenbar, wie die seiner Mutter konsequent gewesen war. Auf der einen Seite reduzierte er die Fronpflichten der Leibeigenen gegenüber ihren Grundherren, indem er sie auf drei Tage pro Woche begrenzte – was wie die Erfüllung der kühnsten Forderungen einer Sklavengewerkschaft anmutet –, auf der anderen

Seite jedoch machte er viele freie Bauern zu Leibeigenen, um dem Adel gefällig zu sein. Von dem *savoir faire* und dem Elan seiner Mutter freilich hatte er nichts geerbt, und seine Intelligenz blieb stets getrübt von einem fast grotesk wirkenden Glauben an die göttliche Unfehlbarkeit von Monarchen. Sein Glaube an die Legitimität ging so weit, daß er die Bestimmung Peters des Großen, daß der Throninhaber selbst seinen Nachfolger einsetzen dürfe, aufhob und wieder die Erblichkeit der Thronfolge einführte. Vielleicht war die Tatsache, daß er sein Herrscheramt erst im mittleren Lebensalter antrat, der Grund dafür, daß der Infantilismus, der schon seinem Vater eigen gewesen, bei ihm eine ausgeprägtere und somit unheilvollere Form annahm.

Während Pauls Vater mit seinen kindlichen Kriegsspielen noch ein verhältnismäßig harmloser Irrer gewesen war – einmal hatte er eine zwischen seinen Zinnsoldaten-Regimentern umherflitzende Ratte eingefangen, sie wegen Ungehorsams standrechtlich zum Tode durch Erhängen verurteilt und die Strafe eigenhändig vollstreckt –, so fand Paul seine Spielzeuge in der realen Welt. Er war übrigens zutiefst davon überzeugt, daß die Bedeutung einer Person ausschließlich davon abhing, wieviel Notiz er, der Zar, von ihr nahm.

Zu dem Zeitpunkt, als Paul den Thron bestieg, war das Feuer der Französischen Revolution schon so gut wie ausgetreten. Napoleon hatte, zunächst als Konsul, dann als selbstgekrönter Kaiser, Frankreich wieder zu einem, wenn auch vielleicht als Emporkömmling betrachteten, so doch als gekrönten Emporkömmling geachteten Mitglied der Gilde der europäischen Monarchien gemacht, das die Grundregeln des internationalen politischen Spiels zwar häufig strapazierte, aber im Prinzip doch respektierte.

Das letzte, was Paul in seiner Amtszeit vollbrachte, war, daß er diesem genialen Emporkömmling das Angebot unterbreitete, eine gemeinsame Expeditionsstreitmacht nach Indien zu entsenden und die Engländer von dort zu vertreiben.

Daraus wurde nichts, da Paul von einer Gruppe von Verschwörern unter der Führung des Grafen von Pahlen in seinem Palais ermordet wurde, vielleicht nicht ohne die heimliche Mitwisserschaft seines Sohnes Alexander, einer der faszinierendsten und kompliziertesten Persönlichkeiten der russischen Geschichte.

Liebling seiner Großmutter und in seiner äußeren Erscheinung so imposant, wie sein Vater häßlich gewesen war, hatte Alexander sich stets der besonderen Fürsorge Katharinas erfreut, die gehofft hatte, er werde an Pauls Statt Zar werden. Katharina, die immer eine Schwäche für gutaussehende Menschen hatte, verbrachte viele Stunden mit dem jungen Mann und weihte ihn in die Geheimnisse des Regierens ein; er war tief beeindruckt von ihr und versuchte von Anbeginn seiner Regierungszeit an, ihr nachzueifern und in jeder Situation so zu handeln, wie er glaubte, daß sie es getan hätte. Von Anfang an schürte er die Hoffnungen der liberalen Elemente in seiner Umgebung, indem er mit sichtbarer Anteilnahme von der barbarischen Rückständigkeit seines Volkes sprach, die ihre Hauptursache seiner Ansicht nach in der Verdinglichung menschlicher Wesen zu Handelswaren hatte. Er verfügte einige durchgreifende Maßnahmen, die offensichtlich Ausfluß seiner persönlichen Meinung über die Verfassung Rußlands und keineswegs bloß flüchtige Anwandlungen waren. So untersagte er ausdrücklich die Anwendung der Folter bei Polizeiverhören (ein Echo der ersten, gescheiterten Reformversuche Katharinas?). Ferner verkündete er eine Amnestie für politische Gefangene und ging sogar so weit, die Geheimpolizei aufzulösen. Er förderte Druck und Verbreitung von Büchern sowohl ausländischer als auch russischer Autoren und schaffte die bürokratische Genehmigungsprozedur für Auslandsreisen weitgehend ab. Und schließlich ermächtigte er Michail Speranski, Sohn eines einfachen Dorfpopen und einer der hervorragendsten Köpfe in Rußland, zur Ausarbeitung eines Verfassungsentwurfs. Was dabei herauskam, war ein überraschender und lobenswerter Markstein auf dem Weg zu einer repräsentativen Regierungsform, die allen Klassen der Gesellschaft bis hinab zu den Bauern, wenn nicht gar den Leibeigenen, Mitwirkungsrechte verhieß.

Seine engsten Berater wiesen ihn warnend auf die Gefahren einer verfrühten Aufhebung der Leibeigenschaft hin, wenn sich auch viele von ihnen, wie es scheint, über die Unvermeidlichkeit eines solchen Schrittes in naher oder fernerer Zukunft einig waren. Schließlich wurde 1803 eine Kompromißlösung in Kraft gesetzt: Grundbesitzer konnten, wenn sie von sich aus dazu bereit waren, ihren Leibeigenen die Freiheit schenken und ihnen ein Stück Land übereignen. Weniger als 50 000 Leibeigene wurden im Rahmen dieser Regelung zu freien Bauern.

Alexander war sich darüber im klaren, daß jede wirksame Reform die Beseitigung des Analphabetentums und die Verbreitung eines Minimums an Wissen und Kultur zur Voraussetzung hatte. Er bemühte sich nach Kräften, diese Voraussetzungen zu schaffen; in die ersten Jahre seiner Amtszeit fiel so die Gründung dreier neuer Universitäten.

Bedenkt man die traditionalistischen Neigungen russischer Monarchen und die Eigenart ihrer autokratischen Stellung, die noch jedem von ihnen zu Kopfe gestiegen ist, sei es zum Nutzen oder, wie in den meisten Fällen, zum Schaden ihrer Untertanen, so mutet die Haltung, die Alexander zu Beginn seiner Regierungszeit einnahm, fast unglaublich rational und besonnen an. Seine Kultiviertheit und sein großes Interesse an den Angelegenheiten des Staates schienen die Gewähr dafür zu bieten, daß er nicht unter den Einfluß schlechter Ratgeber geraten würde; allerdings fiel einigen, die ihn aus der Nähe erlebten, auf, daß er, wenn er in einer bestimmten Frage nicht zu einer schlüssigen Entscheidung gelangte, eine ausweichende Bemerkung zu machen und sich einem anderen Gegenstand zuzuwenden pflegte. In die Enge getrieben, konnte er die Beherrschung verlieren, aber im allgemeinen bewahrte er der Außenwelt gegenüber eine verschlossene Haltung und machte stets den Eindruck, andere Dinge im Kopf zu haben, die ihm wichtiger waren als das Thema, dessentwegen er gerade angesprochen wurde. Manchen schien es, als sei diese Entrücktheit eine Maske, hinter der sich ein schwacher Charakter verbarg, während andere darin den Ausdruck eines Temperaments sahen, das jeglicher Überstürzung abhold war.

Welche Deutung der Wahrheit näherkam, hätte sich vielleicht herausgestellt, wenn er von äußeren Problemen unbedrängt hätte regieren können. Aber das war nicht der Fall: Napoleon zog mit seinen unermüdlichen Feldzügen durch ganz Europa auch das Augenmerk Rußlands auf sich.

Alexander gelangte, aus rein moralischen Motiven, zu dem Entschluß, Napoleon als ein Übel zu betrachten, dem es sich um jeden Preis entgegenzustemmen galt, wenn die Zivilisation nicht dauerhaft Schaden nehmen sollte. Dieser Emporkömmling, der gewartet hatte, bis der Revolution vor lauter Schreien die Stimme und vor lauter Selbstzerfleischung die Kraft abhanden gekommen war, ersetzte nun kurzerhand die Symbole der Volksherrschaft durch die des Kaisertums und setzte sich eine Krone auf, die er den Händen eines überraschten Papstes entrissen hatte. Das war nun gewiß nicht die Art, wie man sich die Zuneigung eines aufgeklärten Reformers erwerben konnte. Schon hatte Beethoven die erste Widmung seiner *Eroica* zu Ehren seines früheren Heroen widerrufen und durch ein ätzendes Epitaph zum «Gedenken an einen großen Mann» ersetzt. Jetzt war es an Alexander, sein Zeichen zu setzen.

Trotz der chronischen wirtschaftlichen Probleme seines Landes brachte er die russischen Streitkräfte feierlich in die antinapoleonische Koalition ein. Es bestand zu dem Zeitpunkt keine akute Notwendigkeit, in eine solche Bündnisfront einzutreten, will man nicht Alexander eine außerordentliche prophetische Gabe zuschreiben, was sich nur schwer begründen ließe. Wahrscheinlicher ist, daß es hochmoralische Grundsätze waren, die ihn zum Kriegseintritt verleiteten; wie die jüngere Geschichte zeigt, sind solche Grundsätze keine guten Ratgeber, wenn es um den Eintritt in einen kriegerischen Konflikt geht; in vielen Fällen sind sie sogar die direkte Fahrkarte in die Katastrophe.

Wenn die russischen Armeen von Napoleon geschlagen wurden, der sowohl ein strategisches als auch ein taktisches Genie war, dann gereichte ihnen dies keineswegs zur Schande. Die Erfahrung kam ihnen wahrscheinlich sogar zugute, wie die großen Feldzüge des Jahres 1812 zeigen sollten. Bei Austerlitz im Dezemer 1805, wo sie dem schlaffen und orthodoxen Oberbefehl österreichischer Kommandeure unterstanden, und bei Friedland, wo sie in eigener Regie kämpften, schlugen die russischen Truppen sich trotz schwerer Verluste beachtlich. Das Bündnis zwischen Rußland, Österreich, England und Schweden verfolgte den erklärten Zweck, das nördliche Europa von dem «Kontinentalsystem» Napoleons zu befreien; es war dies eine gegen Großbritannien gerichtete Wirtschaftsblockade und zugleich ein Vorläufer der «Neuen Ordnung», die Hitler in Europa aufrichten wollte. Wie Hitler nach ihm, plante auch Napoleon, Europa zu einem geeinten Reich zu machen, von dem der Erzfeind England ausgeschlossen bleiben sollte.

Indessen, im Sommer 1807 trafen Napoleon und Alexander auf einer Barke im Hafen von Tilsit zusammen – ein symbolischer Ort, dessen Auswahl eine Sternstunde der Protokollchefs gewesen sein muß. Napoleon verstand es, den im Grunde scheuen, idealistischen und verletzlichen Alexander, der schon in seiner Jugend dem Einfluß des schweizerischen Republikaners La Harpe erlegen war, mit all seinem korsischen Charme und seiner gallischen Objektivität zu beeindrucken. Wie so oft, erwies sich auch diesmal, daß sich hinter dem verbreiteten Zerrbild – Napoleon war zu jener Zeit das Schreckgespenst Europas, der Bösewicht *par excellence* der zeitgenössischen Karikaturisten – ein rational denkender, humorvoller und trotz des Charismas, das ihm wegen seiner Erfolge und ehrgeizigen Ziele vorauseilte, im persönlichen Umgang zuvorkommender Mensch verbarg. Alexander, stets im Bewußtsein dessen, gekröntes Haupt einer Großmacht zu sein, streifte offenbar seine Hemmungen so weit ab, daß er offenherzig und sogar mit einer gewissen Großspurigkeit über die Dinge sprechen konnte, die ihn im Innersten bewegten. Napoleon jedenfalls charakterisierte ihn rückblickend als einen «Talma des Nordens» – Talma war ein Pariser Schauspieler, Napoleons Lieblings-Tragöde. Für den französischen Imperator muß das Treffen mit Alexander – wenigstens in jenen Momenten, die er nicht selbst mit seinen Überredungskünsten bestritt – ein beeindruckendes Theatererlebnis gewesen sein. Der Protagonist seinerseits muß voller Dankbarkeit registriert haben, wie er bei seinem einköpfigen Publikum ankam, denn nach allem, was über diese kurze Episode auf dem Wasser bekanntgeworden ist, wurde dort ein ziemlich emotionsgeladener ewiger Freundschaftspakt geschlossen, mit dem Ergebnis, daß Alexander die Hände frei bekam, um die Schweden anzugreifen, und sich verpflichtete, die Blockade gegen England zu unterstützen. Das Gute an dieser ewigen Freundschaft war, vom Standpunkt der übrigen Europäer aus, daß sie nicht sehr lange hielt. Die Russen annektierten zwar 1809 Finnland und eroberten in jenem schicksalhaften Jahr 1812 Bessarabien von den Türken, aber man konnte das Verhältnis zwischen Frankreich und Rußland trotzdem kaum als den Inbegriff einer vertrauensvollen Partnerschaft bezeichnen.

Alexander und Napoleon trafen 1808, ein Jahr nach Tilsit, erneut zu einem Gipfelgespräch zusammen. Diesmal begegneten sie sich auf festem Boden, im mitteldeutschen Erfurt, und es scheint, als sei weder die Vorstellung des «Talma des Nordens» so berückend noch der Applaus des Ein-Mann-Publikums so freundlich gewesen wie beim ersten Mal. Die Begegnung war weder so sorgfältig arrangiert wie jene von Tilsit, noch hatte sie deren Unbefangenheit; beide Männer hatten Anlaß, dem anderen etwas übelzunehmen, und beide sahen einander infolgedessen in einem neuen, wahrhaftigeren Licht.

Napoleon, der sich der Sache der in Frankreich versammelten Exilpolen verschrieben hatte, unter denen viele galante Kavallerieoffiziere waren, die in Spanien und anderswo mit Glanz und Gloria auf französischer Seite gekämpft hatten, schnitt nun Alexander gegenüber die polnische Frage an, nur um damit ein drohendes Schweigen zu ernten. Napoleon, als Neuling in der Gilde der Kaiser, hatte seine Lektion in bezug auf die Rolle ehelicher Verbindungen in der Politik schnell gelernt und suchte nunmehr um die Hand von Alexanders Schwester an – ein Akt der Großmut, der den Beteuerungen ewiger Freundschaft den nötigen Rückhalt hätte geben können. Alexander aber ließ sich in seinem Nein nicht beirren. Es scheint, als habe der ein Jahr zuvor noch so theaterreife Tragöde dieses Mal keine Vorstellung gegeben. Auf die Pauke haute diesmal das Auditorium, und der Tag ging in einer hochgespannten Atmosphäre zu Ende.

Der Pakt von Tilsit war in Rußland selbst auf starke Opposition gestoßen; der russische Adel, so stolz wie eh und je auf die Länge und Reinheit seiner Stammbäume, wollte von politischen Geschäften irgendwelcher Art mit einem ehrgeizigen korsischen Korporal nichts wissen. Diese Einstellung genügte, um Alexander den Rücken zu stärken und ihn gegen das Verhandlungsgeschick Napoleons immun zu machen.

Alexander war, so scheint es, ein sehr beredtes Beispiel für das intensive Verlangen mancher Menschen, trotz des hohen Amtes, das sie bekleiden, sich selbst treu zu bleiben, eine Hoffnung, die, so wie die Dinge liegen, praktisch unerfüllbar ist, weil kein noch so hehres Gemüt dem unmenschlichen Druck politischer Interessen und Zweckmäßigkeiten dauerhaft standhält. In seiner privaten Sphäre zu Ironie, ja Humor fähig (die Gruppe der engen Freunde, die ihm seine frühen Reformprojekte formulieren half, nannte er ausgerechnet seinen «Wohlfahrtsausschuß»), war er andererseits auch zu verblüffenden Ausbrüchen eines autokratischen Größenwahns imstande, wenn er mit Argumenten in die Enge getrieben oder auf einen Widerspruch in seinen eigenen Äußerungen hingewiesen wurde («Ich bin der autokratische Kaiser, und ich sage, daß es so ist und nicht anders!»).

Noch ehe er seinen Pakt mit Napoleon schloß und noch vor den verlorenen Schlachten von Austerlitz und Friedland war in seinem noch nicht von der rauhen Wirklichkeit der Politik angekratzten Denken ein Friedenskonzept herangereift, das sehr bemerkenswert erscheint, auch und gerade wenn man es an den Maßstäben einer modernen Welt mißt, die sich nach den Leiden zweier Weltkriege und angesichts ihrer zu Lande, zu Wasser und in der Luft bereitgehaltenen Atomwaffenarsenale auf einen Fünf-Minuten-vor-Zwölf-Idealismus besonnen hat.

Was ihm vorschwebte, war, die geheiligten Rechte der Menschheit dadurch zu sichern, daß die Staaten außerstande gesetzt wurden, Krieg zu führen, es sei denn, dies läge im gebieterischen Interesse ihrer Untertanen. Zu diesem Zwecke regte er an, die Beziehungen der Staaten untereinander nach verbindlicheren Regeln zu ordnen. Er glaubte, man könne die Nationen dazu bringen einzusehen, daß es in ihrem eigenen Interesse liege, sich an diese Regeln zu halten. Zu verwirklichen war dieses Vorhaben seiner Überzeugung nach durch die Schaffung eines auf einer eindeutigen Festlegung der Rechte der Nationen beruhenden europäischen Staatenbundes. «Weshalb sollte man sich nicht darauf einlassen können?» schrieb der Zar an seinen Botschafter in London. «Die positiven Rechte der Nationen gewährleisten das Privileg der Neutralität, beinhalten die Verpflichtung, niemals einen Krieg anzufangen, ehe nicht alle in der Vermittlungstätigkeit einer dritten Partei liegenden Möglichkeiten ausgeschöpft sind, einer Tätigkeit, die die Interessengegensätze beider Seiten ans Licht bringen und zu beseitigen versuchen könnte. Wenn man sich an Grundsätzen wie diesen orientierte, könnte man zu einer allgemeinen Befriedigung gelangen und einen Staatenbund aus der Taufe heben, dessen Statuten sozusagen einen neuen Kodex des internationalen Rechts verkörpern würden, der, sofern er von der Mehrzahl der europäischen Nationen sanktioniert würde, ohne weiteres zur unveräußerlichen Richtschnur der Kabinette würde, wogegen diejenigen, die versuchten, ihm zuwiderzuhandeln, Gefahr laufen würden, die vereinten Kräfte des neuen Bundes gegen sich aufzubringen.»

Diese erstaunlichen Sätze stammen aus der Feder Alexanders, des Mannes, der in der Einsamkeit seines Arbeitszimmers den vorgezeichneten Bahnen seines eigenen Denkens folgen konnte. Es liest sich wie ein verfrühter Prolog auf die Vereinten Nationen, erdacht nicht von irgendeinem philosophischen Denker, dem keine andere Macht zu Gebote gestanden hätte als die, Träume zu Papier zu bringen, sondern vom gekrönten Haupt eines der mächtigsten Reiche seiner Zeit.

Man kann sich leicht vorstellen, daß ein Mensch, der zu einem so unverstellten Denken fähig war, die schrecklichen Sachzwänge des politischen Alltags, die endlosen, der jeweiligen Lage der Nationen und ihren unterschiedlichen Mentalitäten geschuldeten Kompromisse als permanente Zumutung empfunden haben muß, von den endlosen labyrinthischen Wegen der Außenpolitik ganz zu schweigen. Alexander mag von seiner formellen Stellung her ein Autokrat gewesen sein, aber er war weder dumm noch unsensibel genug, um daraus eine Tugend zu machen. Er war der unglücklichste aller Menschen, ein Rebell im Gewand eines Herrschers. Allein, wie das Beispiel anderer Zaren gezeigt hatte: Herrscher über ein Land von der Größe und Schwerfälligkeit Rußlands zu sein, bedeutete manchmal, ebenso hilflos zu sein wie ein Leibeigener.

Wie sich herausstellte, zeitigte die Verständigung mit Napoleon katastrophale Folgen. Die berühmt-berüchtigte Kontinentalsperre funktionierte nicht, schädigte aber gleichwohl die russische Wirtschaft. Es kam zu einem scharfen Briefwechsel zwischen Napoleon und Alexander. Dem persönlichen Kontakt mit Napoleon entzogen, vermochte der Zar sich in der Papierschlacht ausgezeichnet zu behaupten.

Napoleon erkannte, daß er es hier mit einem Widersacher zu tun hatte, den er bei einer persönlichen Begegnung womöglich zu seinem Standpunkt bekehren konnte, der jedoch, sobald das Flair des physischen Kontakts einmal verflogen war und der Reflexion Platz gemacht hatte, zu seiner Ausgangsposition zurückkehrte. Er nannte Alexander einen «byzantinischen Griechen», was so ungefähr die stärkste Beleidigung war, die einem korsischen Emporkömmling einfallen konnte; und dann, 1812, machte er Schluß mit Verbalinjurien und griff zu kriegerischen Mitteln.

Die Eroberung Rußlands hätte der Herrschaft Napoleons ein letztes Glanzlicht aufsetzen sollen, war als Exempel einer raschen und schrecklichen Strafaktion gedacht, nachdem durch die Schuld des Zaren so viel Zeit mit Verhandeln und vergeblichem Hofieren vertan worden war. Die Grande Armée war dem regulären russischen Heer um das Zwei- bis Dreifache überlegen und repräsentierte ungeachtet der Tatsache, daß sie sich auch auf Fremdenlegionäre, Truppen aus verschiedenen deutschen Fürstentümern sowie auf die unverwüstlichen Polen stützte, eine imposante Streitmacht. Der Vormarsch verlief zunächst plangemäß. Die Russen, geführt von einem aus Schottland stammenden General namens Barclay de Tolly, vermieden die offene Feldschlacht und zogen sich geordnet vor den vorrückenden Franzosen zurück. Diese Strategie entfachte in Rußland einige Kritik, und Barclay wurde durch einen General ersetzt, der für die Aufgabe nicht nur seines eigentümlichen Temperaments, sondern auch seines unbestreitbaren Russentums wegen prädestiniert war. Feldmarschall Kutusow hatte nur noch ein Auge, was ihn jedoch nicht daran hinderte, mit dem anderen die Leute außerordentlich scharf anzusehen und zu durchschauen, selbst wenn er es häufig zum Schlafen schloß. Seinem eigenen Bekenntnis zufolge pflegte dieser sehr korpulente alte Herr so zu tun, als ob er schliefe, nur um besser belauschen zu können, was seine Adjutanten untereinander redeten. Ob dies die Wahrheit war oder bloß eine schlitzohrige Ausrede für das ungewöhnliche Schlafbedürfnis, das er selbst in turbulentesten Situationen an den Tag legte, wird sich natürlich nie feststellen lassen, aber es diente jedenfalls der Legendenbildung.

Er bewies seine Standfestigkeit auf dem Schlachtfeld von

Russische Kavallerie im 16. Jahrhundert.

Borodino, wo er sich mehr oder weniger unter dem Druck der allgemeinen patriotischen Stimmung zum Kampf stellte (aus diesem Feldzug entwickelte sich rasch der erste große totale Krieg der Geschichte). Es war eine erbittert tobende Schlacht, die jedoch keine Entscheidung brachte. Beide Seiten erlitten enorme Verluste. Sosehr Napoleon es auch versuchte, er konnte die Entscheidung nicht herbeiführen: Kutusow tappte in keine der Fallen, die Napoleon ihm stellte.

Nach der Schlacht setzten die Russen ihren langsamen, geordneten Rückzug fort, während die Franzosen, von den Nadelstichen ziviler Partisanen und kosakischer Kommandos bedrängt, weiter in Richtung Moskau marschierten. Überall, wo sie hinkamen, fanden sie Zerstörung vor: brennende Häuser und Felder. Die sogenannte «Politik der verbrannten Erde» wurde hier zum ersten Mal praktiziert. Nirgendwo erhielten die Invasionstruppen Beistand oder auch nur Lebensmittel. Moskau fanden sie menschenleer. Napoleon zog ein durch verwaiste Straßen, in denen keine Hand sich zum Jubel rührte; nur das Klappern der Pferdehufe dröhnte durch die gähnende Unwirtlichkeit der Stadt. Dann verbreitete sich Brandgeruch, und bald waren Flammen zu sehen, die über die Silhouetten der Gebäude schlugen. Rostoptschin, der Bürgermeister, hatte den Befehl gegeben, Moskau anzuzünden. Das war seine Art, dem französischen Kaiser, den Bräuchen der Zeit entsprechend, seine Visitenkarte zu überreichen.

Napoleon hielt sich, brütend und zürnend, eine Woche lang in diesem Kadaver einer Stadt auf. In seinen Augen hatten sich die Russen mit dieser barbarischen Trotzreaktion an den Gesetzen der zivilisierten Kriegführung vergangen. Er hatte damit gerechnet, seine Truppen aus dem Land ernähren zu können. Nicht einmal dieses billige Recht hatte man ihm zugestanden.

Acht Tage erst waren seit dem Einzug Napoleons in

Moskau vergangen, da mußte er sich dazu erniedrigen, an Alexander in St. Petersburg zu schreiben, die mißliche Lage seiner großartigen Armee einzugestehen und Alexander zu bitten, doch wenigstens den «Überresten früherer Empfindungen» Tribut zu zollen.

Alexander antwortete mit einem kategorischen Nein: «Kein Friede mehr mit Napoleon!»

Allein, ein Stück von Alexanders sensibler Psyche hatte unter der Last der Ungeheuerlichkeit dessen, was über sein Land hereingebrochen war und wofür er nach Spuren eigener Schuld suchte, Schaden genommen.

Wie es oft Menschen ergeht, die nur wirklich sie selbst sein können, wenn sie allein sind, empfand auch Alexander seine unvermeidliche Einsamkeit in der schrecklichen Situation, in die das Schicksal ihn geführt hatte, als eine zu schwere Bürde.

Gewiß, der alptraumhafte Rückzug des napoleonischen Heers im Zeichen einbrechenden Winters, von den wachsamen und intakten Armeen Kutusows gezwungen, auf dem gleichen Weg zurückzumarschieren, auf dem es gekommen war, endete schließlich mit einem der vollständigsten und befriedigendsten Siege aller Zeiten. Die Franzosen und ihre Hilfstruppen wurden vernichtend geschlagen, wobei die Russen allerdings die Grande Armée praktisch bis auf den letzten Mann hätten aufreiben können, wenn es nicht zu Mißhelligkeiten zwischen den Kosaken Tormagows und den Generälen der russischen Hauptstreitmacht gekommen wäre. Als Kutusow von einem französischen Kriegsgefangenen wegen dieses Schönheitsfehlers befragt wurde, soll der schlaue alte Haudegen geantwortet haben, das Versäumnis sei ein bewußtes gewesen. Als der Franzose ungläubig nachhakte, soll Kutusow ihm die Frage gestellt haben: «Weshalb das französische Heer vernichten – damit die Engländer nach Europa hereinkönnen?»

Das mag die Wahrheit sein, wenn Kutusow es nicht mit einem Zwinkern seines blinden Auges erzählt hat. Auf jeden Fall klingt es plausibel. Der russische Sieg verlieh Alexander den Nimbus des Eroberers, ein Ruhmestitel, der dem innerlich Zerrissenen wohl am allerwenigsten gerecht wurde. Er sah sich nun gezwungen, Konferenzen und Kongressen beizuwohnen, nicht in der Rolle dessen, der trotz seines hohen Amtes auf der Suche nach seiner Wahrheit war, sondern in der Rolle eines mit Ruhm beladenen und mit der Verehrung der zivilisierten Welt überhäuften Monarchen. Er suchte Zuflucht in den Tröstungen der Religion, wie so viele in der Einsamkeit einer Zelle oder eines Palastes Gefangene. Ja, für einen König ist ein Palast eine Art Gefängnis. Ohne daß er seine Anschauungen radikal geändert hätte, richteten sich doch die Antennen seines Bewußtseins sichtbar nach neuen Einflüssen aus. Er korrespondierte mit führenden protestantischen Köpfen, in der Hoffnung, Balsam für seine wundgescheuerte Seele zu finden. Einem von ihnen vertraute er an, die Flammen von Moskau hätten seine Seele erleuchtet: «Da lernte ich Gott kennen und wurde ein anderer Mensch.»

Eine Dame aus Basel, Frau von Krüdener, und ein weiterer Schweizer namens Emparytaz wurden seine Vertrauten und nahmen mit dem wissenden Lächeln evangelischer Seelsorger an seinen Ängsten Anteil. Diese Atmosphäre der Frömmigkeit, des unerschütterlichen Sich-Bekennens zur Religion mit der ganzen Schlichtheit des Glaubens, zu der diese Leute fähig sind, das durchdringende und doch sanftmütige Leuchten ihrer von dem Bewußtsein eines höheren Wissens durchdrungenen Augen, all dies muß Alexander wie eine Oase der Ruhe und Reinheit erschienen sein nach jenen theatralischeren, orientalisch ausgeschmückten Riten des orthodoxen Christentums mit seiner betäubenden Weihrauchatmosphäre und seinen formalisierten Gebeten an die Adresse des Allmächtigen. Auf dem ganzen Weg nach Paris, wohin das russische Heer marschierte, um das Schicksal Napoleons endgültig zu besiegeln, hielt die kleine religiöse Gemeinschaft eifrig Gebetsstunden ab, bei denen auch Kirchenlieder gesungen wurden, vermutlich einstimmig.

Auf dem Wiener Kongreß mußte Alexander wieder in die Rolle des Herrschers schlüpfen, die ihm am wenigsten lag. Nicht zum ersten und gewiß auch nicht zum letzten Mal in der Geschichte hegte der skeptische Westen hier den Verdacht, die Russen seien nicht ehrlich und trieben ein Doppelspiel. Metternich, ein Mann, der nicht gerade dafür bekannt war, gegenüber Ideen offen zu sein, die außerhalb seines vertrauten geistigen Bezirks angesiedelt waren, äußerte seinen Ärger über die exaltierte «Sprache des evangelistischen Büßertums», für die seiner Ansicht nach am Konferenztisch kein Platz war, weil sie die Aura der diplomatischen Nuancen und Bonmots störte. Alexander hatte sich nicht grundlegend gewandelt, aber die Ideale seiner Jugend hatten sich zu den Ideen des Gereiften fortentwickelt und mehr als nur einen leichten Beigeschmack von ausgesprochener Frömmigkeit gewonnen. La Harpe, der dritte im Kleeblatt seiner schweizerischen Mentoren, war stets an seiner Seite und machte ihn mit Ideen vertraut, die ebenso stark vom Humanismus durchdrungen waren wie die seiner Landsleute von Gottesfurcht. Das Dokument, in dem Napoleon als teuflischer Genius verurteilt wurde, atmete den Geist der Freiheit und der Aufklärung; es war darauf berechnet, die europäischen Verbündeten das Fürchten zu lehren, die das Schockerlebnis der Französischen Revolution trotz der außerordentlichen Veränderungen und Umwälzungen, die sie nach sich gezogen hatte, noch nicht verdaut hatten.

Man hegte den Verdacht – wie man es auch heute tut –,

Rußland wolle, indem es die revolutionär Gesonnenen hinter seiner Fahne sammelte, in ganz Europa die Saat der Subversion ausstreuen und damit die Stabilität der europäischen Gesellschaft untergraben. Der Sturz Napoleons hinterließ, ganz ähnlich wie später der Untergang Hitlers, ein Vakuum, und als der Schlachtenlärm verhallt war und eine erste vorsichtige Bestandsaufnahme der neuen Macht- und Einflußstrukturen angestellt werden konnte, konzentrierte sich – ebenfalls eine Parallele zur Situation 130 Jahre später – der Argwohn auf Rußland im Lager der Sieger.

Beide Male hatte Rußland einen großen Verteidigungskrieg siegreich bestanden und Opfer gebracht, die die Leistungskraft der meisten anderen Nationen überstiegen hätten; es hatte sich damit Hochachtung erworben, aber auch neue Ängste wachgerufen. Es gab nach dem Zweiten Weltkrieg nicht so viel Rätselraten, weil Selbstverständnis und Programm des sowjetischen Staates offen zutage lagen; das war 1814 anders, als niemand sicher wußte, inwieweit die widerspruchsvolle Persönlichkeit Alexanders tatsächlich die politischen Interessen des Staates intonierte, über den er herrschte, oder ob der Zar sich nicht vielleicht die lange Abwesenheit aus St. Petersburg zunutze machte, um seine persönlichen Auffassungen vorzutragen, die letztendlich keine Aussicht hatten, von den dunklen Mächten hinter den Kulissen gutgeheißen zu werden. Wie auch immer, auf einer Konferenz von Berufsdiplomaten, die nicht gewöhnt waren, mit Bekenntnissen zu Idealen zu handeln, und dem, der solche Bekenntnisse abgab, mit Mißtrauen begegneten, wirkte Alexander als Störfaktor.

Die Engländer, die allemal den Status quo als ein bekanntes Übel den möglichen unbekannten Übeln sozialer Experimente vorziehen, sprachen von einem gerechten Gleichgewicht in Europa, und der britische Außenminister Castlereagh fragte Alexander, wie sich die fortdauernde Besetzung polnischen Territoriums durch russische Truppen mit den allseits proklamierten idealen Prinzipien vereinbaren lasse, auf denen eine Heilige Allianz der europäischen Mächte aufgebaut werden sollte.

Das war ein klug berechneter Schlag unter die Gürtellinie, eine wohlfeile Verlagerung des Schwergewichts vom Allgemeinen aufs Besondere, darauf angelegt, die Debatte von der Ebene der großen prinzipiellen Frage auf die vertraute Ebene des Hickhacks um Details zurückzubiegen, was den Vorteil hatte, daß die Veranstaltung wieder mehr Ähnlichkeit mit diplomatischen Verhandlungen traditioneller Art erhielt. Im Falle Polens war es in der Tat so, daß die neue Verfassung, die dem Land in Aussicht gestellt wurde, die Polen in ihrem innigen Streben nach nationaler Identität ein Stück weit zufriedenstellte. Es war Alexander, der ungeachtet der Tatsache, daß der noch am wenigsten Böswillige unter seinen Lästerern ihn des Auftischens von «exaltiertem Unsinn» bezichtigte, seine Überzeugungen verteidigte und erklärte, die logische Konsequenz seiner Maximen sei die Gewährung freier Verfassungen. Er bewahrte Frankreich davor, daß die Siegermächte sich nach dem unheimlich starken Abgang Napoleons bei Waterloo an ihm vergriffen, indem er auf eine Verfassung für das Land bestand, die, um seine Worte zu gebrauchen, «die Krone und die Vertreter des Volkes im Geiste des gemeinsamen Interesses zusammenführen» sollte. Die Unabhängigkeit der Schweiz sollte gewahrt bleiben, und die ersten Regungen in Richtung auf verfassungsmäßig garantierte Freiheiten in Preußen wurden für legitim erklärt und damit zumindest für eine gewisse Zeit gegen die antidemokratische Agitation insbesondere der österreichischen Vertreter in Schutz genommen.

Es war eine merkwürdige Ironie, daß Alexander in der Lage war, für andere, kleinere Nationen etwas zu erreichen, wozu er im eigenen Land nicht einmal ansatzweise fähig war, und wenn er von liberaler Seite her kritisiert wurde und wird, dann vor allem deshalb, weil er auf der einen Seite in einem noch innerlich aufgewühlten Europa das, was er theoretisch predigte, auch praktisch vertrat, auf der anderen Seite aber sein Land, das in bezug auf Bildung, Infrastruktur, politische und wirtschaftliche Entwicklung um Jahrhunderte hinter Europa zurücklag, nach wie vor in absolut autokratischer Manier regierte. Das wirkte wie Heuchelei, war aber in Wirklichkeit die Folge realer Verhältnisse, die zu verändern die Macht eines einzelnen überstieg.

Mit zunehmendem Alter wurde Alexander pragmatischer, ohne daß sich jedoch der Horizont seiner Visionen verengt hätte. Castlereagh überwarf sich mit Metternich, dem er vorhielt, er wolle die Regierungen dazu verleiten, sich zu einer Allianz gegen die Völker zusammenzuschließen. Alexander pflichtete Castlereagh bei, aber als sich die Anzeichen für das Aufflammen revolutionärer Aktivitäten an allen Ecken und Enden eines sich von den Kriegsfolgen erholenden Europas in beunruhigender Weise häuften, wurde er in der Formulierung seiner Gedanken über Freiheit im allgemeinen vorsichtiger. «Sie sollte innerhalb gerechtfertigter Grenzen gehalten werden. Und die Grenzen der Freiheit sind die Grundsätze der Ordnung.»

Metternich vertrat die Überzeugung, ein föderiertes Europa solle sich das Recht vorbehalten, in die inneren Angelegenheiten einzelner souveräner Staaten einzugreifen, in denen es nach dem Urteil der Mehrheit zu Verstößen gegen Buchstaben oder Geist der Wiener Vereinbarungen kam. Alexander sträubte sich lange Zeit hiergegen, fand sich aber schließlich 1820 bereit, diese Klausel mit zu unterzeichnen. Damit war ein schwerwiegendes Präjudiz gesetzt, das der Heiligen Allianz ideologische Scheuklappen anlegte und sie erneut dem Dirigismus des mächtigsten ihrer Signatarstaaten unterwarf.

Sobald der Zar nach Rußland zurückgekehrt war, umfaßte ihn die verschlafene Nation und zerrte ihn mit dem Gewicht ihrer althergebrachten Vorurteile zu Boden. Alexander I. starb am 1. Dezember 1825, im Alter von nur 47 Jahren, in Taganrog. Nach seinen eigenen Worten sah er sich als einen vom schrecklichen Gewicht einer Krone niedergedrückten Menschen.

In gewissem Sinn war er der größte aller russischen Herrscher, insofern nämlich, als er für diese Rolle weniger prädestiniert war als viele seiner Vorgänger und doch bemerkenswerte Versuche unternahm, seiner Bestimmung gerecht zu werden, nicht nur als Herrscher, sondern auch als Mensch. Er gab den ungleichen Kampf zwischen seinem persönlichen Ich und seiner öffentlichen Rolle niemals verloren und niemals auf. Da ihn mit seiner Frau, einer geborenen Prinzessin von Baden namens Maria Louisa, mit der er bereits als 16jähriger aus rein politischen Gründen verheiratet worden war, nicht viel verband, war sein Privatleben freudlos und leer; der Tod ihres einzigen Kindes allerdings brachte die Eheleute einander plötzlich doch noch näher, und die letzten Jahre verlebten sie in anrührender Harmonie. Diese Entwicklung war wohl auch irgendwie typisch für Alexander.

So sehr Alexander sich auch gegen Ende seines Lebens in die Melancholie zurückgezogen haben mag, so sehr der Zwang zum Regieren und Entscheiden ihn verschlissen haben mochte, so zeichnete er sich doch bis zuletzt durch eine unbeirrbare Treue zu den einmal als richtig erkannten Zielen und durch eine tiefwurzelnde Güte aus, die all die vorübergehenden Anfechtungen, die das Herrscheramt mit sich brachte, überdauerten. Anders als die großen Zaren vor ihm, erwarb er sich keinen Beinamen wie «der Große» oder «der Schreckliche»; er war und blieb einfach «der Erste», was in seinem Fall nicht nur eine Ordnungszahl ist, sondern eine tiefere Wahrheit verkörpert, denn er war in der Tat der erste, der die Stimme Rußlands der Welt gegenüber zur Geltung brachte; die Welt lauschte dieser Stimme nur ungern, weil sie aus Rußland kam und auch weil sie sich völlig anders anhörte, als man es erwartet hatte. Alexander war auch der erste russische Herrscher, der uns über die Distanz der Jahre hinweg nicht nur Bewunderung, sondern auch Zuneigung abnötigt, und das ist vielleicht das größte Kompliment, das man ihm machen kann.

Das Rußland, das er hinterließ, unterschied sich sehr von dem, das er vorgefunden hatte, und andererseits war es auf eine deprimierende Weise dasselbe. Es war das alte Problem: Hielt man die Fenster geschlossen, dann konnte man die Temperatur im Innern regulieren, mußte aber zugleich das Risiko in Kauf nehmen, daß die Luft unerträglich stikkig wurde; öffnete man jedoch die Fenster, dann besaß man keine Kontrolle mehr über Art und Zahl der Insekten, die notwendigerweise mit der frischen Luft hereinströmten. Immer wieder wurde der Versuch gemacht, eines der Fenster einen Spaltbreit zu öffnen und, was immer an Geziefer hereinkam, sogleich unschädlich zu machen. Zum Zeitpunkt von Alexanders Tod war das Fenster wieder einmal zugeschlagen. In einem fehlgeleiteten Versuch, das schulische Lernen zum Vehikel für die Verbreitung ökumenischen Glaubenseifers zu machen, wurde das Ministerium für Volksaufklärung mit dem Ministerium für Religiöse Angelegenheiten zusammengespannt. Unter der Leitung des Vorsitzenden der Russischen Bibelgesellschaft, der übrigens zugleich auch Prokurator des Heiligen Synod war, wurde eine Kampagne gestartet, die die Grundsätze der Religionsfreiheit und der Gleichberechtigung aller, auch der nichtorthodoxen Glaubensrichtungen proklamierte. Nichts konnte besser geeignet sein, den Widerstand der Konservativen innerhalb der Orthodoxen Kirche zu mobilisieren; sie entfesselten genügend Druck, um die hochgespannten Hoffnungen der Reformer zunichte zu machen und den Reformen selbst eine andere Zielrichtung zu geben: Die Universitäten wurden geknebelt, die wissenschaftlich wertvollsten Lehrbücher konfisziert, denn es sollten keinerlei Lehrinhalte mehr vermittelt werden dürfen, die sich nicht aus der Heiligen Schrift heraus rechtfertigen ließen. Der von Alexander berufene Golizyn mußte nach einer Rufmordkampagne, die der Archimandrit Foti gegen ihn inszenierte, 1824 zurücktreten.

So als hätten sie erkannt, daß das Gewicht der Zarenkrone in der Tat übermenschlich schwer geworden war, zeigten Alexanders Thronerben wenig Neigung, sie sich aufzusetzen. Sein Bruder Konstantin hatte schon zwei Jahre vor dem Tod Alexanders seinen Thronverzicht erklärt, offensichtlich sehr zum Unwillen von Nikolaus, dem jüngsten der drei Brüder, der sogleich einen Gefolgschaftseid auf Konstantin abgelegt hatte, in der Hoffnung, dieser werde seinen Entschluß noch einmal überdenken. Als Konstantin sich weigerte, dies zu tun, drohte Nikolaus, er werde Rußland verlassen und sein Leben im Exil verbringen.

Daß sie aus der Nähe miterlebten, in welche Nöte ein Zar geraten konnte, der mehr oder weniger gezwungen war, die Nation in eine Richtung zu lenken, die von den reaktionärsten Elementen gewiesen wurde, die eine lange Tradition des Obskurantismus hervorgebracht hatte, reichte offenkundig aus, um die beiden Brüder regelrecht in Panik zu versetzen.

Natürlich behaupteten die Konservativen in dieser Epoche der Erschütterungen und Umwälzungen nicht mehr unangefochten das Feld. Es gab eine Opposition von Verschwörern, nicht, wie früher, vogelfreie Kosaken, die, begünstigt von der Weite des Landes, irgendwo abseits der Machtzentren Rebellenheere rekrutierten, sondern Intellektuelle, die in der Hauptstadt operierten, Männer, die ihre Bataillone nicht in fernen Steppen, sondern in rauchgeschwängerten Salons rekrutierten, nur einen Steinwurf von den Palästen und Ministerien entfernt.

Eine solche aus ideal gesinnten, aber in praktischen Dingen unbedarften Männern, zumeist aktiven Offizieren, bestehende Verschwörergruppe versuchte nach dem Tod Alexanders, eine Palastrevolution der Garderegimenter zugunsten des abgedankten Konstantin zu organisieren und den widerstrebenden Nikolaus, der nun doch die Krone angenommen hatte, zur Gewährung einer liberalen Verfassung zu zwingen. Der Putsch, der ganz nach dem Geschmack romantischer Geister war, schlug fehl. Mehrere Häupter der sogenannten Dekabristen (von «Dekabr», dem russischen Wort für Dezember) wurden hingerichtet, andere lebenslänglich nach Sibirien verbannt.

Mochte sein, daß die Dekabristen gescheitert waren; aber von da an hatte und behielt Rußland seine Verschwörer und Revolutionäre: von den visionären aristokratischen Idealisten bis zu den finsteren Terroristen, die im Dachkämmerchen endlose hitzige Diskussionen führten und im Keller Höllenmaschinen zum Zwecke der raschen Beseitigung hoher Amtsträger konstruierten. Die ständige Präsenz dieser revolutionären Unterströmung sorgte dafür, daß auch die Institution der Geheimpolizei sowie die Figuren des Verräters und des Doppelagenten zu festen Bestandteilen des politischen Lebens in Rußland wurden. In dieser Hinsicht hatte Rußland die westeuropäischen Staaten nicht nur eingeholt, sondern war ihnen ein gutes Stück vorausgeeilt. Nikolaus I., der Widerstrebende, wurde Zar in einer Zeit, in der die persönliche Sicherheit eines russischen Herrschers ein recht gefährdetes Gut war.

8
Krieg auf der Krim

Nikolaus war ein wenig wortkarg, schroff, so steif, wie Alexander geschmeidig gewesen war, aber er war keineswegs eine zu quälerischer Selbsterforschung neigende Grüblernatur. Er versuchte nicht, sich selbst Maximen für «richtiges» Regieren zu erarbeiten, sondern begnügte sich damit, herauszufinden, wo jeweils der Weg des geringsten Widerstands verlief. Er wandte sich um Rat zwar auch an einige der klügsten Berater Alexanders, hielt sich aber letztlich nicht an ihre Empfehlungen, sondern bildete lediglich ein Beraterkollegium, das ihm einen Bericht über alle möglicherweise der Reform bedürftigen Bereiche vorlegen sollte. Nachdem er sich alles angehört und sich, um Anregungen zu sammeln, sogar mit den Ideen der Dekabristen beschäftigt hatte, schlug er die Fenster zu und zog, um im Bild zu bleiben, zur Sicherheit auch noch die Vorhänge vor.

Wie andere Zaren vor ihm, gelangte auch Nikolaus zu der Einsicht, daß das Bildungswesen der Bereich sei, der in einem Land mit einem so verbreiteten Analphabetentum, wie es in Rußland bestand, besondere Beachtung zukommen müsse. Allein, die Antworten, die er auf die Probleme zu geben versuchte, entsprachen nicht ganz dem, was die Bevölkerung erwartete. Er beschloß nämlich, daß ausschließlich die Oberschicht in den Genuß des Schulbesuchs kommen sollte, jene kleine Gruppe der Bevölkerung, die staatliche Bildungseinrichtungen am wenigsten nötig hatte. Ein Schulwesen für die breite Masse zu schaffen, war seiner

Ansicht nach unnötig und gefährlich. Hinfort durften wieder nur die Sprößlinge des Adels und des Beamtentums die Universität besuchen. Die unter Alexander vollzogene Liberalisierung wurde rückgängig gemacht.

Nicht daß Nikolaus mit seinen Erlassen Rußland um Jahrhunderte zurückgeworfen hätte – dafür war es zu spät. Denn die Maßnahmen zur Bildungsförderung, die Alexander im ersten Jahrzehnt seiner Regierung ergriffen hatte, begann mittlerweile überraschende Früchte zu tragen. Die Debatten, die die Intellektuellen in ihren Salons und Kaffeehäusern führten, entwickelten eine ganz neue Qualität: Ins Zentrum des Interesses rückte die Suche nach einer fremden Einflüssen gegenüber unempfänglichen russischen Seele, nach der Seele eines Volkes von naturwüchsiger Unverdorbenheit, das sich eine ihm gemäße gesellschaftliche Organisation mit instinktivem Gespür geschaffen hatte, lange bevor die ersten Tataren in seiner Mitte aufgetaucht waren und es aus der Bahn seiner Entwicklung geworfen hatten.

Man schrieb ja ohnehin das Jahrhundert der nationalen Selbstbesinnung, der Unabhängigkeitsbewegungen, des überschäumenden Nationalismus. Noch vor Ende dieses Jahrhunderts würde Bismarck die Einigung Deutschlands zuwege bringen, desgleichen Cavour und Garibaldi die Einigung Italiens. Ein revolutionärer Tatendrang lag in der Luft, und Rußland bildete keine Ausnahme, höchstens insofern, als es hier nicht darum ging, sich von einer repressiven Fremdherrschaft, sondern darum, sich von einem repressiven Regime im Innern zu befreien.

Manche sozialistischen Denker haben die Überzeugung vertreten, die russische Mentalität neige von Haus aus zu kollektiven Organisationsformen, und sie haben als Belege dafür die althergebrachte Sozialstruktur des russischen Dorfes angeführt. Die Russen, so glaubten sie, seien daher

Katharina die Große, Herrscherin aller Reußen.

das einzige Volk, das quasi von Natur aus zum Sozialismus oder Kommunismus prädestiniert sei – eine im Licht der späteren Entwicklung interessante Hypothese. Als patriotische Dreingabe fügten sie noch die Behauptung hinzu, daß eine kollektive Seele einer bloß individuellen überlegen sei und daß Rußland somit eine Art gottgegebene missionarische Aufgabe gegenüber der übrigen Welt erfüllen könne, die noch immer an der Illusion kranke, daß die individuelle Persönlichkeit, das individuelle Bewußtsein im Mittelpunkt stehen müsse.

Zu dieser Denkschule, den sogenannten Slawophilen, gehörte in seinen jungen Jahren auch Dostojewski; dies bewahrte ihn freilich nicht davor, einmal wegen Lesens verbotener Bücher verhaftet und auf den Hinrichtungsplatz geführt zu werden. In letzter Minute traf ein reitender Bote mit der rettenden Begnadigung ein, die seine Todesstrafe in eine mehrjährige Verbannung nach Sibirien umwandelte; Dostojewski revanchierte sich für diesen üblen Scherz, den die Behörden ihm gespielt, damit, daß er selbst einige verbotene Bücher schrieb, die seine Epoche mitsamt allen ihren heiligen Kühen überdauert haben.

Die panslawistische Bewegung erinnerte in manchem an den modischen Neugotizismus des 19. Jahrhunderts – die Suche nach archaischen Vorbildern unter Vernachlässigung aller dazwischenliegenden Entwicklung. Jeder Kontakt mit dem Westen wurde verteufelt als Quelle einer epidemischen Ansteckung mit verwerflichen Werten, die nur geeignet waren, jenen «edlen Wilden», die sich als erste «Russen» genannt hatten, ihre Unschuld zu rauben. Diese romantisierende Sicht der Vergangenheit war auf eine geradezu geschichtsfälschende Weise vereinfacht. Ihr galt Peter der Große als törichter Narr, der in der Ferne gesucht hatte, was er doch direkt zu seinen Füßen und am strahlenden Himmel über ihm hätte finden können.

Es gab natürlich auch andere Intellektuelle, die sich in anderen Salons und anderen Kaffeehäusern trafen, sei es in Rußland, sei es in London, Zürich oder Paris, und die gerade der gegenteiligen Auffassung waren, ohne deswegen auch nur einen Augenblick lang die forschende Rückkehr zu den Wurzeln abzulehnen, die eine der Losungen ihrer Zeit war. Alexander Herzen veröffentlichte seine wichtige Zeitschrift *Kolokol (Die Glocke)* im Exil, und auch der einflußreiche sozialistisch-anarchistische Theoretiker Michail Bakunin wirkte im und vom Ausland aus, was insofern verständlich ist, als beide davon überzeugt waren, daß die russische Kultur in westlichen Ursprüngen wurzelte und daß alles unterstützt werden müsse, was sie dem abendländischen Kulturkreis wieder näherbrachte.

Nikolaus begann unterdessen unter den Folgen seiner eigenen Selbsttäuschungen zu leiden. Hatte Alexander daran geglaubt, Gott habe seine Werke mit evangelischer Großzügigkeit gleichmäßig über alle ihm gefälligen Völker ausgeschüttet, so beanspruchte Nikolaus nun das Gottesgnadentum für sich allein und reklamierte eine göttliche Mission für seine Armeen.

Seine drollige Erklärung von 1848: «Unterwirf dich, Volk, denn Gott ist mit uns!» war nur eine aus der langen Reihe blasphemischer Anmaßungen aus Herrschermund, wie sie in dem berüchtigten Ausruf: «Gott mit uns!» gipfelten, mit dem Kaiser Wilhelm II. sein Volk auf das Blutvergießen des Ersten Weltkriegs einstimmte. Das Schlimme an solchen Sprüchen ist, daß diejenigen, die sie aufsagen, am Ende selbst daran glauben; ein Trost, mit welch bemerkenswerter Regelmäßigkeit Gott sie im Stich läßt.

Bereits in der Regierungszeit Katharinas war vertraglich festgelegt worden, daß Rußland sich als Schutzmacht der unter türkischer Herrschaft lebenden christlichen Minderheiten betrachten durfte; Nikolaus leitete daraus für sich

Im Zuge der Liberalisierung und der Öffnung Rußlands nach dem Westen ließ Peter der Große den Bojaren die Bärte abschneiden.

das Recht ab, die heiligen Stätten in Jerusalem zur Domäne der Orthodoxen Kirche zu erklären, was auf Kosten der Katholiken und der vielen anderen Konfessionen ging, die dort ihre religiösen Geschäfte besorgten. Er stellte der Türkei ein Ultimatum, das zurückgewiesen wurde. Daraufhin griff er sie an, und seine Flotte setzte sich im Schwarzen Meer gegen ein türkisches Geschwader durch.

Die Engländer witterten hinter diesen Vorgängen einen Anschlag auf den Handelsweg nach Indien, und Frankreich sann auf Rache für die Demütigung von 1815, als russische Truppen – zusammen mit anderen – Paris besetzt hatten. England und Frankreich verbündeten sich also, zum ersten Mal seit 200 Jahren. Österreich, dem die russische Expansionspolitik Sorge bereitete, schloß sich der Koalition an, trotz der Tatsache, daß Rußland erst fünf Jahre zuvor durch sein Eingreifen die Habsburger vor dem Sturz bewahrt hatte.

In den ersten Tagen des Jahres 1854 kamen Sir John Bourgoyne, seines Zeichens Ingenieur und britischer Offizier und als solcher mit den Kriegsvorbereitungen seines Landes betraut, und der französische Kriegsminister, der ebenfalls Ingenieur war, zusammen; sie stellten gemeinsam fest, daß Verteidigung der beste Angriff sei, und gingen, mit türkischem Einverständnis, daran, bei Gallipoli gewaltige Befestigungen zu errichten. Das dumme an der Sache war, daß die Russen gar nicht imstande und willens waren, anzugreifen. Die Verbündeten zogen beim bulgarischen Varna ein Expeditionsheer zusammen. Dort schlugen die Russen ihnen ein weiteres Schnippchen, indem sie als Reaktion auf ein österreichisches Ultimatum ihre Truppen aus dem Gebiet südlich der Donau zurückzogen. Damit gab es eigentlich keinen Grund mehr, Krieg zu führen. Dies focht jedoch die antirussische Koalition nicht an, zumal da unter ihren in Bereitschaft liegenden Truppen eine Typhusepidemie ausgebrochen war. Man einigte sich darauf, daß ein Vormarsch ehrenhafter sein würde als ein Rückzug, und so begann der Krimkrieg doch noch fahrplanmäßig.

Man kann sich schwerlich vorstellen, daß es jemals in der Geschichte einen Krieg gegeben hat, der von seiten der beteiligten Parteien so schlecht vorbereitet war und der so blödsinnig geführt wurde wie der Krimkrieg. Die britische Admiralität war zwar im Besitz einer Karte der Krim-Halbinsel, war aber nicht darüber informiert, daß das Wasser im Gebiet der Meerenge von Kertsch fast überall so flach war, daß ein Mensch bequem darin stehen konnte; auf diesen Sachverhalt stieß man im wahrsten Sinne des Wortes erst an Ort und Stelle. Was Napoleon III. betraf, so scheint er nicht einmal eine verläßliche Karte zur Verfügung gehabt zu haben: Den Franzosen dienten zwei Aquarellbilder des Akademiemitgliedes Raffet als wichtige Orientierungshilfen zur Identifizierung von Sewastopol und Balaklawa. Diese Bilder wurden aus der Galerie geholt und von den strategischen Kriegsplanern ausgewertet.

Das Kriegsschiff *Caradoc* segelte mit dem britischen Oberkommandierenden und seinem Stab an Bord der Flotte voraus, um einen geeigneten Landeplatz zu suchen. Die Engländer entdeckten an der Küste russische Offiziere, die mit Fernrohren zu ihnen herüberblickten; als beide Seiten merkten, daß sie einander im Visier hatten, wurden die Hüte zu artigem Gruß gezogen. Nachdem man sich einstimmig auf Eupatoria als idealen Landeplatz geeinigt hatte, übermittelte man den Russen an Land ein Ultimatum. Der Gouverneur räucherte das Dokument, um es keimfrei zu machen, ehe er es durchlas; dann lud er das Vorauskommando der Verbündeten ein, an Land zu kommen, machte die Herren jedoch darauf aufmerksam, daß sie sich für die Dauer ihres Verweilens auf russischem Boden als unter Quarantäne gestellt betrachten müßten.

Dieser Hauch von Farce sollte hartnäckig auch allen weiteren traurigen Höhepunkten dieses Krieges anhaften, der sich über volle zwei Jahre hinzog und ebensoviele Seuchenopfer wie Gefallene forderte. Florence Nightingale schwebte mit der Lampe in der hochgereckten Hand durch die Reihen der Sterbenden und lenkte das Augenmerk der Öffentlichkeit auf die zum Himmel stinkenden sanitären und hygienischen Verhältnisse; und vielleicht noch wirksamer waren die Kriegsberichte des *Times*-Korrespondenten William Russell, die von so schneidender Objektivität waren, daß die Militärs sich über diesen «gesinnungs- und charakterlosen» Zeitungsschreiber ihre schnurrbärtigen Mäuler zerrissen.

Um das Seine zu dem Eindruck der trostlosen Verwirrung beizutragen, den dieser Krieg vermittelte, ließ der britische Oberkommandierende Lord Raglan, der zuletzt vor 40 Jahren bei Waterloo Schlachtenluft geschnuppert hatte, es sich nicht nehmen, hartnäckig «die Franzosen» zu sagen, wenn er vom Feind sprach.

Man kann wohl ohne Bedenken sagen, daß trotz der vielen einzelnen Bravourstücke und heroischen Episoden dieses Krieges – man denke etwa an den so lächerlichen wie glorreichen Angriff der leichten Brigade – diese unglaubliche Aneinanderreihung von Fehlleistungen nur deshalb mit einem Sieg der Koalition endete, weil die Russen noch ein Quentchen unfähiger waren.

Nikolaus starb, zerknirscht ob des Zerplatzens seiner hochtrabenden Illusionen und des schnöden Verrats, den Gott an ihm geübt, am 22. März 1855.

9
Das Staatsschiff in den Stromschnellen

Alexander II., Sohn und Nachfolger von Nikolaus, war ein schmächtiger Mann von elegantem Auftreten; was er an Leutseligkeit besaß, fehlte ihm an Charakterstärke. Unter dem strengen Regiment seines Vaters war es im Lauf der Jahrzehnte zu 556 verschiedenen Bauernaufständen gekommen; gewiß hatte keiner davon staatsbedrohende Ausmaße angenommen, aber die Häufigkeit und die Regelmäßigkeit, mit der sie stattfanden, wiesen doch darauf hin, daß eine allgemeine Unzufriedenheit herrschte, die nicht mehr wegzudiskutieren war, namentlich nach der schmählichen Niederlage im Krimkrieg, die nicht nur deutlich gemacht hatte, daß die Bewaffnung und Ausrüstung der russischen Streitkräfte veraltet waren, sondern auch und vor allem, daß die herrschenden bürokratischen Strukturen in ihrer Schwerfälligkeit und Ineffizienz den Anforderungen einer realen Bewährungsprobe nicht standhielten.

Es stand plötzlich allen, nicht nur den demokratischen Agitatoren, klar vor Augen, daß das System der Leibeigenschaft ein Anachronismus war. Daß es unmoralisch war, focht die herrschende Schicht nicht so sehr an wie die Tatsache, daß es seinen historischen Zweck nicht mehr erfüllte. Anstatt Ordnung und Kadavergehorsam zu garantieren, zeugte es jetzt Unzufriedenheit, und den Gebildeten erschien es ohnehin als ein Relikt der Barbarei, das der übrigen Welt anschaulich demonstrierte, wie hoffnungslos rückständig es in Rußland zuging.

Alexander machte sich durchaus seine Gedanken über die Dynamik der Strömung, von der er, ob er wollte oder nicht, fortgetragen wurde in Richtung auf gewisse unausweichliche, epochemachende Entscheidungen. Er stellte sich ihnen mutig; in einer Ansprache, die er vor dem Moskauer Adel hielt, erklärte er unmißverständlich: «Es ist besser, die Leibeigenschaft von oben her aufzuheben, als darauf zu warten, bis sie von unten her abgeschafft wird.»

Der Adel sah seine traditionellen Privilegien bedroht und tat alles, um die Bauernbefreiung, wenn sie schon sein mußte, hinauszuschieben. Es setzte ein Tauziehen ein, in dessen Verlauf die Leibeigenen ihre Forderungen immer unverhohlener stellten, der Adel sie immer schroffer zurückwies und die Geheimpolizei Überstunden machen mußte, um mit einer steigenden Zahl nihilistischer Verschwörungen fertig zu werden. Die anarchistischen Gruppierungen, die sich Nihilisten nannten, lassen sich nicht mit den Terroristen der 70er Jahre unseres Jahrhunderts vergleichen. Ihr erklärtes Ziel war es, die Gesellschaft, die bestehende gesellschaftliche Ordnung vollständig zu zerschlagen, damit aus ihren Ruinen etwas völlig Neues erstehen konnte. Dieses Ziel ist natürlich für eine Gruppe zu allem entschlossener Menschen, denen als Machtmittel vielleicht zwei oder drei Bomben zu Gebote stehen, um viele Nummern zu groß, aber immerhin können sie auf dem Weg zu ihrem schließlichen Schiffbruch eine ganze Menge Schaden anrichten. Die Vorschläge und Gegenvorschläge zur Durchführung der Bauernbefreiung wurden in einer jahrelangen Prozedur diskutiert und hin und her gewendet; die Einwände und Anregungen von 46 Provinzvertretungen mußten berücksichtigt werden. Es gelang den Adligen, die Größe der für die freigelassenen Leibeigenen bereitzustellenden Parzellen zu drücken und einen höheren Pachtpreis durchzusetzen, doch schließlich wurden die Emanzipationsgesetze trotz des Widerstands eines großen Teils der Aristokratie am 9. Februar 1861 in Kraft gesetzt. Am 10. Februar wurde einen halben Erdball weiter, in einem anderen, in einer ganz ähnlichen Frage gespaltenen Land, ein Präsident namens Abraham Lincoln in sein Amt eingeführt.

Die russischen Grundbesitzer taten alles in ihren Kräften Stehende, um ihren beherrschenden Einfluß auf lokaler Ebene zu wahren, aber die befreiten Bauern machten ihnen einen Strich durch die Rechnung, indem sie eine dörfliche Selbstverwaltung mit gewählten Ältesten an der Spitze organisierten. Die Kollektive erhoben sich gegen die Individuen.

Binnen drei Jahren wurde die gesamte Regionalverwaltung auf eine neue Basis gestellt. In den neugeschaffenen Selbstverwaltungsorganen standen den Grundbesitzern 48 Prozent, den Stadtbewohnern 12 Prozent und den Bauern 40 Prozent der Sitze zu. Trotz des Ungleichgewichts, das sich in dieser Sitzverteilung offenbarte, war das ein großer Schritt vorwärts. Der Straßenbau wurde intensiviert und die medizinische Versorgung verbessert. Die kostenlose Verteilung von Medikamenten an Bedürftige wurde eingeführt. Durch Einstellung zusätzlicher Lehrer konnten die Schulklassen verkleinert werden. Die Zahl der Spitäler vervierfachte sich nahezu, und die Zahl der Ärzte verdoppelte sich, ebenso wie deren Gehälter.

Im gleichen Jahr wurde das russische Rechtswesen von Grund auf reformiert. Die Gerichte wurden für unabhängig, die Richter für unabsetzbar erklärt. Der Grundsatz der Öffentlichkeit der Prozesse wurde proklamiert, die Institution des Schwurgerichts eingeführt.

Natürlich konnte keine Reform weit genug gehen, um die Extremisten zufriedenzustellen, die in jedem staatlichen Zugeständnis ein Zeichen der Schwäche, in jeder Geste des guten Willens ein Zeichen der Angst sehen. 1866 schoß ein Student namens Dimitri Karakosow auf den Zaren, als dieser gerade seine Kutsche besteigen wollte; der Schuß ging daneben.

Machthaber sehen es nicht gern, wenn ihre Motive mißverstanden werden, und um diesbezüglich auftauchende Zweifel zu beseitigen, greifen sie gewöhnlich zu repressiven Maßnahmen. So auch nach dem Attentatsversuch von Karakosow: Die liberalen Kräfte wurden von strammen Konservativen verdrängt. Allein, die Attentate gingen weiter, und zahlreiche revolutionäre Gruppierungen erschienen, nebeneinander oder nacheinander, auf der Bildfläche, Gruppierungen mit so klingenden Namen wie «Land und Freiheit», «Schwarze Umteilung» und «Volkswillen». 1879 feuerte ein Mann namens Solowjow fünf Schüsse auf den Zaren ab, die allesamt ihr Ziel verfehlten. Im Jahr darauf sprengte Chalturin, ein junger Arbeiter, das kaiserliche Speisezimmer im Winterpalast in die Luft, aber die Bombe explodierte zwischen den Mahlzeiten. Daraufhin wurde eine Sonderkommission unter Leitung des Generals Loris-Melikow gebildet, die versuchen sollte, im Kampf gegen den Terrorismus die Öffentlichkeit zu mobilisieren. Loris-Melikow unterbreitete der Gesellschaft das Angebot einer weiteren starken Ausweitung der persönlichen Freiheiten, vorausgesetzt daß es gelang, den Terrorismus vollkommen unschädlich zu machen. Das war nichts anderes als der Versuch, die ganze Nation zu einer Art Hilfspolizei zu machen und ihr als Gegenleistung für ihre treuen Dienste für Vaterland und Krone eine forcierte Liberalisierung zu versprechen. Am gleichen Tag, an dem Alexander II. die einschlägige Verordnung unterzeichnete, wurde ein erneuter Anschlag auf sein Leben verübt: Eine Handgranate explodierte neben der Kutsche, in der er, begleitet von seiner Tante, von einem Abendessen nach Hause zurückkehrte. Einige Kosaken seiner Leibgarde wurden verwundet. Alexander sprang aus der Karosse, um sich um sie zu kümmern, und richtete dabei einige gemäßigt vorwurfsvolle Worte an den Mann, der die Granate geworfen hatte. Dann hielt er inne, um dem Allmächtigen dafür zu danken, daß er ihn verschont hatte. «Es ist zu früh, Gott zu danken», rief in diesem Augenblick ein junger Mann aus der Menge und warf eine zweite Granate. «Bringt mich zum Sterben nach Hause», murmelte der Zar, als er mit zerfetzten Gliedern in seinem Blut lag.

Es läßt sich nur schwer sagen, welche und wie viele der bemerkenswerten Errungenschaften, die die Regierungszeit Alexanders II. brachte, von ihm selbst initiiert worden sind. Bestimmt die wenigsten, sind wir versucht zu sagen. Er hielt eben zufällig gerade das Steuerruder, als das Staatsschiff durch die Stromschnellen raste. Rußland war ein Land im Umbruch, im Griff der industriellen Revolution. Ein Symptom der rapiden wirtschaftlichen Entwicklung war die Zahl der in dieser Periode gegründeten Privatbanken. Zehn landwirtschaftliche Kreditbanken wurden in der Regierungszeit Alexanders II. eröffnet, dazu 28 Handelsbanken, 71 Kreditgenossenschaften und nicht weniger als 222 Kommunalbanken.

Während im übrigen Europa das vertraute Menuett mit Partnerwechsel getanzt wurde, widmete sich das Rußland Alexanders II. einer fruchtbaren Eroberungstätigkeit in Asien. Buchara wurde annektiert, die Ufer des Kaspischen Meeres militärisch gesichert. Weiter östlich wurde die afghanische Grenze erreicht, und im Fernen Osten zwackten russische Pioniere dem chinesischen Reich den einen oder anderen Zipfel ab. Der Hafen Wladiwostok wurde angelegt, und im Tausch gegen zwei Kurilen-Inseln erwarb Rußland von Japan die Halbinsel Sachalin.

Wie schon an früherer Stelle ausgeführt, war Rußland dadurch, daß es von seiner Geographie her ungeachtet seines freilich erst in jüngerer Zeit gewonnenen Zugangs zu verschiedenen Meeren eine ausgesprochene Landmacht war, zu einem Expansionismus ganz anderer Art gezwungen, als die klassischen Kolonialmächte ihn praktizierten. Seine wenigen Übersee-Abenteuer bestärkten es nur in der Einsicht, daß es gut daran tat, sich auf koloniale Erwerbungen mit sicherer Verkehrsverbindung zum Stammland zu beschränken. Der bekannteste Fall ist natürlich Alaska, das von den Russen, hauptsächlich der Pelzjagd wegen, halbherzig kolonisiert wurde; bekanntlich reichten die russischen Handelsstützpunkte an der amerikanischen Westküste bis Fort Ross in Kalifornien; doch allen diesen Vorstößen haftete etwas Unentschlossenes, Provisorisches an. Eine Zeitlang war Rußland sogar im Besitz einer der Hawaii-Inseln, aber nichts war wohl geeigneter, das Heimweh eines Russen nach der nördlichen Unwirtlichkeit seines Landes zu schüren, als barbusige singende Südseemädchen in Röcken aus Palmenblättern. Die Ära der russischen Übersee-Besitzungen fand ihr Ende im Jahr 1867, als Alaska für 7,2 Millionen Dollar an die Vereinigten Staaten verkauft wurde. «Sewards Eisschrank» war eines der besten Geschäfte, die die Vereinigten Staaten jemals gemacht haben. Statt über Seward hätten sich die Zeitgenossen eher über Alexander lustig machen sollen.

10
Das geöffnete Fenster

Von jetzt an bis zu der großen Revolution, die 36 Jahre später das in qualvoll langsamer Fortentwicklung begriffene Gefüge der russischen Institutionen hinwegfegte, setzte die intellektuelle und terroristische Opposition die Regierung ohne Pause unter Druck. Einen großen Sprung nach vorne hatte Rußland mittlerweile in bezug auf sein internationales Image gemacht, wenn man künstlerisches Prestige mit diesem respektlosen Ausdruck belegen will. Die Werke russischer Künstler prägten das Bild, das sich westliche Beobachter vom neuen Rußland machten. Es ist sicher richtig, daß die Wirkung eines Dichters wie Puschkin in Rußland selbst viel stärker war als im Ausland, da sein subtiler Stil, das vollendete Ebenmaß seiner Verse, sein ironisches Pathos schwer übersetzbar waren. Sowohl Alexander Puschkin (1799–1837) als auch sein brillanter jüngerer Zeitgenosse Michail Lermontow (1814–1841) starben in einem jener dummen Duelle, die sich epidemisch häuften, nachdem dieser eigenartige westeuropäische Brauch auf die romantische, fatalistische Jugend St. Petersburgs übergegriffen hatte. Puschkin war zum Zeitpunkt seines Todes 38, Lermontow erst 27 Jahre alt.

Prosadichtungen hatten größere Aussicht, die Kunde vom literarischen Erwachen Rußlands in die Welt zu tragen. Nikolai Gogol (1809–1852) setzte sich mit seinen Dichtungen über die klassische Trennung zwischen komischem und tragischem Fach hinweg und wurde zum ersten großen russischen Realisten. So spät die russische Literatur sich entwickelte, so rasch streifte sie die Fesseln und Tabus der gepflegten höfischen Kultur ab und konzentrierte sich auf die realistische Schilderung des Lebens. Das Leben, so schienen die neuen russischen Schriftsteller sagen zu wollen, ist ein reichhaltiger Fundus von Tragik und Komik, von unberechenbaren und undefinierbaren Ereignissen, und das einzige Beständige an der Wirklichkeit ist ihre Unbeständigkeit. Im Herzen war Gogol ein eingefleischter Romantiker, wie es sich für die Zeit, in der er schrieb, gehörte, aber seine ätzende Feder und sein nichts verschonender satirischer Sinn verleihen seinen Werken eine Qualität des Grotesken, die durch und durch russisch anmutet.

In einer so knappen Skizze der Entwicklung der russischen Literatur kann man auf die einzelnen Autoren eigentlich nur in beleidigender Oberflächlichkeit eingehen; es geht hier indessen nicht darum, dem gewichtigen Gegenstand Gerechtigkeit widerfahren zu lassen, sondern lediglich darum, die Wirkungen zu veranschaulichen, die diese Literatur auf das interessierte Ausland ausübte, indem sie ein Licht auf die russische Lebenswirklichkeit warf und nebenbei natürlich auch erhellte, zu welcher Genialität es zumindest einige der «getauften Bären» in der Kunst gebracht hatten, die Tiefen menschlicher Motive, Antriebe und Widersprüche auszuloten.

Gogol erschloß mit seiner geistvollen Komödie *Der Revisor* und seinem großartigen Roman *Tote Seelen* eine neue Dimension der selbstkritischen Darstellung typisch russischer, individueller wie gesellschaftlicher Mißstände, indem er eine Waffe einsetzte, die im Arsenal der Nation bis dahin gefehlt hatte: das Lachen. In seiner Komödie *Hochzeit* schuf er darüber hinaus einen spezifisch russischen Charaktertypus, den Gontscharow später zu seinem unerreichten *Oblomow* ausbaute – dem melancholischen Lebenskünstler, der unfähig ist, sich zu irgend etwas aufzuraffen, der sich in ein Faulenzerdasein flüchtet und sich drückenden Problemen wie dem, ob sich das Aufstehen lohnt oder nicht, durch ein Nickerchen entzieht. Diese Figur wurde sofort als typisch wiedererkannt, und das russische Äquivalent für «Oblomowismus» fand rasch Eingang in den allgemeinen Sprachgebrauch. Es beschreibt jene besondere Form der Trägheit, die sich als Folge von Entfremdung und Monotonie einstellt und in jene schlichte Art des Lebensgenusses mündet, wie sie ein Hund vor einem Kaminfeuer findet.

Irgendwo steht geschrieben, die Skythen seien an einem «Übermaß an Humor» zugrunde gegangen. Ein kraftvoller Nomadenstamm siedelt sich in einer freundlichen Landschaft an und verliert im Lauf der Zeit alle seine – physische und geistige – Beweglichkeit. Es ergibt keinen Sinn mehr, durch die nächste Tür zu gehen. Man weiß schon, was dahinter ist. Es ergibt schließlich und endlich keinen Sinn mehr, überhaupt noch etwas zu tun: Die Abenteuer sind langweilig geworden, Sport ist eine flüchtige Ablenkung, die ihren Reiz nur allzu schnell einbüßt – und trägt nicht letzten Endes die Einbildungskraft viel weiter als die Muskelkraft?

Das Dilemma stellte sich nicht allein den Adligen. Die leibeigenen Bauern hatten zwar immer die körperliche Arbeit gemacht, doch zeichneten auch sie sich, wie ihre Besitzer, durch eine eigentümliche Abgestumpftheit aus – ein Gemütszustand, der die Monotonie endloser Horizonte widerspiegelte, ein Gefühl, alleine und unbemerkt in einem stillen Seitentümpel des Zeitstroms dahinzuleben, wo Vergangenheit und Zukunft gleich wenig bedeuteten, weil jede verstreichende Minute jeder vorausgegangenen zum Verwechseln ähnlich war.

In der Mitte des 19. Jahrhunderts erreichte die russische Literatur ihre höchste Blüte. Drei Männer vor allem prägten diese Zeit und zeigten nicht nur, daß ihre Nation das Stadium der Reife erreicht hatte, sondern auch, daß sie in der Objektivität ihres Blickes und ihrer Beschreibung, in der Unbeirrtheit, mit der sie durch alle gesellschaftlichen Konventionen hindurch die Nacktheit des Menschen enthüllten, ihren Zeitgenossen in anderen Ländern in mancher Hinsicht voraus waren.

Iwan Turgenjew (1818–1883) war der älteste der drei. In seiner Kindheit von einer furchtbaren Mutter terrorisiert, schuf er, der Typ des melancholischen Aristokraten, in seinen das leere Leben in der Provinz schildernden Erzählungen eine Palette starker Frauen- und unentschlossener Männergestalten. Er verbrachte viele Jahre seines Lebens im Ausland, aber gerade das ließ ihn noch russischer werden. Er wird als Schriftsteller im allgemeinen nicht in der Kategorie seiner größten Zeitgenossen gehandelt, aber das ist Kritikerlatein. In manch wichtiger Hinsicht ist und bleibt er kraft seiner Diskretheit, seines unfehlbaren Geschmacks, seiner bewußten Unaufdringlichkeit und seiner wehmütigen Schilderung gefährlicher Seelenzustände wie, allen voran, der Langeweile, der nationalste aller russischen Autoren.

Feodor Dostojewski (1821–1881) war ein Schriftsteller von unumstrittener Größe, der mit seinem rücksichtslosen Eindringen in die Anatomie der bewußten und unbewußten Motive menschlichen Handelns neue Dimensionen des Verstehens und Mitleidens erschloß. Seine großen Romane wie *Schuld und Sühne* und *Die Brüder Karamasow* atmen ungeheure Kraft und Spannung und etwas fieberhaft Drängendes, so als habe der Autor sie unter einem inneren Zwang, unter Niederkämpfung der ihn beim Schreiben quälenden Schmerzen und Ängste, niedergeschrieben.

Wenn von den dreien Turgenjew der freundlich-nachsichtige, fatalistische Hausarzt und Dostojewski der Chirurg war, dann war Leo Tolstoi (1828–1910) der Wunderheiler. Der zottige Hüne wandte sich nach ausschweifenden Jugendjahren der Schriftstellerei zu, die er nicht etwa, Graf und Grundbesitzer, der er war, als amüsanten Zeitvertreib, sondern mit professioneller Disziplin betrieb. Er war ein ruhigerer Mensch als Dostojewski, der mehr diktierte als schrieb und an Epilepsie litt. Tolstoi schrieb besonnener, distanzierter, stürzte sich nicht mit so viel Leidenschaft in das Geschehen; aber die kühle Abgewogenheit seines Blickes ließen sein Porträt der weiblichsten aller Frauen in *Anna Karenina* und seine ausgesprochen persönliche, mit einer Vielzahl außerordentlich interessanter Charaktere angefüllte Rekonstruktion einer ganzen Epoche in *Krieg und Frieden* um so überzeugender ausfallen.

In seinen späteren Lebensjahren verfiel er einem gewissen patriarchalischen Mystizismus. Er versuchte sich als dilettierender Dorfschuster, verfaßte Pamphlete gegen den Tabak und gelangte – allerdings wohlweislich erst in seinen späten Siebzigern – zu der Überzeugung, daß Sexualität unmoralisch sei. Er verbrachte seine letzten Lebensjahre, von seiner geliebten jüngsten Tochter umsorgt, in der Art eines ländlichen Königs Lear. Der Tod ereilte den 82jährigen auf einem kleinen Provinzbahnhof, wohin es ihn auf der Flucht vor einem ihm unerträglich gewordenen Familienleben verschlagen hatte.

Die Musik als von Haus aus abstraktere Kunstform übte geringeren Einfluß auf das Rußlandbild des Westens. Es gab in Rußland eine lange Tradition der Berufung italienischer Dirigenten und Operndirektoren; musikalische Eigengewächse begegneten einer gewissen Reserve, ja sie wurden, da russisch und damit vermeintlich von vornherein minderwertig, verspottet. Vor dem Einsetzen der nationalen Rückbesinnung im 19. Jahrhundert gab es nur ganz wenige Ausnahmen von dieser Regel; vor allem zu nennen ist Dimitri Bortnjanski (1751–1825), der als unehelicher Sohn eines Adligen und einer Leibeigenen geboren wurde. Er zeigte so große Begabung, daß er nach Italien geschickt wurde und mit einigen bemerkenswerten selbstkomponierten Opern im Gepäck zurückkehrte, darunter *Der Falke,* eine ausgesprochen mozartesk klingende Oper, die jedoch einige Jahre vor den großen Bühnenwerken Mozarts entstand.

In späteren Jahren komponierte er nur noch Kirchenmusik, darunter viele Stücke von ganz ungewöhnlicher Schönheit.

Michail Glinka (1804–1857) gilt als der erste richtig ernst zu nehmende russische Komponist, obgleich die russischen Motive, die in seine Musik einflossen, eindeutig von italienischen Stilelementen überlagert waren. Tschaikowski (1840–1893) war in den Augen der russischen Nationalisten ungeachtet der russischen Titel, die er seinen frühen Sinfonien gab, ein «Westler», aber immerhin erwuchs dem russischen Reich mit ihm der erste Komponist von Weltgeltung. Sein hochgeladenes, gefühlsbetontes musikalisches Temperament wurde von einer mehr als meisterlichen Kompositionstechnik im Zaum gehalten.

Die Kraft der beschreibenden Darstellung, wie sie den Werken großer Schriftsteller innewohnt, mag den Leser unmittelbar ergreifen, aber wenn es darum geht, die extremen Schwankungen des russischen Gemüts zu registrieren, leistet die Musik vielleicht doch bessere seismographische Dienste. Die strenge akademische Tradition der russischen Musik schrieb die Befolgung rigider Kompositionsregeln vor, die sich im Lauf der Jahrhunderte allmählich herausgebildet hatten. Diese Regeln mußte der Musikstudent ohne Rücksicht auf seine persönlichen musikalischen Neigungen beherrschen lernen, auch wenn dies nur um den Preis einer jahrelangen mühseligen und trockenen praktischen Schulung möglich war. Alexander Tanejew (1850–1918) war das

Musterbeispiel jenes typischen russischen Pädagogen, der mit seinem Unterrichtsstil oft das Kunststück fertigbringt, seine deutschen Kollegen als regelrechte Rastellis der Wissensvermittlung erscheinen zu lassen. Wie Tanejew schrieb auch Rimski-Korssakow (1844–1908) unzählige Fugen, um sich handwerklich zu perfektionieren, und Balakirew (1837–1910) wurde, obwohl er ein Anhänger des Fortschritts und des musikalischen Nationalbewußtseins war, sehr schnell zu einem unerträglichen musikalischen Drillmeister. Er verlangte strikte Regelbefolgung, wo ein Hauch frischen Windes notgetan hätte, und verstieg sich zuletzt dazu, vom Musiker Ehelosigkeit zu fordern, mit der kryptischen Begründung, ein wirklicher Künstler könne nicht zwei Herren dienen.

Man könnte diesen Hang zur Perfektion als unmittelbaren Ausfluß jenes schmerzlichen, von Peter dem Großen in Gang gesetzten Prozesses deuten, der unter dem Motto «Den Westen einholen» ablief. Das streng akademistische Selbstverständnis des russischen Musikbetriebs war des gleichen Geistes Kind wie das Gebrüll der aus Preußen importierten Exerziermeister, die die russischen Rekruten in die trostlose Welt des Kasernenhofdrills einwiesen, mit seinen sinnlosen Befehlen und seinen ins Groteske gesteigerten Strafen – wie das Reinigen eines Stücks Pflasterstraße mit einer Zahnbürste – für wirkliche oder vermeintliche Vergehen. Fugen zu komponieren um des Fugenkomponierenkönnens willen scheint mir nicht viel sinnvoller zu sein, als ein Straßenpflaster mit der Zahnbürste zu reinigen.

Am anderen Ende des Spektrums stand das einsame Genie Modest Mussorgski (1839–1881), der Autodidakt und Außenseiter, der sich von seinem musikalischen Instinkt und seiner virtuosen Improvisationsgabe am Klavier leiten ließ. Obgleich seine Kollegen ihn seines unbestechlich selbständigen Kopfes wegen zutiefst und von Herzen bewunderten, sparten sie nicht mit Anregungen und Vorschlägen, wie seine Schöpfungen sich noch verbessern – anders gesagt, wie sie sich in eine dem kritischen Publikum genehmere Form bringen und mit einer dem konventionellen Musikgeschmack besser mundenden dramatischen Würze anreichern lassen würden. Mussorgski machte es den barmherzigen musikalischen Samaritern, die sich um ihn bemühten, tatsächlich schwer, verschwendete er doch praktisch seine ganze Laufbahn damit, Torsi zu produzieren: Auf das Fragment *Han d'Islande* folgte das Fragment *Salammbo,* darauf das unvollendete Werk *Mlada,* darauf das ebenfalls unvollendete *Der Jahrmarkt von Sorotschinski,* zuletzt dann sein Meisterwerk (neben einigen vollendeten Liedern und einigen wenigen Klavierwerken): die Oper *Boris Godunow,* deren Neubearbeitung sich nach Mussorgskis Tod zunächst Rimski-Korssakow und später Dimitri Schostakowitsch (als Auftragsarbeit) annahmen. Erst mit der Zeit offenbarte sich die ganze Modernität des Originals. Mussorgski war ein wahrhaft russischer Künstler, denn er suchte sich seinen eigenen Weg durch den Dschungel der unendlichen Klangmöglichkeiten, ohne Hilfe und ohne sich an anderen Einflüssen zu orientieren als denen, die er aus seiner so musikalischen Muttersprache bezog.

Wie kein anderer vor oder nach ihm verstand er es, die mitreißende und tröstende Kraft des in Melodie umgesetzten gesprochenen oder gedachten Wortes einzufangen und vor einen schroffen, zerrissenen musikalischen Hintergrund zu projizieren. In der Szene, in der der Zar stirbt, werden Worte herausgeschluchzt, -gestöhnt, -gekeucht, während weit im Hintergrund der Chor archaische Klangfurchen in die dunkle, dampfige Luft pflügt. Die schreckliche Schönheit der Situation wird mit Mitteln zum Ausdruck gebracht, die ebenso ungewöhnlich wie persönlich sind, die sich nicht auf Klangkumulationen oder orchestrale Pracht stützen,

Diese Medaille wurde 1724 zur Erinnerung an die Krönung Katharinas zur Zarin geprägt.

sondern ihre ganze Wirkung abrupten, unberechenbaren Sprüngen und Umschwüngen zu verdanken haben, wie die Madrigale Monteverdis oder die besten Monologe bei Shakespeare. Er machte aus der Not seiner musikalischen Kurzatmigkeit, seines Mangels an kompositorischem Stehvermögen, eine Tugend und schuf auf diese Weise ein Meisterwerk, das nicht einmal seine Freunde mit ihrer Liebe und Bewunderung kaputtmachen konnten und das heute als unerreichte Hommage an das alte Rußland in einer kritischen Phase seiner Geschichte anerkannt ist.

Unter den anderen bedeutenden Komponisten dieser Periode – Borodin, Rimski-Korssakow und Balakirew – war Alexander Borodin (1833–1887) wahrscheinlich der ausgeprägteste Individualist; bemerkenswert ist nebenbei, daß er auch ein berühmter Chemiker war, dessen Arbeiten noch heute zitiert werden. Indes, im Lauf der Jahrzehnte hat sich die Auffassung durchgesetzt, daß der «Westler» Tschaikowski in Wirklichkeit der russischste von allen gewesen ist – abgesehen natürlich von Mussorgski.

Dieser vollkommen unzureichende Abriß sollte lediglich zeigen, daß in der Gemeinschaft der zivilisierten Völker auch andere Stimmen für Rußland sprachen und gehört wurden als die der Minister und Zaren und die ihrer terroristischen Jäger.

Im Grunde verlor die Persönlichkeit des Herrschers in dem Maß an Bedeutung, in dem nunmehr praktisch die gesamte Bevölkerung in das Geschehen auf der politischen Bühne einzugreifen begann. Manche Entwicklungen mögen spezifisch russisch gewesen sein, aber im großen und ganzen waren die Verhältnisse in allen entwickelten Nationen ähnlich. Die Konspiration der Klassen war eine weltweite Erscheinung geworden, und sie respektiert bis heute keine nationalen Grenzen.

Die terroristischen Aktivitäten ließen nach der Thronbesteigung Alexanders III. ein wenig nach, nicht weil die Militanten sich irgendwelche Hoffnungen auf eine Besserung der Zustände gemacht hätten, sondern einfach weil sie Atem schöpfen mußten. Die Folge war, daß der Staat eine Zeitlang glaubte, für die Bevölkerung das Zuckerbrot wieder ein Stück höher hängen und die Peitsche kräftiger schwingen zu können. Es ist eines der eigenartigen Kennzeichen der Intransigenz, daß sie dann mit besonderer Borniertheit auftritt, wenn ihre Tage gezählt sind.

Es wurden Konzessionen gemacht, aber im großen und ganzen war das Leben des gewöhnlichen Russen strenger denn je reglementiert. Eine Bauernbank wurde gegründet, aber zugleich auch eine Adelsbank, letztere mit dem erklärten Ziel, verschuldete Adlige vor dem Verlust ihres Grundbesitzes durch Enteignung zu bewahren. Die vorwärtsschreitende Industrialisierung brachte neben Positivem auch Widersprüche und Probleme mit sich. Der Umfang des von Ausländern in Rußland investierten Kapitals nahm sprunghaft zu, aber gleichzeitig wurden die Einfuhrzölle auf ausländische Waren ebenso drastisch, von 13 auf 37 Prozent, erhöht. Parallel dazu sank der Preis für das wichtigste russische Exportgut, Getreide, um mehr als 50 Prozent. Und eine erste Hungersnot im Jahr 1891 trug natürlich nicht zur Linderung der staatlichen Finanzprobleme bei.

Ungeachtet dieser komplexen, ein neues Zeitalter ankündigenden Vorgänge gab es in Rußland noch Kräfte, die auf das Prinzip der autokratischen Herrschaft schworen. Der Premierminister Pobedonoszew formulierte für sein politisches Konzept sogar einen Leitspruch, dessen dünkelhafter Zynismus nicht mehr zu überbieten war: Er erklärte, er wolle «die Jugendzeit Rußlands verlängern». Dafür war es natürlich zu spät. Was ihm möglicherweise eine kurze Zeit über gelang, war, ein bereits erwachsenes Rußland in Unmündigkeit zu halten. Er setzte eine ganze Serie religiöser Verfolgungen in Gang, die, anders als gemeinhin angenommen wird, keineswegs ausschließlich die Juden trafen, sondern sich auch gegen Lutheraner, Gruppen der Unierten Kirche, Kalmücken und andere richteten, die nicht bereit waren, sich zum «wahren Glauben» der Mehrheit der russischen Bevölkerung zu bekennen.

Außenpolitisch herrschte während dieser Periode der inneren Repression weitgehend Ruhe, nicht zuletzt dank der von Alexander III. betriebenen Politik der Verständigung mit Bismarck und dem nunmehr geeinten Deutschen Reich. Ungeachtet seiner älteren Entente mit Österreich-Ungarn, die ihrem Wesen nach eindeutig gegen Rußland gerichtet war, bot Bismarck dem Zarenreich die Hand, und Moskau ging auf diese Offerte, in der es eine Garantie gegen England, seinen Hauptrivalen in Asien, sah, dankbar ein. Später, als Bismarck mit dem Sortieren der Trümpfe für den Eventualfall des Krieges fortfuhr (der dann erst mehr als 30 Jahre später eintreten sollte), indem er das Bündnis mit Österreich-Ungarn durch die Hereinnahme Italiens zum Dreibund erweiterte, kam bei den Russen Mißtrauen gegen ihn auf, und sie machten den Franzosen ein Versöhnungsangebot. Die *Entente Cordiale*, der später auch noch Großbritannien beitrat, wurde 1894 vertraglich besiegelt; damit waren auf beiden Seiten die Bauern, Läufer und Könige aufgestellt, und der Countdown für das große Massaker, das 20 Jahre später losbrechen sollte, konnte beginnen.

Alexander III. starb im gleichen Jahr, Autokrat bis zuletzt – ein Autokrat allerdings, dessen Leben von der verzehrenden Angst vor dem tödlichen Attentat erfüllt gewesen war.

11
Die Saat der Revolution

Mit Nikolaus II. kam wieder einmal, wie schon so viele Male zuvor, ein Zar auf den Thron, der lieber darauf verzichtet hätte, Herrscher zu werden. Er träumte den Traum von einem ruhigen Leben vielleicht nachhaltiger als alle anderen Monarchen, und wie der Frosch in der Fabel von La Fontaine mußte er sich, um in das undankbare Gewand des Autokraten hineinzupassen, zu unnatürlichen Proportionen aufblähen.

Von dem allgegenwärtigen Pobedonoszew souffliert, erklärte Nikolaus gleich nach seiner Thronbesteigung, auf gewisse Wünsche eingehend, die ihm von Hochzeitsgratulanten zu Gehör gebracht worden waren, er wisse wohl, daß manche Leute sich «unsinnigen Phantasien» hingäben, wonach Vertreter der regionalen Selbstverwaltungsorgane vielleicht bald an der Verantwortung für die Leitung der inneren Regierungsgeschäfte beteiligt würden. «Mögen alle wissen, daß ich entschlossen bin, an den Grundsätzen der Selbstherrschaft ebenso unbeirrt festzuhalten wie mein Vater.»

Die fortschrittlichen Kräfte reagierten, vielleicht weil sie spürten, daß diese starken Worte aus dem Mund eines Mannes kamen, der nicht einmal imstande war, an einer persönlichen Meinung entschlossen und unbeirrt festzuhalten, mit ungewohnter Schärfe und Einhelligkeit. Besonders provoziert durch die geringschätzige Abqualifizierung ihrer Hoffnungen auf ein Stück demokratischer Mitbestimmung als «unsinnige Phantasien», ermahnten sie ihn, sich nicht selbst unsinnigen Phantasien über seine Machtvollkommenheit hinzugeben. Die Autokratie, so warnten sie, grabe sich ihr eigenes Grab, wenn sie die diktatorischen Ratschlüsse ihres Staatsapparats als absolut unanfechtbar betrachte. Wenn sie den Kampf suche, brauche sie nur auf dem eingeschlagenen Pfad weiterzugehen.

Die Erwiderung war genauso abweisend und enthielt dieselben fürchterlichen Ankündigungen wie die erste Erklärung des Zaren.

Zwei Jahre später erlebte St. Petersburg seinen ersten Streik; 30 000 Arbeiter beteiligten sich daran. Die sozialistische Bewegung zeigte zum ersten Mal ihre Kraft.

An den Gymnasien und Universitäten ganz Südrußlands begehrten Schüler und Studenten auf. Der Minister für Volksaufklärung, Bogoljepow, drohte den Rädelsführern die Zwangsrekrutierung zum Militärdienst an. Er erhielt darauf eine barschere Antwort als zuvor der Zar von den Vertretern der Selbstverwaltungsorgane: Ein Student erschoß ihn. Zwei Monate später fiel auch der Innenminister Sipjagin einem Attentat zum Opfer. Die Zahl der wegen politischer Verbrechen Angeklagten verfünffachte sich binnen neun Jahren.

Daß eine im Innern unter Druck stehende reaktionäre Regierung den Versuch macht, sich ihrer Probleme durch einen abenteuerlichen außenpolitischen Kraftakt zu entledigen, der geeignet ist, die Bevölkerung in einträchtige patriotische Begeisterung zu versetzen, ist nichts Neues. Nun traf es sich, daß die Transsibirische Eisenbahn fertiggestellt war und daß Kaiser Wilhelm II. von Deutschland neuerdings der – für Deutschland tröstlichen – Überzeugung Worte verliehen hatte, daß die Bestimmung Rußlands nicht im Westen, sondern im Osten liege.

Moskau war töricht genug, den Wink aufzugreifen,

schien doch in dieser uneigennützigen Empfehlung der Schlüssel für das außenpolitische Ablenkungsmanöver zu liegen, das man sich wünschte. Die Russische Ostasiatische Industrie-Kompanie war eine von Spekulanten aufgezogene Gesellschaft, an der viele einflußreiche russische Kapitalisten, darunter auch der Zar, Anteile hielten. Unter der Flagge dieser Kompanie setzten die Russen sich in der Mandschurei fest und begannen dort mit einer zielstrebigen Expansionspolitik; damit riefen sie Japan auf den Plan, international bislang eine unbekannte Größe, in russischen Augen ein rückständiges, nicht mit den Techniken der modernen Kriegführung vertrautes Land. Japan schloß ein Abkommen mit England, woraufhin die Russen zähneknirschend versprachen, ihre Truppen bis zu einem bestimmten Termin aus der Mandschurei abzuziehen. Diese Zusage hielten sie dann aber nicht ein. Am 5. Februar 1904 überraschten die Japaner mit einem Paukenschlag neben Rußland die ganze Welt: Sie zerstörten einen beträchtlichen Teil der im Hafen von Port Arthur ankernden russischen Pazifikflotte. Die empörten Russen beschlossen prompt eine Strafexpedition und setzten zu diesem Zweck ihre Land- und Seestreitkräfte in Marsch.

Die Heerestruppen wurden auf der Transsibirischen Eisenbahn befördert, die freilich eine recht dünne Nabelschnur von begrenzter Kapazität darstellte. Die Truppe war adäquat und nicht allzu modern ausgestattet. Der russische Kriegsminister General Dragomirow, einer jener backenbärtigen militärischen Hohlköpfe, die alle europäischen Länder zwischen 1850 und 1918 in beeindruckender Fülle hervorgebracht haben, lehnte die Ausrüstung seiner Armee mit Feldtelefonen mit der denkwürdigen Begründung ab: «Alles, was sich durch das Telefon sagen läßt, läßt sich genausogut oder besser von Mann zu Mann sagen.»

Das Kriegsgeschehen zu Lande verlief sich in der großen

Weite des Kampfgebiets und brachte keiner Seite einen entscheidenden Durchbruch. Es kam oft vor, daß eine Division oder ein Armeekorps sich nach einem erfolgreichen punktuellen Vorstoß aus Furcht, abgeschnitten zu werden, wieder zurückzog – zu langgezogen waren die Flanken, zu weiträumig das Hinterland. Ganz anders entwickelte sich der Krieg zur See. Nachdem die russische Marine sich ihres fähigsten Admirals, Makarows, beraubt sah, dessen Schiff auf eine Mine gelaufen und explodiert war, schickte sie ihre Ostseeflotte auf den Weg um den halben Erdball, mit dem Auftrag, die Scharte von Port Arthur auszuwetzen. Der Leidensweg dieser Flotte um die Südspitze Afrikas, durch den Indischen Ozean und das Chinesische Meer würde für sich allein den Stoff zu einem faszinierenden Epos liefern. Schon in der Nordsee, unweit der Doggerbank, eröffneten die Russen das Feuer auf eine Gruppe britischer Trawler und töteten einige Fischer. Zweifellos konnten sie es nicht erwarten, losballern zu dürfen, aber es erfordert doch viel Phantasie, daran zu glauben, daß die russischen Seeoffiziere die englischen Fischer für ein japanisches Enterkommando hielten, selbst wenn man die berüchtigten Geographiekenntnisse russischer Militärs in Rechnung stellt. Die Spannungen, die dieser Vorfall im britisch-russischen Verhältnis hervorrief, fanden ihren symbolischen Ausdruck darin, daß ein britisches Geschwader sich an die Fersen der Russen heftete und ihnen eine beträchtliche Wegstrecke folgte. Bei einem Zwischenhalt in Madagaskar erfuhr der russische Admiral Roschdestwenski von der endgültigen Niederlage der Pazifikflotte unter Fürst Uchtomski und von der Besetzung Port Arthurs durch die Japaner. Er wollte zunächst kehrtmachen, besann sich aber eines anderen, als ihm das Auslaufen einer zweiten Flotte unter Admiral Negobatow gemeldet wurde, die sich in der Bucht von Kansang an der Küste des heutigen Kamputschea mit der seinigen vereinigte. Roschdestwenski war ein Eigenbrötler, der sich oft und gerne zum Lesen in seine Kajüte zurückzog und den offenbar eine fatalistische Traurigkeit befallen hatte. Nach Verlassen der Bucht verschwand die russische Flotte eine Zeitlang in der Weite des Pazifischen Ozeans; der japanische Admiral Togo entschied sich klugerweise zu warten, bis sie sich ihrem voraussagbaren Zielort näherte.

Am 27. Mai 1905, mehr als sieben Monate nach Verlassen ihres Heimathafens, wurde die russische Flotte vor der Einfahrt in die Tsuschima-Straße gesichtet. Admiral Togos Schiffe waren sowohl schneller als auch vielseitiger, und als der Tag zur Neige ging, gab es keine russische Flotte mehr. Der Präsident der Vereinigten Staaten bot sich als Friedensvermittler an, und am 23. August 1905 unterzeichnete Rußland in Portsmouth (New Hampshire) einen moralisch demütigenden Friedensvertrag, in dem es sich zur Räumung der Mandschurei, zur Abtretung der südlichen Hälfte der Halbinsel Sachalin an Japan und zum Verzicht auf seine Pachtrechte an der Region Kwangtung – einschließlich Port Arthurs – verpflichten und die Zugehörigkeit Koreas zur japanischen Interessensphäre anerkennen mußte. Das war nun also das Ergebnis des patriotischen Ablenkungsmanövers, das die russische Bevölkerung die Freuden der Autokratie hatte vergessen machen sollen.

Die Revolution wartete nicht, bis die Niederlage perfekt war. Noch bevor die Ostseeflotte ausgelaufen war, flog der neue Innenminister Plehwe, der Nachfolger des ermordeten Sipjagin, mitsamt seiner Kutsche in die Luft. Eine Meute von Revolutionären marschierte, angeführt von dem zwielichtigen Priester Gapon, der Polizeispitzel, Revolutionär und religiöser Eiferer in einer Person war, zum Winterpalast. Die Demonstranten führten Ikonen und religiöse Symbole mit sich und forderten nicht mehr, als mit ihrem «Väterchen», dem Zaren aller Russen, sprechen zu dürfen. Der

Zar war nicht da, aber an seiner Stelle sprachen die Kosaken: Sie feuerten in die Menge und töteten mindestens 1000 Menschen. Als Vergeltung für dieses schreckliche Blutbad verübte der sozialrevolutionäre Aktivist Kaljajew wenig später im Kreml einen Mordanschlag auf den Großfürsten Sergej, einen Onkel des Zaren. Der gemäßigtere Flügel der Opposition unternahm einen neuen Anlauf. Erneut erschien eine Abordnung vor dem Zaren und verlangte sofortige konstitutionelle Zugeständnisse. Es wurde ihnen bedeutet, der Wille des Zaren (oder was dafür ausgegeben wurde) sei unerschütterlich.

Drei Monate später jedoch hielt Nikolaus – oder hielten seine Berater – es plötzlich für richtig, Reformbereitschaft zu signalisieren, indem er ein Reichsparlament einberief, die Duma. Dieses Organ sollte jedoch nur beratende und keine gesetzgebenden Befugnisse besitzen; es hatte zwar das Recht, Gesetzentwürfe einzubringen, aber über deren Inkraftsetzung oder Verwerfung – in der Praxis überwog wohl das letztere – hatte ein vom Zar ernannter Staatsrat zu entscheiden. Die Sitzverteilung in dieser Parlamentsattrappe war nach ständischen Kriterien festgelegt: Dem grundbesitzenden Adel standen 34 Prozent, den Bürgern, d. h. dem Besitzbürgertum der Städte, 23 Prozent und den Bauern 43 Prozent der Sitze zu. Wie man sieht, war den Bauern ein nicht unerhebliches Gewicht zugemessen worden, freilich in einer Körperschaft, deren Befugnisse gleich null waren. Nikolaus bekannte denn auch einer Abordnung besorgter Aristokraten, daß er keineswegs die Absicht habe, von den bewährten Traditionen des Selbstherrschertums abzuweichen. Offensichtlich glaubte er, die Jugendzeit Rußlands bis ins beste Mannesalter hinein verlängern zu können.

Seine Uneinsichtigkeit provozierte endlose, die Öffentlichkeit politisierende Arbeitskämpfe, die im Oktober 1905 in einem fünftägigen Generalstreik gipfelten, der das Leben in der Hauptstadt lahmlegte. Verkehrsmittel, Postdienste, Fabriken, Läden, ja sogar Schulen wurden bestreikt. Zum ersten Mal bildeten sich Arbeiterräte, Sowjets. Die Lage schien der Kontrolle zu entgleiten, und Nikolaus trug sich, dem «unerschütterlichen Willen» zum Spott, den er stets verlautbart hatte, mit dem Gedanken an Abdankung.

Graf Witte, der den Friedensvertrag mit Japan ausgehandelt hatte, übernahm jetzt das Staatsruder und versuchte sich an der schwierigen, wenn nicht unlösbaren Aufgabe, zwischen den die öffentliche Meinung spaltenden Extremen zu steuern: den marxistischen und sozialrevolutionären Gruppierungen mit ihren terroristischen Neigungen auf der einen und der Aristokratie mit ihrer Vogel-Strauß-Politik auf der anderen Seite, einer Aristokratie, die nicht einsah, weshalb Arbeitskämpfe in den großen industriellen Zentren die Ruhe ihrer ländlichen Besitzungen stören sollte. Erschwerend kam zu den Problemen, vor denen Witte stand, noch hinzu, daß die liberale Opposition seine Chancen, die widerstreitenden Elemente zu versöhnen, äußerst skeptisch einschätzte.

Trotz seiner hochgesteckten Hoffnungen stand er auf verlorenem Posten. Am 3. Dezember wurde der gesamte Sowjet einschließlich seines zweiten Vorsitzenden Trotzki (Lenin weilte im Ausland) verhaftet. Obgleich es nur zu sporadischen Straßenkämpfen kam, wurde das Militär zur Niederschlagung der revolutionären Bewegung eingesetzt, und es erfüllte seine Aufgabe mit durchschlagender Rücksichtslosigkeit. Der Zar, der sich hierdurch ermutigt fühlte, dachte nicht mehr an Rücktritt, sondern trat ganz im Gegenteil mit dem nachgerade utopischen Versprechen an die Öffentlichkeit, die Sonne der Wahrheit werde bald über die ganze Länge und Breite des russischen Landes scheinen. Und er vergaß nicht hinzuzufügen, daß sein autokratischer Wille auch weiterhin unbeugsam bleiben werde.

In dieser Situation fanden die ersten Wahlen in der Geschichte Rußlands statt; sie endeten mit einem Sieg für die Partei der Konstitutionellen Demokraten, der sogenannten Kadetten, und hatten den indirekten Effekt, die Bauern in ihrem Verlangen nach einer Landreform zu bestärken. Die Sozialisten boykottierten die Wahl in sehr klarer Erkenntnis dessen, was dieser ersten Duma blühen sollte.

Die erste politische Tat dieses von vornherein zur Ohnmacht verurteilten Parlaments bestand darin, daß es den trotzigen Versuch machte, sich als Gesetzgeber zu betätigen. Der Premierminister erklärte es für hierzu nicht berechtigt. Die Duma verabschiedete daraufhin ein Mißtrauensvotum gegen den Premierminister, das aber vom Staatsrat nicht zur Kenntnis genommen wurde.

Die Duma tagte noch eine Zeitlang weiter, als glaubten die Abgeordneten vage an einen Sinn ihres Tuns; als sie sich jedoch am Morgen des 9. Januar 1906 einfinden wollten, um ihre gewohnte Ration leeren Strohs zu dreschen, mußten sie feststellen, daß das Parlamentsgebäude, das Taurische Palais, von Soldaten, darunter einer Kompanie Artillerie, umstellt war. Daraus war zu entnehmen, daß die Duma aufgelöst und der erste Flirt des zaristischen Regimes mit dem allgemeinen Wahlrecht zu Ende war.

Viele der Abgeordneten setzten sich ins finnische Wiborg ab, von wo aus sie die Öffentlichkeit für den Fall, daß eine neue Duma einberufen würde, zum passiven Widerstand aufriefen; sie erinnerten das Volk daran, daß sie noch immer seine gewählten und legitimen Vertreter waren, selbst wenn ihnen im Augenblick das Zusammentreten verwehrt werde. Nun war es an dem neuen Premierminister Stolypin, der maßgeblich an der Entscheidung, die erste Duma aufzulösen, mitgewirkt hatte, sich an die Überquerung desselben Hochseils zu wagen, von dem sowohl Witte als auch dessen Nachfolger Goremykin abgestürzt waren. Das

Napoleon im brennenden Moskau (1812).

Kunststück, das er fertigbringen mußte, bestand offensichtlich darin, den Eindruck zu erwecken, als ob er wirksame Reformen ergriffe, ohne dies aber wirklich zu tun. Seine erste Landreform trug den Stempel dieser originellen Zielsetzung. Sie lief darauf hinaus, daß verschuldete Kleinbauern enteignet wurden und ihr Land an reiche Bauern fiel; das Land der adligen Grundbesitzer wurde hingegen nicht angetastet. Zugleich richtete Stolypin Standgerichte zur raschen Aburteilung aller noch nicht unschädlich gemachten Revolutionäre ein. Judenpogrome waren eine weitere Frucht, die unter der «Sonne der Wahrheit», die Nikolaus so freigiebig auf Rußland niederscheinen ließ, besonders gut gedieh.

Im März 1907 zog die zweite Duma ins Taurische Palais ein. Dieses Mal waren die Sozialisten mit von der Partie, und die Stimmenauszählung hatte einen beträchtlichen Ruck nach links ergeben. Die Bauern errangen 97 Sitze, die Sozialisten 83 und die Kadetten 123 (gegenüber 187 in der ersten Duma). Von den verbleibenden Mandaten fielen 36 an den Landadel und 63 an die bedingungslosen Verfechter des kaiserlichen Gottesgnadentums.

Diese Duma brachte es nicht einmal auf eine Lebensdauer von zwei Monaten und konnte in dieser Zeit kein bißchen mehr ausrichten als ihre Vorgängerin, einfach weil ihre Befugnisse so beschränkt waren. Was die sozialdemokratischen Abgeordneten von sich gaben, wurde als Aufruf zum Umsturz angesehen, und daß sie nicht bereit waren, den Terrorismus rückhaltlos zu verurteilen, wurde mit Empörung registriert.

Noch im gleichen Jahr trat die dritte Duma zusammen, die wie durch ein Wunder ihre fünfjährige Legislaturperiode bis zum Ende durchstand. Die Wahl, durch die sie zustande kam, konnte, obgleich die Wahlgesetze in einigen Punkten reformiert worden waren, bestenfalls nach russischen Maßstäben als eine freie Wahl gelten. Die Sozialdemokraten kamen in der dritten Duma auf nur noch 14 Sitze, die Bauern ebenfalls auf 14, ein verdächtig abrupter Rückgang von den 83 bzw. 97 Mandaten, die sie zuvor innegehabt hatten. Die Kadetten, die jetzt zum ersten Mal links von der Mitte zu sitzen kamen, waren noch mit 53 Abgeordneten vertreten, gegenüber bisher 123, ebenfalls ein verdächtig starker Rückgang. Eine sogenannte Fortschrittliche Partei hatte 39 Sitze inne, und die Polen und die moslemischen Volksgruppen stellten zusammen 26 Nationalitätenvertreter. In der Mitte, die nach politischen Begriffen stark rechtslastig war, konnte der Landadel die Zahl seiner Vertreter von vorher 36 auf nicht weniger als 133 steigern, während diejenigen, die an die Unfehlbarkeit des Zaren glaubten, statt 63 nunmehr 145 Abgeordnete auf die Bänke brachten!

Endlich hatte Rußland ein nationales Parlament, das eines schwächlichen Autokraten und einer Kamarilla intriganter Drahtzieher würdig war. Polen und Finnland verloren dank neuer gesetzlicher Bestimmungen die letzten Reste ihrer Selbstverwaltung, und gleichzeitig gingen die Behörden aktiv gegen ukrainische Separatisten und Juden vor. Die Wege der russischen Innenpolitik waren jetzt so verschlungen, die Manöver, mit denen versucht wurde, selbst den rückschrittlichsten gesetzlichen Maßnahmen den Anschein demokratischer Legitimation zu verleihen, waren von so haarsträubender Absurdität, daß niemand mehr recht wußte, wo er eigentlich stand. Man wußte allenfalls, wo man von Staats wegen zu stehen hatte. An irgendeiner Stelle dieses machiavellistischen Spiels wurde Stolypin von einem Revolutionär ermordet; es heißt, daß der Attentäter auf Anweisung der Geheimpolizei gehandelt habe. Das Schlimme ist, daß unter solchen Bedingungen Gerüchte oft ins Schwarze treffen.

Katharina, ihr Mann Peter III. und ihr Sohn Paul.

Die vierte Duma wurde 1912 gewählt; sie repräsentierte ihrer Zusammensetzung nach den Willen des Volkes ebensowenig wie ihre Vorgängerin. Gewiß, die Fortschrittlichen nahmen um neun auf 48 Mandate zu, aber dafür ging die Zahl der bäuerlichen Vertreter um fünf auf neun zurück. Bei Hofe hatte sich inzwischen herausgestellt, daß der Zarewitsch Alexej an Hämophilie litt, der gefürchteten Bluterkrankheit in der Familie seiner Mutter. Sein Blut hatte nicht die Fähigkeit zu gerinnen, so daß schon der kleinste Kratzer die Gefahr des Verblutens heraufbeschwor. Da er der einzige Thronerbe war, wurde alles getan, um ihn vor jeder Verletzungsgefahr zu bewahren, ähnlich wie im Märchen Dornröschen vor dem ihr prophezeiten Nadelstich geschützt wird. Alle erdenklichen Heilmittel wurden ausprobiert. Am Ende konzentrierten sich alle Hoffnungen der Zarin auf Rasputin, einen hochgewachsenen, zottigen «Heiligen» mit hypnotischer Ausstrahlung, wie aus dem russischen Mittelalter hervorgetreten. Seine Gegenwart übte eine rätselhaft lindernde Wirkung auf die Verfassung des zartbesaiteten Kindes aus. Damit machte er sich bei Hofe unentbehrlich, und bald schaltete und waltete er dort mit der Unangefochtenheit eines Platzhirschen. Mit Duldung und Förderung der abergläubischen und leicht törichten Zarin Alexandra gewann er auch Einfluß auf die russische Politik.

Daß diese kleine, zunehmend absurdere Züge annehmende Welt eines rückgratlosen Autokraten, seiner sentimentalen Frau, seines gebrechlichen Kindes und eines besessenen Mönchs, der sich als Oberrichter über ein Möchtegern-Parlament voller impotenter Abgeordneter gebärdete, so lange vor dem totalen moralischen und politischen Zusammenbruch bewahrt blieb, hatte sie nicht nur den Bajonetten der Soldaten und den Peitschen der Kosaken zu verdanken, sondern auch dem Ausbruch des Ersten Weltkriegs.

12
Krieg und Revolution

Die europäischen Nationen hatten sich mit Macht für einen allgemeinen Schlagabtausch gerüstet, ohne dabei zu wissen, was sie taten. Nicht nur, daß sie in Europa eine antagonistische Konstellation geschaffen hatten, der sich keine der etwas zählenden Mächte entziehen konnte – zwei einander potentiell bedrohende, annähernd gleich starke Blöcke –, sie hatten auch zugelassen, daß sich ein moralisches Klima ausbreitete, das die europäische Luft zu einem explosiven Gemisch verdichtete. Die monarchische Herrschaft hatte sich zu einer grotesken Parodie ihrer selbst ausgewachsen: Bei Staatsbesuchen präsentierten sich die eingeladenen Herrscher in der Uniform ihres jeweiligen Gastgebers, man überreichte einander ausgefallene Weihnachtsgeschenke, und die Herrscherfamilien vergnügten sich mit Scharaden und mit der Einstudierung und Aufführung von Theaterstücken, um die unsägliche Langeweile des Hoflebens einigermaßen zu vertreiben. Unterhalb dieser Schicht der Auserwählten hatte sich eine organisierte, erfolgreiche internationale kapitalistische Oligarchie etabliert. Der neue Reichtum schickte sich an, den alten zu übertreffen, freilich um den Preis auch einer neuen Armut.

Was sich in Rußland zeigte, war nur der Extremfall einer Krankheit, die praktisch die ganze Welt erfaßt hatte. Fabriken, in denen Männer, Frauen und Kinder unter erschreckenden Bedingungen arbeiteten, trugen den Aktionären hohe Profite ein, während die Massen mit endlosen Militärparaden, blitzenden Säbeln und im Takt der Marschmusik tänzelnden Pferden bei Laune gehalten wurden. Doch hinter dieser Fassade begannen die Künste, diese seismographischen Sensoren der menschlichen Psyche, ein Ansteigen der Fieberkurve und Zeichen des Verfalls zu registrieren. Eine Pornographie besonderer Art begann den erlesenen Geschmack zu unterwandern. Es war nicht die lärmend-vitale Obszönität eines Rabelais, sondern etwas viel Introvertierteres, Perverseres und Bösartigeres.

Die Morbidität, die sich der Kunst bemächtigte, war ein Symptom, das ahnen ließ, daß eine ganze Reihe schwärender Beulen früher oder später aufplatzen und Verfall, Zerstörung und Krieg absondern würden.

Den Zündfunken für den Ersten Weltkrieg schlug die Tat eines jener unzähligen intellektuellen Terroristen, die sich einen Sport daraus gemacht hatten, Minister, Präsidenten und gekrönte Häupter in einen frühen Tod zu schicken. Natürlich gilt auch, daß Attentäter oft willkommene Sündenböcke für weit mächtigere Interessen sind, die nach einem Vorwand für Krieg suchen.

Österreich-Ungarn war zu jener Zeit ein aus einer Vielzahl disparater Elemente zusammengesetztes Reich: Tschechen, Slowaken, Slowenen, Kroaten, Bosnier, Rumänen und andere nationale Gruppen, die alle ihre eigene Sprache sprachen und ihre eigenen Traditionen pflegten.

Als der österreichische Thronfolger, Erzherzog Franz Ferdinand, sich im Sommer 1914 zu einer Inspektionsreise durch die Provinzen Bosnien und Herzegowina aufmachte, tat er dies aus einem sehr guten Grund. Er war verärgert. Serbien pflegte, ungeachtet seines gespannten Verhältnisses zu Österreich-Ungarn und seiner starken Anlehnung an seinen großen slawischen Bruder Rußland, die Waffen für seine Streitkräfte bei der Firma Skoda, dem großen tschechischen Rüstungskonzern, zu beziehen, zu dessen Großaktionären der Thronfolger gehörte. Nun aber hatten sich die Serben, wohl unter dem Eindruck der heraufdämmernden Gefahr eines zukünftigen Konflikts, Gedanken darüber gemacht, ob sie wirklich klug daran taten, ihre Waffen vom potentiellen Kriegsgegner zu kaufen, und hatten überraschend ihren Lieferanten gewechselt: Sie kauften jetzt bei Schneider-Creusot in Frankreich.

Der Kronprinz war ungehalten, nicht nur in seiner amtlichen Eigenschaft, sondern auch als Geschäftsmann. Er zahlte den Serben ihre Abtrünnigkeit heim, indem er sie an ihrer empfindlichsten Stelle packte: Er unterband die Einfuhr serbischer Schlachtschweine nach Österreich. Es war ein Szenarium aus Waffen und Schweinen, Geschäften und Schweinereien, vor dessen Hintergrund Franz Ferdinand in Sarajewo erschossen wurde.

Dieser hochkarätige Vorwand war es, auf den Europa nur gewartet hatte. Er entfesselte eine Welle von Chauvinismus und stürzte Europa in den schrecklichsten Krieg seiner bisherigen Geschichte. Nach einer Phase des Austauschs von Forderungen und Ultimaten erklärte Österreich-Ungarn, von den Deutschen ermutigt, Serbien am 28. Juni 1914 den Krieg. Rußland ordnete umgehend eine Teilmobilmachung an. Einen Tag später kappte Deutschland die Taue, indem es Rußland und, wo es schon dabei war, auch gleich Frankreich den Krieg erklärte, in der Hoffnung, wie sie später auch Hitler hegte, daß Großbritannien neutral bleiben werde. Am 31. Juli ordnete Rußland die Generalmobilmachung an; wieder einmal schien der Patriotismus zum Retter eines wackelnden Zarenthrons zu werden. Am 1. August begannen Kriegshandlungen zwischen Rußland und Deutschland. Am 4. August marschierten deutsche Truppen in Belgien ein, und um Mitternacht desselben Tages lief ein britisches Ultimatum ab, und das bedeutete, daß England dem Deutschen Reich den Krieg erklären mußte.

Die vergilbten Fotografien aus jenen hochgestimmten Tagen der Mobilmachung und des Einrückens künden beredt von den Hoffnungen der Nationen auf einen kurzen, glanzvollen Krieg. Alle wähnten Gott auf ihrer Seite, doch am Ende ließ er alle im Stich. Es ging die Parole um, bis Weihnachten sei der Krieg vorbei, so als sei er ein Spiel, das der Schiedsrichter abpfeifen würde, wenn es genug war. In den Türen und Fenstern der abfahrenden Züge hingen Männer, berauscht vom Alkohol oder von ihrer eigenen Erregung, und winkten mit Flaschen oder Strohhüten. Auf den Waggons stand, mit Kreide geschrieben, die frohe Botschaft *Nach Paris* oder *A Berlin.* Sie konnten nicht beide recht behalten. Sie konnten sich jedoch beide irren.

Es überkommt einen eine eigenartige Bedrückung, wenn man die plötzliche Verfinsterung des Horizonts in englischen Gesellschaftsmagazinen der Zeit wie *Sphere* oder *The Tattler* verfolgt. Der Ausbruch der Feindseligkeiten wird zunächst kaum vermerkt, und nur ganz sacht schleicht sich ein neuer Ton ein. Vier ovale Fotografien blaublütiger Schönheiten ergeben, von blumigen Jugendstil-Ornamenten umrahmt, eine hübsch anzusehende Szene. Drei der Mädchen sind verlobt. Der Mann der vierten ist als vermißt gemeldet. Ihrem glühenden Antlitz nach zu schließen, wird er sicher früher oder später wieder auftauchen. Dann, als deutsche U-Boote englische Kriegsschiffe zu versenken begannen, zeigte sich so etwas wie ein allmähliches Begreifen, dann ein Aufwallen der Entrüstung, so als sei ein bislang faires Spiel durch eine grobe Unsportlichkeit entweiht worden. Als der Preis des Krieges sich immer schmerzlicher bemerkbar zu machen begann, erschienen die ersten bissigen Karikaturen des deutschen Kaisers – wie er, in so etwas wie eine flämische Volkstracht gewandet und auf eine überdimensionale Forke gestützt, sich mit gierig aufgerissenem Wolfsmaul, aus dem wie kübelweise der Speichel plätschert, anschickt, das stolze kleine Belgien als *hors d'œuvre* zu verspeisen.

Rußland hatte nicht die Zeit für eine derart allmähliche Einstimmung auf den Krieg. Es war schließlich, anders als England, keine Insel. Rußland machte, für seine Verhältnisse, mit außerordentlicher Schnelligkeit mobil und stieß mit zwei Armeen nach Ostpreußen hinein, der Ersten unter Rennenkampf, einem General, der sich seine Meriten auf dem etwas engeren Felde der Sozialistenbekämpfung erworben hatte, und der Zweiten unter Samsonow. Obwohl schlecht vorbereitet und unerfahren, gelang es den Russen, die Deutschen in einem Zangenangriff zu überrumpeln; der deutsche Oberkommandierende im Osten, Maximilian von Prittwitz, wurde daraufhin durch das berühmte Gespann Hindenburg/Ludendorff ersetzt.

Das russische Heer war inzwischen mit Funkgeräten und Feldtelefonen ausgerüstet, doch schienen diejenigen, die sich ihrer bedienten, sich nicht vorstellen zu können, daß jemand ihren Sprechverkehr belauschen könnte; genau dies taten aber die Deutschen, und zwar mit offensichtlichem Erfolg.

Es gelang Hindenburg und Ludendorff mittels einiger höchst wirksamer Manöver und einer überlegenen Aufklärung, die beiden russischen Armeen an der Vereinigung zu hindern, so daß sie sie nacheinander angreifen konnten, und sie taten dies trotz beträchtlicher zahlenmäßiger Unterlegenheit mit durchschlagendem Erfolg: Zunächst wurde die Zweite Armee Samsonows in der Schlacht von Tannenberg aufgerieben; Samsonow nahm sich noch auf dem Schlachtfeld das Leben. Rennenkampf zog sich daraufhin unter großen Verlusten zurück. Dieses frühe Desaster kostete Rußland eine Viertelmillion Soldaten und sehr viel Material, aber die Kämpfe im Osten verschafften den Franzosen und ihren Verbündeten eine Atempause an der Westfront, von der die Deutschen zwei vollständige Armeekorps abgezogen hatten.

Im Südosten kämpften die Österreicher mit weniger Fortune. Nach einigen anfänglichen Erfolgen wurden sie zurückgedrängt, und ihre Front drohte einzubrechen. Zum erneuten Mal sprangen die Deutschen rettend in die Bresche; durch Abdichten der Front und Gegenvorstöße suchten sie die gefürchtete russische Dampfwalze zum Stehen zu bringen, die ihre geballte Kraft aus der schieren Masse der eingesetzten Soldaten bezog und es auf einen raschen entscheidenden Durchbruch abgesehen hatte. Als jedoch der Winter hereinbrach, wurde offenkundig, daß die unterentwickelte russische Rüstungsindustrie einfach materiell nicht in der Lage war, diese ebenso gewaltige wie primitive Militärmaschine auch nur annähernd mit dem nötigen Nachschub zu versorgen; so liefen sich auch hier, wie im Westen, die Offensiven fest. Zu ohnmächtiger Langeweile verurteilt, kauerten die Truppen in naßkalten Schützengräben, wie Wartende im Vorzimmer des Fegefeuers.

1915 sah den Kriegseintritt der Türkei auf seiten der Mittelmächte und Italiens auf seiten der Alliierten, aber kein Ende des Zermürbungskriegs.

Die Deutschen, die im Westen keinen Ausweg aus der Sackgasse sahen, konzentrierten ihre Kräfte nun auf eine Großoffensive im Osten, in der Hoffnung, zusammen mit ihren österreichischen Bündnispartnern Rußland niederkämpfen und aus dem Spiel werfen zu können. Dem russischen Oberbefehlshaber Großfürst Nikolaus gelang es jedoch dank guter Generalstabsarbeit, die Hauptmasse seines Heeres zu retten, wenn auch Polen verlorengegeben werden mußte und eine weitere Dreiviertelmillion russische Soldaten in feindliche Gefangenschaft gerieten.

Von Falkenhayn, der neue deutsche Generalstabschef. wähnte Rußland durch diese Verluste so geschwächt, daß er die Zeit für gekommen hielt, seine Aufmerksamkeit nun ganz der Westfront zuzuwenden.

Im Juni 1916 jedoch zeigten die Russen, daß sie durchaus noch etwas zuzulegen hatten: In einer mit der alliierten Offensive an der Somme koordinierten Aktion überrumpelten starke russische Kräfte unter General Brussilow die Österreicher mit einem überraschenden Vorstoß, der rasche Geländegewinne brachte. Um die 200 000 Österreicher wurden im Lauf der ersten drei Tage gefangengenommen. Die Lage war so bedenklich, daß deutsche Verbände von der Westfront abgezogen werden mußten, um das Schlimmste zu verhüten. Von Falkenhayn machte Platz für Hindenburg, und Rumänien trat unter dem Eindruck der russischen Siege auf alliierter Seite in den Krieg ein.

Nach einigen Anfangserfolgen wurden die Rumänen schnell von deutschen und bulgarischen Truppen überrannt, und die Ölquellen und Weizenanbaugebiete ihres Landes fielen den Mittelmächten anheim. Die Front im Osten verlängerte sich um 500 Kilometer nach Süden. Brussilow setzte seine Bemühungen noch bis ins Jahr 1917 hinein fort, aber um diese Zeit begann das Krebsgeschwür, das an den Eingeweiden Rußlands fraß, seit sich die Überlebtheit des autokratischen Prinzips nicht mehr verbergen ließ, auf lebenswichtige Organe der Nation überzugreifen. Nicht nur die enormen Opfer des russischen Volkes – der Krieg hatte bis dahin ungefähr eine Million Tote gefordert – wirkten sich beschleunigend auf den Niedergang aus, sondern auch die geradezu widerwärtige Dummheit, die in der Umgebung des Zaren Triumphe feierte. Zarin Alexandra, eine Frau von majestätischer Instinktlosigkeit, forderte ihren Mann auf, den Premierminister Boris Wladimirowitsch Stürmer zu entlassen, dessen deutsch klingender Name ihn in ihren Augen zu einem potentiellen Komplizen des Kriegsgegners machte. Es war Rasputin, der ihr einflüsterte, was sie tun und lassen sollte; seine Launen und Einfälle bestimmten inzwischen de facto die russische Kriegführung. Auf sein Geheiß hin übersandte die Zarin dem Zaren einen von einer angeblich mit übernatürlichen Kräften begabten bettlägerigen Äbtissin gesegneten Apfel. In ihren Briefen ersuchte sie ihn, ihr doch zu schreiben, ob er den Apfel gegessen habe, der, so war sie überzeugt, einen militärischen Umschwung zugunsten Rußlands bewirken würde. Endlich konnte der Zar ihr bestätigen, daß der geheiligte Apfel eingetroffen und weisungsgemäß verzehrt worden war. Allein, wenn der Apfel etwas bewirkte, dann, ebenso wie seinerzeit sein Artgenosse vom Baum der Erkenntnis, daß alles nur noch schlimmer wurde.

Der Zar hielt sich jetzt dauernd an der Front auf, nachdem er selbst anstelle des überraschend fähigen Großfürsten Nikolaus den Oberbefehl übernommen hatte. Eine schlechtere Wahl hätte niemand treffen können, nicht einmal der Zar.

Die Duma forderte die Einsetzung einer wirklich nationalen, alle Meinungsrichtungen repräsentierenden Regierung. Die Reaktion war die Entlassung aller Minister, die sich für eine solche nationale Regierung ausgesprochen hatten. Mutige Verwandte und ausländische Diplomaten beknieten den Zaren und suchten ihm vor Augen zu führen, daß er die ernste Gefahr einer Revolution heraufbeschwor, wenn er nichts unternahm, um die Nation zu besänftigen. Sogar angesehene und bis dahin als konziliant bekannte Persönlichkeiten begannen zu agitieren und auch zu intrigieren. General Krymow gab schon 1916 die Parole von der Notwendigkeit einer Palastrevolution aus, und es erscheint als sicher, daß einige liberale und fortschrittliche Minister bereit waren, nach gelungener Durchführung dieses Plans eine provisorische Regierung zu bilden. Selbst der erfolgreiche General Brussilow scheint, noch während er mit seiner

Offensive beschäftigt war, in die Verschwörung eingeweiht worden zu sein und seine Zustimmung dazu gegeben zu haben.

General Krymow wollte den Zaren zwingen, zugunsten des kränklichen Thronfolgers abzudanken, wobei Großfürst Michail die Regentschaft übernehmen und neue, fähige Minister hätte ernennen sollen. Die Ausführung des Plans verschob sich und wurde dann von den dramatischen Ereignissen einer viel umwälzenderen Revolution überholt.

Die Revolution begann mit Streiks, die nicht unmittelbar mit politischem Aufbegehren, sondern viel eher mit Hunger und unerfüllten menschlichen Grundbedürfnissen zu tun hatten. Eine Anzahl von Bäckereien wurde geplündert, und die Polizei kümmerte sich hauptsächlich darum, daß die Demonstranten nicht bis ins Zentrum von St. Petersburg kamen. Die abgedrängten Menschenmassen begannen in Rage zu geraten; Studentengruppen schlossen sich ihnen an. In dem Augenblick, da die Studenten auf den Plan traten, erschallten aus der Menge erste Verwünschungen gegen den Autokraten.

Am 10. März organisierten sich die Demonstranten und wurden kühner. Mehrere Polizeireviere wurden besetzt. Die Massen entdeckten ihre Macht. Erstaunlicherweise verhielten sich die sonst so gefürchteten Kosaken freundlich und ermunterten die Demonstranten sogar. Von seinem Hauptquartier aus befahl der Zar dem Militärgouverneur von St. Petersburg, die Unruhen niederzuschlagen. Gehorsam rückten Gardeeinheiten und Polizeikadetten gegen die Aufrührer vor. Es fielen Schüsse. Es gab viele Tote. Die Nachricht sprach sich herum. Dann sprang spontan der Funke über, und mit sichtbaren Anzeichen emotionaler Erleichterung solidarisierten sich die Soldaten mehrerer Eliteregimenter mit den Streikenden. Aus zuverlässigen Truppen wurde ein Kommando gebildet, das die Meuterer verhaften sollte. Kaum auf Tuchfühlung miteinander, verbrüderten sich beide. Die Revolution war da, eine spontane, führerlose Entladung aufgestauten Unmuts, gespeist aus Hunger, Verzweiflung, Erschöpfung, am Ende aber auch aus Begeisterung.

Dem Zaren blieb nichts anderes übrig, als Kampftruppen, die von diesen Ereignissen in der Hauptstadt noch unberührt waren, zur Niederwerfung des Aufstands einzusetzen. Die Regierung, die an Ort und Stelle über keine Machtmittel mehr verfügte, wartete nervös auf das Eintreffen dieser Truppen. Sie versuchte weiterzuregieren, als ob nichts geschehen wäre, zunächst vom Winterpalast, dann vom Gebäude der Admiralität aus; doch schließlich ging sie in den Untergrund, was aber nur bewirkte, daß ihre Mitglieder eines nach dem anderen verhaftet wurden.

Der populären Überlieferung zufolge hat die Revolution die alten Mächte mit einem Schlag hinweggefegt und die Herrschaftsverhältnisse umgestülpt, indem sie den Zaren stürzte und Lenin an seine Stelle setzte. Die offizielle marxistische Darstellung der Revolution glättet die Ereignisse und zeichnet die Revolutionäre als allwissende, unfehlbare Regisseure des Geschehens. Während sie mit einem Glorienschein versehen werden, wertet man ihre Gegenspieler, selbst die aus dem revolutionären Lager, auf Kosten der Glaubwürdigkeit ab. In der wirklichen Geschichte geht es aber genauso unordentlich zu wie in der Gegenwart.

Die Revolution läßt sich nicht auf ein entscheidendes Ereignis reduzieren; sie war ein zähes, schmerzhaftes, nur von einem Bündel von Hoffnungen erleuchtetes Ringen. Die Massen, berauscht von ihrem unvermuteten Sieg, hofften, daß die in Gang gesetzte Bewegung weitertreiben würde, und forderten die Duma auf, jene Rechte wahrzunehmen, die ihr in der Vergangenheit vorenthalten worden waren. Es ist schwierig, aus dem Stand heraus Demokratie zu praktizieren, nachdem man so lange als bloße demokratische Fassade mißbraucht worden ist. Die Duma zögerte folglich. Sie schickte dem Zaren eine Botschaft mit der dringenden Bitte, dem Volk Konzessionen zu machen, andernfalls werde die Monarchie nicht zu retten sein. Der Zar weigerte sich, die Warnung ernst zu nehmen. Die zur Niederschlagung der Revolution in Marsch gesetzten Truppen waren unterdessen auf ihr erstes und zugleich letztes Hindernis gestoßen: Die Eisenbahnarbeiter hatten sich rundheraus geweigert, sie in die Hauptstadt zu befördern.

Am 12. März hatte der Petersburger Sowjet seine erste ordentliche, streckenweise allerdings äußerst turbulente Vollversammlung abgehalten, auf der Beschlüsse über die Fragen der Landesverteidigung und der Lebensmittelversorgung gefaßt wurden. Der Sowjet bestand aus sozialistischen Aktivisten der Streikausschüsse und Vertretern der Arbeiterschaft aller Industriezweige, darunter auch der einflußreichen Munitionsarbeiter. Die Debatte wurde häufig durch das Eintreffen von Vertretern frisch zur Revolution übergelaufener Regimenter unterbrochen, die unter frenetischem Jubel der Versammlung der Revolution ihre Treue bekundeten.

Dann endlich raffte sich auch die Duma zum Handeln auf; sie beschloß die Bildung einer neuen Regierung. Diese Nachricht wurde, vielleicht zur Überraschung der Abgeordneten, von den Führern des Stadtsowjet mit großer Freude aufgenommen. Es sind allerlei Mutmaßungen darüber angestellt worden, weshalb eine siegestrunkene Volksversammlung, die doch alle Macht in ihren Händen zu haben schien, die Rekonstitution eines bürgerlichen Regierungsapparats mit so viel Begeisterung begrüßte. Ein Grund dafür war sicherlich der, daß der Sowjet als seine primäre Aufgabe nicht das Regieren betrachtete, sondern die Organisation einer funktionierenden Verwaltung, die die brennenden Versorgungsprobleme lösen und für die militärische Absicherung der Errungenschaften der Revolution sorgen konnte. Die Verantwortung für die Außenpolitik oder die Kriegführung wollte er nicht übernehmen. Gewiß, eine Reihe von Regimentern hatte sich der Revolution angeschlossen, aber wie die Truppen an der fernen Front sich dazu stellten, wußte niemand. Der Sowjet war einfach nicht in der Lage, sich von heute auf morgen des ganzen Körpers der russischen Nation zu bemächtigen, wo er noch nicht einmal den Kopf richtig verdaut hatte. Sollte die Duma regieren, allerdings unter den wachsamen Augen des Volkes. Sie würde das, was bereits erreicht war, nicht rückgängig machen können. Außerdem konnten die Revolutionäre ein Flaggschiff gut gebrauchen.

Schon der erste Punkt, der auf der Tagesordnung der Duma stand, hatte seine Tücken. Da den Abgeordneten klar war, daß die Autokratie nach Jahrhunderten einer immer wieder pathetisch beschworenen Unantastbarkeit an einen Scheidepunkt gelangt war, wurden zwei konservative Duma-Abgeordnete ins kaiserliche Hauptquartier in Pschkow entsandt, um dem Zaren die Forderung nach Abdankung zugunsten seines Sohnes zu unterbreiten. Der Autokrat, der sich in seinen Erlassen einer so aufgeplusterten Sprache bediente, erwies sich im direkten Gespräch als ausgesprochen vernünftig. Er weigerte sich, das übermenschliche Gewicht der Zarenwürde auf die Schultern seines gebrechlichen Sohnes zu legen, und bot einen doppelten Thronverzicht zugunsten des Großfürsten Michail an. Zugleich verlangte er für sich und seine Familie freies Geleit nach Großbritannien, wo er Verwandte besaß. Als dies bekannt wurde, ordnete der Sowjet die Verhaftung des Zaren an. Wer immer sich Regierung nennen mochte, es gab keinen Zweifel daran, bei wem die Macht lag.

Die große Frage lautete nun, wie man sich zur Fortsetzung des Krieges stellen sollte, angesichts der furchtbaren Opfer, die bereits gebracht worden waren und noch zu bringen sein würden. Die Regierung war für die Fortführung des Krieges, da sie keine mit der nationalen Würde vereinbare Alternative sah. Der Sowjet hingegen sah keinen Sinn darin, einen bürgerlichen, um der Verteidigung antiquierter Ideale willen geführten Krieg, in dem die Arbeiter und Bauern aller beteiligten Nationen für die Ziele der herrschenden Klassen den Kopf hinhalten mußten, weiterzuführen. Er veröffentlichte, keine drei Wochen nach seinem ersten Zusammentritt, ein Manifest, in dem es hieß, Rußland habe keinerlei territoriale Ansprüche und sei bereit, mit seinen Kriegsgegnern auf der Grundlage der Vorkriegsgrenzen einen Frieden ohne Entschädigungsforderungen abzuschließen. Er gab ferner eine Anweisung an die vielen Soldaten- und Matrosenräte an der Basis, der zufolge die Anordnungen der Regierung nur befolgt werden mußten, wenn sie sich mit den Weisungen des Sowjet deckten. Die strenge Befehlsdisziplin sollte während der Dienststunden weiterhin gelten, wogegen die Grußpflicht außerhalb der Dienstzeit ebenso abgeschafft wurde wie die komplizierten Regeln und Formeln, die die Soldaten im Verkehr mit den Offizieren bislang hatten beachten müssen. Den Offizieren wurde ausdrücklich das Duzen rangniedrigerer Soldaten untersagt.

Die unglückliche Regierung war zu keinem Zeitpunkt Herrin ihrer eigenen Entschlüsse. War sie früher das mißbrauchte Werkzeug einer Gruppe dummdreister Profiteure der Autokratie gewesen, so fungierte sie jetzt als Aushängeschild für etwas Neues und Unheimliches.

Am 19. April gab die Regierung unter dem Druck des Sowjet eine Erklärung heraus, in der es hieß, Rußland wolle nichts weiter als einen dauerhaften Frieden auf der Grundlage der Selbstbestimmung aller Völker. Außenminister

Miljutin beeilte sich freilich, den Regierungen aller Verbündeten Rußlands die Botschaft zu übermitteln, daß sein Land die feste Absicht habe, den Krieg weiterzuführen.

Als dieses Doppelspiel ruchbar wurde, kam es zu neuen Spannungen zwischen dem Sowjet und der Regierung, die sich gezwungen sah, fünf Ministerposten mit Mitgliedern des Sowjet zu besetzen, um jenen Zustand zu beenden, in dem, wie der Kriegsminister es treffend formulierte, «die einen die volle Verantwortung tragen, ohne ein Gramm Macht zu haben, und die anderen die volle Macht ausüben, ohne eine Spur Verantwortung zu tragen».

Die neue Koalition sah sich mit unüberwindlichen Schwierigkeiten konfrontiert und faßte den – tollkühnen oder idiotischen, je nach Standpunkt – Entschluß, zur Lösung der Probleme dadurch beizutragen, daß sie sie zunächst einmal verschärfte. Es war die Verwegenheit eines olympischen Hochspringers, der alle Sprunghöhen ausläßt, um zuletzt mit einem einzigen Sprung über eine Weltrekordhöhe Olympiasieger zu werden. Rußland, so schien es, traute sich zu, das Unmögliche möglich zu machen. Obwohl die Kampfmoral der Fronttruppen auf den Nullpunkt gesunken war, beschloß man eine großangelegte Offensive, vermutlich in der Hoffnung, man werde der Welt mit dieser kühnen Mutprobe zeigen, daß sich unter der abgestorbenen Schale neues, kräftiges Leben regte.

Kerenski, der neue Kriegsminister, ein Mann mit Rednertalent, begab sich persönlich zur Front und beschwor die Truppen, Wunder zu vollbringen; weniger als das komme nicht in Frage. Die Soldaten klatschten ihm Beifall, aber kaum war er fort, da schichteten sie ihre leergeschossenen Gewehre zu Stapeln und weigerten sich, zur Offensive anzutreten. Nicht wenige Einheiten wurden wegen Meuterei aufgelöst.

Die Offensive lief gleichwohl am 1. Juli 1917 an und kam

recht gut voran – bis zum 29. Juli; zu diesem Zeitpunkt zeigte sich, daß nicht nur der Vormarsch auf der gesamten Breite zum Stillstand gekommen war, sondern daß auch der letzte Rest an soldatischer Disziplin sich verflüchtigt hatte. Überall war Auflösung, Rußland lag schutzlos zu Füßen seiner Feinde.

Es würde mehr vonnöten sein als die Strohfeuer schürenden Appelle eines redegewandten Rechtsanwalts, wenn die revolutionäre Flut eingedämmt werden und die Nation die Chance erhalten sollte, ihre Wunden auszuheilen.

Wladimir Iljitsch Uljanow, genannt Lenin, hatte sich während der zurückliegenden 15 Jahre die meiste Zeit im Exil aufgehalten. Schon am 1. November 1914 hatte er in einem Manifest den Weltkrieg als einen imperialistischen, von allen beteiligten Mächten gleichermaßen verschuldeten Konflikt gebrandmarkt. Es ist eine Eigentümlichkeit linker Bewegungen, daß der erbittertste Haß sich nicht gegen die Repräsentanten der Rechten richtet, die das, was sie tun, eben aus einer bestimmten wirtschaftlichen Interessenlage heraus tun, sondern gegen Leute, die innerhalb der Linken eine abweichende Auffassung vertreten; insbesondere gegen jene, die vielleicht zuerst pathetisch die Ideen des Internationalismus und der universellen Gerechtigkeit beschwören, dann aber, wenn sie einen Hauch von Pulverdampf atmen, die ersten sind, die sich in die Uniform des Vaterlandes werfen und ihre internationalen Klassenbrüder als Todfeinde bekämpfen. Für Lenin teilte sich die Welt nicht in Nationen, sondern in Klassen, und wenn es einen Weltkrieg gab, der in seinen Augen einen Sinn hatte, dann konnte dies nur der Krieg der Proletarier aller Länder gegen die Drahtzieher des internationalen Kapitalismus sein.

Auch der Anarchismus war als Gegner zu betrachten, da er die Arbeiterklasse von der Erfüllung ihrer klar vorgezeichneten historischen Aufgabe und von der Erkenntnis der wahren Klassenverhältnisse ablenkte. Er trübte den Blick, relativierte die Gegensätze, stiftete Verwirrung. Für die Bewältigung der bevorstehenden Aufgaben bedurfte es jedoch der Anspannung aller Kräfte und der äußersten ideologischen Klarheit. Sein Denken war unbestechlich objektiv, seine Entschlossenheit unbeugsam, seine Überzeugungen von keinem Zweifel angekränkelt – was ihn nicht hinderte, ein geschmeidiger Diplomat zu sein, sobald die Umstände es verlangten.

Bei Ausbruch der Februarrevolution befand er sich in der Schweiz. Er versuchte sofort, über England nach Rußland zu kommen. Doch es lag nicht im Interesse der Briten, ihm die Durchreise zu gewähren. Daraufhin beschloß Lenin, über Deutschland zu fahren, was später von der Exilopposition dahingehend gedeutet wurde, daß seine Rückkehr nach Rußland Bestandteil eines heimtückischen, auf die Zersetzung der russischen Kampfmoral zielenden Planes des deutschen Generalstabs gewesen sei. Der Blick zurück eignet sich nicht nur trefflich zum Nachtarocken, sondern in manchen Fällen auch zum Stricken bequemer Legenden. Für Lenin war das Deutsche Reich ein Feind, nicht mehr zwar als England, Frankreich oder auch Rußland selbst, aber auch nicht weniger. Es ging ihm einfach darum, koste es, was es wolle, nach Rußland zu gelangen, jetzt da die Lawine ins Rollen gekommen war. Ein einzelner hätte diese Lawine niemals auslösen können, aber nun, da sie einmal losgebrochen war, bestand für einen entschlossenen, zielbewußten Mann die Aussicht, in dem von einer Vielzahl unterschiedlicher Gruppen und Richtungen gegründeten Sowjet bestimmenden Einfluß zu gewinnen, auch wenn die Parteigruppierung Lenins, die Bolschewisten, nur eine Minderheit der Delegierten stellte. Der Lauf der Ereignisse sollte zum erneuten Mal bestätigen, daß die wirklichen Gegner der Linken bei der Linken zu finden sind. Diejenigen, die unterschiedliche Ziele verfolgen, bekämpfen einander oft weniger erbittert als diejenigen, die sich über den richtigen Weg zum vermeintlich gleichen Ziel uneinig sind.

Vor dem Finnischen Bahnhof in Leningrad steht eine Statue, die Lenin als Redner zeigt. Frischvermählte Paare lassen sich gerne davor fotografieren. Im Innern des Bahnhofs birgt ein gläserner Kasten die Lokomotive des Zuges, mit dem Lenin, von einer jubelnden Menschenmenge empfangen, am 3. April 1917 auf diesem Bahnhof ankam. Tatsächlich hielt Lenin damals noch auf dem Bahnhof eine Rede, in der er erklärte, mit der Verhaftung des Zaren habe der eigentliche Kampf erst begonnen, in dem es darum gehe, die Sowjetmacht ganz aus der Zusammenarbeit mit der Bourgeoisie herauszulösen. In ihrer gegenwärtigen, von faulen Kompromissen verunzierten Gestalt könne die Revolution das Proletariat nicht mehr lange befriedigen. Man müsse die Provinzen mobilisieren, um im Namen des Sozialismus die uneingeschränkte Macht zu ergreifen.

Die Rede kam nicht allzugut an, namentlich nicht bei denen, die den Weg des Kompromisses als den einzig gangbaren betrachteten. Sogar manche Bolschewisten waren enttäuscht über den Mangel an Realitätssinn, den ihr Führer in seiner bedingungslosen Radikalität offenbarte. Der alte marxistische Theoretiker Plechanow ging so weit, die Äußerungen Lenins als verrückt zu bezeichnen. Doch Lenin sah instinktiv voraus, in welche Richtung die revolutionäre Flut seine Landsleute trieb; er räumte allenfalls ein, daß er mit seinen Forderungen der Zeit ein wenig vorgegriffen hatte. Die von ihm dirigierte Parteizeitung *Prawda* wurde trotz ihrer sehr beschränkten Auflage von immer mehr Menschen gelesen. Lenin wurde zu einer wirklichen Gefahr für diejenigen, die sich vorgenommen hatten, möglichst viel von der alten Ordnung in die neue hinüberzuretten.

Kerenski, dessen stimmungsvolle Appelle die Truppen

ebensowohl zu Beifallskundgebungen wie zu militärischer Inaktivität verleitet hatten, war inzwischen mit dem Posten des Premierministers belohnt worden. Unter seiner Ägide wurden am 5. Juli manipulierte Dokumente veröffentlicht, die beweisen sollten, daß Lenin lediglich ein bezahlter Agent des deutschen Generalstabs war. Noch am gleichen Abend brachen Truppeneinheiten von der Front in Richtung Hauptstadt auf, um gegen die Sowjets vorzugehen. Lenin mußte untertauchen, zuerst in der Wohnung eines Arbeiters, dann in Finnland. Trotzki, Kamenew und Lunatscharski wurden festgesetzt, und die Druckerpresse der *Prawda* wurde von einem wütenden Mob zerstört. Die gewalttätigen Auseinandersetzungen auf den Straßen bestärkten die Sowjets nur in ihrer Kampfentschlossenheit und radikalisierten sie; genau dies hatte Lenin vorausgesehen. Im Moskauer wie auch im Petrograder Sowjet erhielten die Bolschewisten erstmals eine Mehrheit. In zündenden Artikeln und Flugblättern verbreitete Lenin seine berühmte Losung *Tipjer ili nikagda!* («Jetzt oder nie»).

Am 27. Oktober erschien er, nachdem er sich mehr als drei Monate verborgen gehalten hatte, wieder auf der Bildfläche; er richtete sich in einem schlichten Raum des Smolny-Instituts ein, einer früheren Schule für höhere adlige Töchter, und dirigierte von hier aus den Zweiten Allrussischen Sowjetkongreß.

Alle seine politische Tatkraft konnte freilich nicht über die eine grundlegende Tatsache hinwegtäuschen, die sich erneut bestätigt hatte: Welche Veränderungen oben auch vorgehen mochten, die Probleme des Landes blieben und harrten noch immer der Lösung. Zum einen standen noch deutsche und österreichische Truppen im Land, teilweise im Vorrücken begriffen, zum anderen herrschte in den ländlichen Gebieten mittlerweile das totale Chaos; Tag für Tag wurden adlige Grundbesitzer ermordet, ländliche Herren-

Zar Nikolaus I. (1796 – 1855).

sitze niedergebrannt. Alles, was in den Augen der Bauern irgendwie an die alte Ordnung erinnerte, wie Gutswälder oder Fahrzeuge, wurde blindlings zerstört, und zu den Bauern gesellten sich noch brandschatzende und plündernde Horden von Deserteuren. Da der Kampf um die Macht sich letzten Endes in der Hauptstadt Petrograd entschied, war auf seiten des Staates weder die Energie noch der Wille, noch erst recht die Fähigkeit vorhanden, den totalen Zusammenbruch aller Autorität aufzuhalten.

Nicht lange, und die Deutschen tauchten in Estland auf, besetzten die Insel Ösel und bedrohten die Zufahrtswege zur Hauptstadt. Kerenski wollte daraufhin den Sitz der Regierung nach Moskau verlegen, ein Symptom der Panik, das den entschlossenen Bolschewisten hochwillkommene Munition lieferte. Sie beschuldigten die Regierung des Verrats, und am 26. Oktober bildeten Trotzki und der Sowjet das sogenannte Militärrevolutionäre Komitee, angeblich um die Verteidigung der Hauptstadt zu organisieren.

Am 3. November teilte Trotzki dem Generalstab mit, alle militärischen Befehle müßten hinfort von einem verantwortlichen Mitglied dieses Komitees gegengezeichnet werden. Der Generalstab, der sich noch an den Abglanz einer zur Illusion gewordenen Autorität klammerte, wies dieses Ansinnen verständlicherweise zurück. Einen Tag später wurde auf einer Sitzung der revolutionären Soldatenvertreter eine Resolution verabschiedet, die die Truppe aufforderte, Befehle nicht mehr vom Generalstab, sondern nur noch vom Militärrevolutionären Komitee entgegenzunehmen. Wiederum einen Tag später erließ Kerenski ein Ultimatum, in dem er die Zurücknahme der aufrührerischen Resolution verlangte. Die Revolutionäre gaben ihm einen Korb. Da versuchte er, die Nachrichten- und Verkehrsverbindungen zu sperren, und forderte diktatorische Vollmachten, um die Situation wieder unter Kontrolle zu bekommen. Sie wurden ihm nach einer kräftezehrenden Nachtsitzung zugestanden, aber ehe noch etwas Konkretes unternommen werden konnte, besetzten die Bolschewisten alle Regierungsgebäude einschließlich der zentralen Telefonvermittlung. In einem Wagen der amerikanischen Botschaft brach Kerenski eilends in Richtung Front auf, um wenigstens noch einige wenige zuverlässige Regimenter aufzutreiben, die ihm helfen konnten, seine verfassungsmäßige Autorität gegenüber den Revolutionären wiederherzustellen. Nach entmutigenden Unterredungen mit resignierten Generälen, die mehr als genug damit zu tun hatten, sich gegen die Deutschen zu behaupten, fand er schließlich in General Krasnow, dem Befehlshaber eines Kosakenkorps, einen interessierten Zuhörer. Vier Tage später tauchten die Kosaken in Sichtweite der Hauptstadt auf, und ihr rasches Vordringen ermunterte die konservativen Elemente in den Reihen der gebeutelten Regierung, die Verhaftung des Militärrevolutionären Komitees anzuordnen. Die bürgerlichen Minister konnten sich nicht vorstellen, daß ein bunt zusammengewürfelter Soldatenhaufe es mit einer Truppe von Kosaken unter Führung eines Generals würde aufnehmen können. Wie üblich, täuschten sie sich. Am frühen Nachmittag war die ganze Sache mit Hilfe des Schlachtkreuzers *Aurora* und einiger Matrosen der Ostseeflotte erledigt. General Krasnow kapitulierte, Kerenski floh. Die übrigen Minister der Regierung wurden verhaftet. Dann begann die bolschewistische Revolution zu arbeiten.

Die Begeisterung war ansteckend. Wenn es auch in Moskau und anderen Großstädten zu Widerstand und bewaffneten Auseinandersetzungen kam, so vermochten die Sowjets mit ihren Losungen und flatternden Fahnen ihre Herrschaft doch im Verlauf von nur drei Wochen über weite Teile des Landes auszudehnen. Die Parole von der Diktatur des Proletariats beflügelte die Euphorie selbst derjenigen, die nicht genau begriffen, was es damit eigentlich auf sich hatte. Der Idealismus der Kindertage der Revolution war in vieler Hinsicht mitreißend, insbesondere als die Revolutionäre zu erfassen begannen, was sie vollbracht hatten. Sie hatten eine Fackel der Hoffnung entzündet, aus deren warmem Lichtschein heraus sie versöhnlich die Hand über die Grenzen hinweg ausstreckten, in die dunkle Nacht der kapitalistischen Welt mit ihrer krassen Ungleichheit und ihrer Kriegsmüdigkeit. Es waren dies die Tage, in denen die Proletarier aller Länder tatsächlich drauf und dran schienen, sich zu vereinigen und mit einem von hochfliegenden Erwartungen getragenen Aufbruch in Richtung Freiheit, Gleichheit und Brüderlichkeit dem russischen Beispiel zu folgen. Endlich war einmal Rußland der Vorreiter, war das Land, das anderen (und nicht nur, wie bisher, sich selbst) etwas beizubringen hatte. Dieser Aufruf hatte nichts Subversives; er glich dem spontanen Schrei dessen, der einen Ausweg aus dem Labyrinth entdeckt hat und den noch Eingeschlossenen die Richtung weisen will.

Es fällt uns noch heute leicht, das schmerzhafte Erwachen nachzufühlen, das sie empfunden haben müssen, als die anderen dem Ruf nicht mit der erwarteten Entschlossenheit Folge leisteten. Die Deutschen marschierten weiter vor. An der Front standen auch noch russische Armeen, ohne ausreichende Bewaffnung und mit wenig oder gar keiner Munition. In vielen Fällen blieb als einzige einsetzbare Waffe das Bajonett. Wie Suworow in erfreulicheren Zeiten gesagt hatte: «Die Gewehrkugel ist eine Idiotin; das Bajonett ist ein schlaues Kerlchen.» Jetzt hatten die Russen Gelegenheit, diesen Ausspruch zu untermalen, wenn auch freilich ein deutsches Heer des Jahres 1917 eine ganz andere Prämisse darstellte als die Reitersoldaten Napoleons. Lenin erkannte, daß der erste Dienst, den er seinem Land erweisen mußte, der war, Frieden zu schließen, unter welchen demütigenden oder schändlichen Bedingungen auch immer. Rußland war nicht länger in der Lage, den Kampf fortzusetzen, und ganz abgesehen davon war es ein Kampf, den Lenin von Anfang an aus tiefster Überzeugung verurteilt hatte. Am 9. November forderte Trotzki alle am Krieg beteiligten Mächte zur Vereinbarung eines Waffenstillstands als Voraussetzung zur Beendigung des Krieges auf. Die Regierungen der Entente-Mächte wandten sich sogleich gegen dieses russische Vorgehen und richteten einen eindringlichen Appell an General Duchonin, den neuen Oberbefehlshaber der russischen Streitkräfte. Er wurde dafür, daß er auf diese Vorhaltungen einging, entlassen und anschließend von seinen eigenen Soldaten getötet. Bei den Verbündeten, zu denen mittlerweile auch die Vereinigten Staaten gehörten, verdichtete sich der Verdacht, daß Lenin vielleicht doch im Sold der Deutschen stand.

Die Banken, die noch privat waren und offensichtlich den Argwohn der Verbündeten teilten, weigerten sich, die von den Bolschewisten eingeleiteten Reformen zu finanzieren. Lenin verstaatlichte sie mit einem Federstrich, verkündete per Erlaß, daß das Land automatisch denjenigen als pachtfreies Eigentum zufalle, die es bebauten, und proklamierte den Achtstundentag für alle Arbeiter. Wo immer sich ein Loch im Gewebe der Gesellschaft auftat, beeilte sich der Sowjet, es zu stopfen. Nachdem die verschiedenen Verbände des privaten Unternehmertums die Zusammenarbeit verweigerten, nahm der Staat fast alle Zweige der gesellschaftlichen Produktion unter eigene Regie, obgleich die neuen Machthaber weder über die Erfahrung noch über das technische Wissen verfügten, um auch nur die Hälfte dessen zu vollbringen, was die Not des Augenblicks gebot.

Die Friedensverhandlungen mit den Deutschen begannen kurz vor Weihnachten 1917 in Brest Litowsk; es wurde sogleich deutlich, daß Rußland sich auf brutale Friedensbedingungen gefaßt machen mußte. Deutschland forderte die Anerkennung der Selbständigkeit Polens, der baltischen Staaten, Finnlands und sogar der Ukraine. Trotzki konterte die deutschen Forderungen mit einer seltsamen Arabeske: Er lehnte zwar die gestellten Bedingungen ab, erklärte aber nichtsdestoweniger die Kampfhandlungen für beendet. Die Deutschen machten dem russischen Wunschdenken ein rasches Ende, indem sie ihren Vormarsch fortsetzten. Lenin entschied, daß der Friedensvertrag zu den verlangten Bedingungen abgeschlossen werden müsse, stieß aber damit auf lebhaften Widerstand seitens der Sozialrevolutionäre und anderer im Sowjet vertretenen Gruppierungen. Es gab viele, die den Gedanken an eine De-facto-Kapitulation – mit Trotzkis Traum von einem «weder Krieg noch Frieden» war in der Praxis offensichtlich kaum etwas anzufangen – nicht ertragen konnten und der Auffassung waren, schon zu viele ihrer Landsleute seien den Heldentod gestorben, als daß die, wenn auch angeschlagenen, Früchte des heroischen Ringens nun verschleudert werden dürften.

Lenin setzte sich durch, wenn auch nicht ohne Mühe und nicht ohne eine gehörige Portion Verwunderung über das Potential an Sentimentalität, das in vielen erklärten Linken steckte. Die Ukraine hatte sich unterdessen aus eigenen Stücken der deutschen Oberhoheit unterstellt; andere nationale Minderheiten riefen nach Unabhängigkeit; in der Mandschurei formierte sich eine «weiße» Armee; die Japaner machten Anstalten, Wladiwostok zu erobern, und die Deutschen verlangten eine horrende Kriegsentschädigung. Trotz all diesem Ungemach konnte Lenin über seinen Volkskommissar für Auswärtiges, den Aristokraten Tschitscherin, der einige Zeit in britischen Gefängnissen verbracht hatte, ein Friedensabkommen mit den deutschen Abgesandten aushandeln, das am 3. März 1918 unterzeichnet wurde.

Die Deutschen verpflichteten sich, keine an der Ostfront freigewordenen Truppen an die Westfront zu verlegen, eine Zusage, die sie bald darauf brachen. Trotzki deutete zugleich gegenüber Briten und Amerikanern an, der Vertrag von Brest Litowsk werde möglicherweise gar nicht ratifiziert werden, wenn der Sowjet sich auf die Hilfe der Verbündeten verlassen könne, insbesondere in Fernost, aber auch in der Abwehr deutscher Ansprüche. Anfänglich schienen die Verbündeten ein geneigtes Ohr für diese Avancen zu haben, aber sie hatten sich noch nicht von dem Schock über den russisch-deutschen Separatfrieden erholt und müssen sich wohl gefragt haben, wie ehrlich ein solches Anerbieten gemeint war. Wie dem auch sei, das Verhalten beider Vertragspartner läßt den Schluß zu, daß es sich um ein reines Zweckabkommen handelte, das nicht länger Gültigkeit behalten sollte, als bis es seinen Zweck erfüllt hatte. Da bindende Zusicherungen seitens der Entente ausblieben, wurde der Vertrag am 16. März ratifiziert.

Lenin verlor keine Zeit. Er arbeitete fieberhaft am Aufbau einer funktionsfähigen Verwaltung und an der Reorganisation der wirtschaftlichen und militärischen Leistungskraft der Nation, die nun, ihrer Erschöpfung zum Trotz, ein Solidaritätsgefühl neuer Art entwickelte, wie sie es in ihrer paternalistischen Vergangenheit nicht gekannt hatte.

Eine Folge der unerhörten Umwälzung, die sich vollzogen hatte, war, daß alle Prognosen zu unsicheren Spekulationen wurden, da man nicht auf vergleichbare geschichtliche Erfahrungen zurückgreifen konnte; unter diesen Umständen ist es nicht erstaunlich, daß alle Prognosen fehlgingen. Lenin war felsenfest davon überzeugt, daß die Zeit für eine weltweite proletarische Revolution gekommen sei, und die Entente-Mächte waren ebenso fest davon überzeugt, daß die bolschewistische Herrschaft ein Zwischenspiel sei und sich gegen den Widerstand von außen und im Innern auf keinen Fall behaupten könne. Alles, was in jener Zeit gesagt und getan wurde, muß im Lichte dieser doppelten Fehleinschätzung gesehen werden.

Sabotage auf breiter Front war das gängige Mittel des Protests gegen den Staat, und die Unzufriedenheit nahm zu, besonders auf dem Lande. Die Bauern waren hocherfreut gewesen, zu hören, daß das Land nunmehr demjenigen gehörte, der es bearbeitete. Bald mußten sie feststellen, daß sie das Land, das ihnen gehörte, auch jetzt nicht für sich bearbeiteten, sondern auf Rechnung eines gefräßigen Staates, der alles konfiszierte, was er für überschüssiges Produkt hielt. Dies mochte eine Folge der kriegsbedingten Notlage sein, aber es erinnerte die Bauern doch verdächtig an die schlechte alte Zeit.

Es gelang konterrevolutionären Kräften sogar, die Stadt Jaroslawl, nur 300 Kilometer von Moskau entfernt, einzunehmen. In einer blutigen Schlacht wurden sie niedergekämpft.

Im Westen überschlugen sich die Gerüchte; bei den meisten handelte es sich um Mischungen aus Wunschdenken und Melodrama. Es war bekannt, daß 45 000 Tschechen, die aus dem österreichisch-ungarischen Heer desertiert waren, vor einiger Zeit nach Sibirien gebracht und ausgerüstet worden waren und nun darauf warteten, sich dem (zaristischen) russischen Heer anzuschließen, um für die Befreiung ihres Landes zu kämpfen. Jetzt, da der Ausbruch eines Bürgerkrieges offenkundig wurde, versuchte Trotzki, die Tschechen zu entwaffnen. Sie leisteten Widerstand. Es kam zu Zusammenstößen mit bolschewistischen Brigaden, die den geschulten Tschechen nicht gewachsen waren. Schon Ende Juli hatten die Tschechen, von den Verbündeten klammheimlich dazu ermuntert, in Sibirien eine eigene Regierung installiert und traten zu einem Marsch gen Westen an, um der Sowjetmacht im europäischen Rußland den Garaus zu machen. Als sie sich der Stadt Jekaterinburg näherten, wo sich der Zar mit seiner Familie im Gewahrsam der Revolution befand, beschloß der örtliche Sowjet, seine erlauchten Gefangenen hinzurichten, wohl aus Angst, sie sonst zu verlieren. Am Abend des 16. Juli wurden «Bürger Romanow» und seine Angehörigen exekutiert. Weder von den Hingerichteten noch von ihren Habseligkeiten sind jemals irgendwelche Überreste aufgefunden worden. Zehn Jahre später trat eine Frau mit dem Anspruch auf, die Zarentochter Anastasia zu sein, die dem Massaker angeblich entgangen war. Dies war natürlich beste russische Tradition, ebenso wie die Tatsache, daß die Wahrheit unergründet blieb.

Ermutigt von den Erfolgen der Tschechen und einer «weißen Armee» mit Admiral Koltschak als Befehlshaber, und als gute Republikaner empört über den Tod des ehemaligen russischen Despoten, beschlossen die Entente-Mächte, selbst militärisch in Rußland zu intervenieren. Eine britische Expeditionsstreitmacht landete in Murmansk am Weißen Meer und nahm am 2. August Archangelsk. Der örtliche Sowjet wurde abgesetzt und eine provisorische Regierung installiert. Kurz darauf eroberte, wie schon angedroht, eine japanische Division, begleitet von starken französischen und britischen Kontingenten sowie von zwei von ihrem Stützpunkt auf den Philippinen abkommandierten US-Regimentern, Wladiwostok. Nach einem Monat und einer Anzahl von Gefechten war praktisch ganz Sibirien in der Hand der antisowjetischen Kräfte; derweil stießen die Briten vom Nordmeer her gen Süden vor, in der Absicht, sich mit der Hauptmacht zu vereinigen, die sich anschickte, den Ural zu überschreiten. Die Franzosen landeten in Odessa. Andere Entente-Truppen tauchten am Kaukasus auf. In der Ukraine herrschte das deutschlandhörige Regime Herman Skoropadskis. Es sah so aus, als nahe das Ende für die impertinenten Amateure in Moskau, die sich einbildeten, sie könnten das Funktionieren eines Riesenreichs verbessern, die die internationalen finanziellen Gepflogenheiten in den Wind schlugen und ihre legitimen Herrscher erschossen. Über 150 000 Soldaten rückten von allen Seiten gegen sie vor, und bald würden auch ihre subversiven Verbindungen zum Feind unterbunden sein. Die Rädelsführer würden exemplarisch bestraft werden, und an ihrer Stelle würde man wieder eine anständige Regierung einsetzen und einen allseits zufriedenstellenden Zustand schaffen.

Man kann die Auswirkungen dieser Intervention kaum überdramatisieren, die zu einem Zeitpunkt erfolgte, da die russische Revolution allenthalben als eine Niederlage für die Moral betrachtet wurde. Nun lag diese Revolution am Boden, ein scheinbar tödlich verwundeter Dinosaurier, so massig und unhandlich wie ein prähistorisches Tier, das durch eine Laune der Natur bis in die Gegenwart überlebt hatte. Jetzt scharten sich die Geier um den noch warmen Körper, und das Fleisch, das sie witterten, ließ ihnen das Wasser im Schnabel zusammenlaufen.

Noch viel schwerer aber läßt sich das überdramatisieren, was passierte, als der Dinosaurier sich plötzlich aufrappelte, die Geier abschüttelte und mit plumpen Bewegungen nach ihnen schlug. Der Platz war von Federn übersät.

1856 wird Alexander II. im Kreml gekrönt.

13
Pragmatismus, Ketzerei und Antisemitismus

Ironischerweise waren es die Erfolge der Entente-Mächte im Krieg, die dazu beitrugen, einen Erfolg der Entente-Mächte in Rußland zu verhindern. Die neuen bolschewistischen Armeen schlugen die Tschechen aus dem Feld und brachten die «weißen» Streitkräfte zum Stehen. Die Tschechen verloren ihr Interesse an den Irrungen und Wirrungen des innerrussischen Bürgerkriegs. Die Entente verstärkte zwar ihre Invasionsstreitkräfte, aber im Westen begann Deutschland zu wanken, ebenso im Süden die Türkei. Das ganze politische Gefüge der Mittelmächte war bedroht, zumal im Norden Deutschlands ein Matrosenaufstand mit revolutionärer Tendenz ausbrach, den Lenin als eine Bestätigung seiner ganzen bisherigen Politik deutete. Schon vorher jedoch hatten sich im Zentrum der Sowjetmacht atmosphärische Veränderungen vollzogen.

Am 30. August 1918 verübte eine junge Frau namens Dora Kaplan ein Attentat auf Lenin. Sie gehörte zu der Gruppe der Sozialrevolutionäre, die den Separatfrieden mit Deutschland ablehnte. Am 31. August wurde auch der Chef der Geheimpolizei, Urizki, von einer Kugel getroffen. Urizki starb, Lenin überlebte. Nahezu tausend Personen, die man der Urheber- oder Mitwisserschaft an diesen Attentaten verdächtigte, wurden in Moskau und Petrograd hingerichtet. Der Terror hatte eingesetzt, wie einst in der Französischen Revolution und wie anscheinend zwangsläufig immer dann, wenn eine revolutionäre Bewegung ihre Dynamik einbüßt und von den praktischen Problemen des Alltags eingeholt wird. Diesmal wurde der Terror, um Verwechslungen mit dem französischen Original vorzubeugen, unter der Bezeichnung «roter Terror» geführt. Die Sowjets konnten dank kürzerer Transport- und Nachrichtenwege und dank der Tatsache, daß sie über die Eisenbahnen geboten, die anfänglichen Vorteile ihrer Gegner bald neutralisieren. Im Norden war General Judenitsch, gestützt auf Panzer englischer Herkunft, von Estland aus vorgestoßen und bis auf 15 Kilometer an Petrograd herangekommen, aber weiter im Süden wurden Denikin und später Wrangel zurückgedrängt. Frustriert räumten die Entente-Mächte den Boden Rußlands, ohne etwas durchgesetzt zu haben oder irgend etwas anderes zu hinterlassen als Zerstörung und viele bittere Erinnerungen. In Fernost hielten die expansionshungrigen Japaner ihre Stellung noch ein oder zwei Jahre lang.

Unterdessen entwickelte Trotzki den Plan, die militärische Mobilisierung zum Wohle der Landwirtschaft und der Industrie nutzbar zu machen, und setzte ihn trotz der Skepsis Lenins und des Widerstandes der Gewerkschaften in die Tat um. Der Einsatz von Soldaten für alle möglichen Arbeiten außerhalb der Kaserne stieß sowohl bei den Militärs als auch bei der Arbeiterschaft auf Mißfallen, trug aber doch dazu bei, daß die verwüsteten Fabriken wieder auf die Beine kamen und die größten Löcher geflickt werden konnten. Im Ausland nährte das Arbeitseinsatzprogramm den Verdacht, die Sowjets wollten auf diese Weise nur ihre Absicht tarnen, im Gegensatz zu den anderen Ländern keine Demobilmachung durchzuführen, und die in Bereitschaft gehaltene Reservearmee werde im geeigneten Augenblick Pflugschar und Amboß fallenlassen, um das Gewehr wieder in die Hand zu nehmen und weiteres Unheil anzurichten. Die Tatsache, daß schlagkräftige multinationale Armeen sich an ungeübten bolschewistischen Truppenführern wie Frunse, die ihre Taktik auf dem Schlachtfeld improvisierten, die Zähne ausgebissen hatten, war nicht eben geeignet, den im Westen kursierenden Argwohn zu zerstreuen, daß Rußland vielleicht nur so tat, als liege es ausgelaugt, notleidend und geschlagen am Boden, und daß es vielleicht plötzlich einmal die Maske fallen lassen und sich, jetzt, wo alle anderen tatsächlich mit ihrer Kraft am Ende waren, in ein neues Kriegsabenteuer stürzen würde.

Gewiß hatten Estland, Lettland, Litauen und Polen ihre Unabhängigkeit wiedergewonnen, aber in Teilen Deutschlands und Österreichs mußten kommunistische Aufstände niedergerungen werden, während sich in Ungarn sogar eine, allerdings kurzlebige, kommunistische Regierung unter Bela Kun etablierte. Rußland bot Polen zu günstigen Bedingungen (Teile Weißrußlands und die westliche Ukraine für Polen) einen Friedensvertrag an. So wurde, erstmals seit der Teilung des Landes zur Zeit Katharinas der Großen, ein unabhängiges Polen wieder zu einer Realität. Aus westlicher Sicht verdiente der wiedererstandene *cordon sanitaire* als Puffer gegen den rätselhaften Koloß im Osten, dessen Freigiebigkeit dem Westen ebenso suspekt schien, wie seine Motive ihm fremd waren, jede erdenkliche Unterstützung. Um ein Zeichen zu setzen, versorgte Frankreich die Polen ausgiebig mit Kriegsmaterial. Die Vereinigten Staaten machten, was vielleicht noch dankbarer aufgenommen wurde, einen Kredit von 50 Millionen Dollar locker, angeblich für polnische Lebensmittelkäufe. Es war fast wieder wie in alten Zeiten. Polen erinnerte sich im Nu daran, welche Großmacht es einst gewesen war, und vermutlich auch daran, was für ein chaotischer Nachbar Rußland in der «Zeit der Wirren» gewesen war, als die Russen, *faute de mieux*, dem polnischen König ihren Thron angeboten hatten.

Die Polen machten in Nostalgie und verlangten in einem Anfall nationaler Überheblichkeit die Wiederherstellung des Grenzverlaufs, wie er im 18. Jahrhundert bestanden hatte, eine große Geldsumme und zu allem Überfluß auch noch die russische Stadt Smolensk. Die Russen waren der Ansicht, die Unabhängigkeit sei für die Polen genug des Guten; die Polen aber ließen es sich nicht nehmen, in die Ukraine einzumarschieren; im Juni besetzten sie Kiew. Damit forderten sie einen wütenden Gegenangriff der Sowjets heraus, die nicht nur Kiew zurückeroberten, sondern sich binnen zweier Monate bis in die östlichen Außenbezirke von Warschau vorarbeiteten.

Dies lag nun ganz und gar nicht im Interesse der Westmächte, und französische Stabsoffiziere unter Weygand verhalfen den Polen zu einem glänzenden Gegenschlag und erreichten die angestrebte Erweiterung des polnischen Territoriums. In den Grenzen des neuen polnischen Staates lebte eine russische Bevölkerungsminderheit von rund vier Millionen Menschen, für die Polen später einen hohen Preis bezahlen sollte.

Der Westen atmete auf, zumal Rumänien sich wieder in den Besitz Bessarabiens brachte. Es sah aus, als seien die Russen wieder hinter Schloß und Riegel und als fülle sich das von den Deutschen hinterlassene Vakuum allmählich mit westlicher Luft. Lenin, der gesundheitlich nicht mehr richtig auf die Beine kam, mußte seine Hoffnungen auf eine Weltrevolution fürs erste begraben und hatte zudem voll und ganz mit innenpolitischen Problemen zu tun. Rußland, das so lange gebraucht hatte, um sich die politische Geltung einer Großmacht zu verschaffen, das maßgeblich an der Niederwerfung Napoleons beteiligt gewesen und unter Alexander I. zum Retter Frankreichs und der Schweiz geworden war, das als Schutzmacht der slawischen Völkerschaften auf dem Balkan eine Hauptrolle auf der politischen Bühne Europas und im Ballett der Nationen den Part eines Vortänzers gespielt hatte und dessen Literatur die Welt neue Einblicke in das Wesen des Menschen verdankte, saß jetzt wieder am Katzentisch. Gewiß, an der Spitze des Landes standen Leute, die sozusagen auf hoher See das Schwimmen erlernen mußten, die aber bewiesen hatten, daß sie gleichwohl gefährlich werden konnten, daß sie zu überraschenden militärischen Siegen fähig waren und bei alledem auch noch anerkannte Werte und Umgangsformen in den Wind schlugen.

Eine der letzten großen Maßnahmen, für die Lenin verantwortlich zeichnete, war die Durchsetzung der Neuen Ökonomischen Politik von 1921 an. Es war ein Akt des Pragmatismus, eine Frucht der Erkenntnis, daß das System, das sich unter den Bedingungen eines nicht enden wollenden Krieges zwangsläufig diktatorische Formen angenommen hatte, jetzt dringend der Lockerung bedurfte. Darüber hinaus erkannte Lenin, daß in einem Land mit einer verhältnismäßig unentwickelten Industrie und einer großen Masse völlig ungebildeter Bauern die permanente Glorifizierung einer proletarischen Revolution einem gewissen Romantizismus Vorschub leistete. Tatsache war, daß die Großstädte, namentlich Moskau, die geistigen Zentren der Revolution waren, das flache Land hingegen nur ihr Resonanzboden.

Im Rahmen der Neuen Ökonomischen Politik wurden ausländischen Investoren Anreize geboten und die private Geschäftstätigkeit legalisiert. Privatpersonen durften Einzelhandel betreiben und Unternehmen bis zu einer gewissen Betriebsgröße besitzen. Das von den Bauern über den Eigenbedarf hinaus produzierte Getreide wurde nicht mehr vom Staat konfisziert, sondern konnte auf dem Markt verkauft werden. Die Verpachtung von Arbeitskräften oder von Grund und Boden wurde in begrenztem Ausmaß gestattet.

Für viele eingefleischte Parteigenossen war dies eine Ketzerei gegen den Geist des Kommunismus. Waren die Visionäre einst von Popen und Bojaren bekämpft worden, so wurden sie jetzt von den Rechtgläubigen der Kommunistischen Partei bekämpft. Der Fluch Rußlands sind in seiner ganzen Geschichte stets diejenigen gewesen, die den Buchstaben des Gesetzes als etwas Unwandelbares betrachten, statt ihn als etwas zu sehen, das veränderlich ist wie die Jahreszeiten, die Leben spenden und Tod bringen.

Im Januar 1924 starb Lenin nach mehreren schweren Schlaganfällen; mit seinem Tod treten wir in eine Periode ein, die einigen von uns noch in lebhafter Erinnerung ist, und da mag ein Exkurs über ein Phänomen angebracht sein, das sich über Zeitalter hinweg als eine der unverwüstlichen Bastionen des Vorurteils erwiesen hat.

Die Rede ist vom Antisemitismus, einer Erscheinung, über die in sachlicher Objektivität zu reden sehr schwer fällt – so brisant ist das Thema geworden, hauptsächlich wegen der Verbrechen Hitlers, aber auch weil heute ein zionistischer Staat existiert, der die jahrhundertelange fromme Duldsamkeit der Juden in Militanz übersetzt hat. Geschichtlich gesehen, war die Einstellung zu den Juden in Rußland nicht viel anders als in anderen europäischen Staaten, mit dem einen Unterschied, daß in Rußland eine intensivere Wechselwirkung zwischen der Lebensweise und Kultur der Juden einerseits, der russischen Bevölkerung andererseits stattfand. Es ist denkbar, daß manche Reibungen gerade aus der Ähnlichkeit resultierten, die zwischen russischer und jüdischer Lebensweise in vielen wichtigen Dingen bestand. In jedem jüdischen Restaurant kommen beispielsweise Blintzer auf den Tisch; sie sind nichts anderes als die russischen Blini. Ähnliches gilt für Salzgurken und andere

Standardprodukte der russischen Küche. Es ist bezeichnend, daß Rußland und Deutschland, die beiden Länder, die im allgemeinen Bewußtsein und in den wiederkehrenden Schuldzuweisungen am stärksten mit dem Antisemitismus identifiziert werden, gerade diejenigen sind, die die jüdische Lebenskultur am nachhaltigsten geprägt haben. Vergleichbare französische, englische oder andere Einflüsse kennt das Judentum nicht.

Von Levi Eschkol, dem ehemaligen israelischen Staatspräsidenten, der hin und wieder während der Absolvierung seiner amtlichen Pflichten einschlief, wird die schöne Geschichte erzählt, daß er bei solchen Gelegenheiten manchmal im Schlaf zu sprechen anfing, und zwar unfehlbar in russischer Sprache. Seine Frau schalt ihn und beschwor ihn, doch, wenn er das Einnicken schon nicht lassen konnte, wenigstens hebräisch zu sprechen, da so sein an und für sich vollkommen verzeihlicher Tick einen schlechten Eindruck mache.

Die Führung des israelischen Staates setzt sich zum Zeitpunkt der Niederschrift dieses Textes fast ausschließlich aus Männern russischer oder polnischer Herkunft zusammen, was womöglich den Eindruck entstehen läßt, die Schaffung des Staates ähnle in manchem einer Herzverpflanzung, bei der alle Welt gespannt darauf wartet, ob der Körper das neue Herz annehmen oder abzustoßen versuchen wird. Es leidet kaum Zweifel, daß der israelische Staat, wenn seine Elite aus sephardischen (d. h. südeuropäischen) statt aus aschkenasischen (d. h. osteuropäischen) Juden bestünde, wenn er nicht das Produkt von Jahrhunderten der Unterdrückung, der völligen Fremdbestimmung wäre, leichter und mit geringeren Reibungsverlusten zu einer Verständigung mit den Arabern gelangen würde.

Der Antisemitismus des russischen Staates führte zur Formierung einer Gegenreaktion im Lande selbst. Schon zur Regierungszeit Elisabeths im 18. Jahrhundert wurden jüdische Händler aus Rußland vertrieben, gegen den heftigen Einspruch der russischen Kaufleute, die darauf hinwiesen, daß solche den russischen Markt belebenden Elemente gut für das Geschäft seien. Stets steckten hinter den restriktiven Maßnahmen die altvertrauten Hetzer: die Kirche und die Höflinge. Die Kirche wollte die Juden zum orthodoxen Glauben bekehren, während der Hof das Problem unter säkularen, widerwärtig engstirnigen Gesichtspunkten betrachtete. Nikolaus I. faßte beide Motive auf praktische Weise zusammen: Er ließ jüdische Knaben im Alter von zwölf Jahren für einen fünfundzwanzigjährigen Wehrdienst zwangsrekrutieren; auf diese Weise hatten sie die Chance, im Alter von siebenunddreißig Jahren als gute, geprügelte Christen ins Zivilleben einzutreten.

Der ständige Zickzackkurs russischer Regierungen in der rechtlichen und materiellen Behandlung der Juden zeugt davon, daß Perioden, in denen ein Schuldbewußtsein zutage trat, mit solchen abwechselten, in denen die Regungen des Gewissens unterdrückt wurden. Während Alexander II. die Universitäten für die Juden öffnete, duldete Alexander III. bestialische Judenpogrome. Danach blieb es bis 1917 bei einer restriktiven Politik gegenüber den Juden, versüßt mit gelegentlichen diskreten Zugeständnissen wie dem, daß eine festgesetzte Zahl von Juden zum Besuch der Volks- und weiterführenden Schulen zugelassen wurde.

Dann, als sei das Bewußtsein von der Abnormität dieses Zustands endlich in die Köpfe gedrungen, wurden alle für die Juden geltenden Sondergesetze außer Kraft gesetzt. Das geschah am 11. März 1917, zufällig an dem Tag, an dem in diesem Jahr das Passahfest begann.

Es darf nicht unerwähnt bleiben, daß die russische Intelligenz trotz – oder vielleicht bis zu einem gewissen Grad gerade wegen – der borniert judenfeindlichen Einstellung der

Feodor Michailowitsch Dostojewski (1821–1881).

Kirche und der Autokratie vom Gift des Antisemitismus im wesentlichen frei war, so wie sie es heute noch ist.

In den Annalen der Kommunistischen Partei tauchen jüdische Namen mit erstaunlicher Regelmäßigkeit auf. Schon 1883 gehörten dem Gründungsquartett der ersten russischen marxistischen Gruppierung neben den Russen Georgi Plechanow und Vera Sassulitsch die Juden Axelrod und Leo Deutsch an. Von der Führungsriege der Bolschewisten war Lenin (Uljanow) Russe, Stalin (Dschugaschwili) Georgier, Trotzki (Bronstein), Kamenew (Rosenfeldt) und Sinowjew (Hirsch Apfelbaum) waren Juden.

1930 übernahm Litwinow (Wallach) von Tschitscherin das Außenministerium; und eine Zeitlang waren die russischen Botschafter in London, Paris und Washington allesamt Juden.

Wenn heute in den Vereinigten Staaten und anderswo für die sowjetischen Juden demonstriert wird, dann geschieht dies vor allem deswegen, weil es einen israelischen Staat gibt und weil die sowjetische Regierung zögert, einen jüdischen Exodus nach einer nationalen Heimat zuzulassen, unter deren ersten Förderern die Sowjetunion selbst gewesen ist. Dies ist ein heikles Thema, das mit objektivem Blick und leidenschaftslos diskutiert werden muß. Es ist nicht zu bestreiten, daß die Juden neben ihrem besonderen Talent zu kluger, unbestechlicher Selbsterforschung auch eine beachtliche Begabung für Extremismus und Voreingenommenheit zeigen. Propheten haben immer ein wenig von beidem. Juden haben beharrlich ihr Recht auf ihre Form der Religionsausübung verteidigt, andere Juden haben allem Mystizismus aufs heftigste den Kampf angesagt. Das jüdische Volk hat einen Jesus Christus und einen Karl Marx hervorgebracht und hat sich, jedenfalls in seiner Mehrheit, den abgründigen Luxus geleistet, keinem von beiden zu folgen und statt dessen auf einen dritten zu warten.

Nicht alle sowjetischen Juden haben den brennenden Wunsch, nach Israel zu gehen. Manche emigrieren in die Vereinigten Staaten, und nicht selten haben sie dort das Gefühl, orientierungslos in einer Gesellschaft zu versinken, die so frei ist, daß es ihrem gegängelten Verstande dünkt, sie habe keine moralischen Leitsterne. Manche gehen nach Israel und empfinden die Spannungen, die in der Beengtheit eines winzigen Schmelztiegels entstehen. Andere bleiben in der Sowjetunion, voll und auf Gedeih und Verderb in das dortige System integriert. Sie betrachten den Zionismus als den natürlichen Feind des Sozialismus, als Aufwärmung eines biblischen Traums, dessen Verwirklichung diejenigen, die sich daran beteiligen, zwangsläufig in Konflikt mit ihren Nachbarn bringen wird.

Die Juden neigen, wie die Russen, von Natur aus zur Bildung von Gemeinschaften. Die historische Erfahrung des Bedrohtseins hat bei beiden ein ausgeprägtes Gemeinschaftsgefühl entstehen lassen. Und schließlich leitet sich der Begriff Kommunismus, allen Ängsten und aller Feindseligkeit zum Trotz, die er provoziert, von diesem einfachen Gedanken ab. «Kolchose» ist vielerorts ein Gruselwort, während in «Kibbuz» der ganze Zauber des Ringens mit einer kargen Natur mitschwingt; im Grunde aber meinen beide Begriffe das gleiche. Die Juden, durch so lange Zeiten hindurch die Opfer widriger Umstände, befinden sich jetzt zum ersten Mal in einer Lage, in der sie Herrschaft über andere ausüben können; vielleicht werden wenigstens manche von ihnen mit der ihnen eigenen Sensibilität erkennen, daß einiges von dem, was sich heute im Westjordanland zuträgt, nicht viel lobenswerter ist als das, was unter russischen Zaren in weit weniger aufgeklärten Zeiten vorgekommen ist. Die Existenz von Bürgern zweiter Klasse, ob sie Juden, Araber oder Afrikaner heißen, ist immer eine Schande und kann nur bedingungslos verurteilt werden.

Natürlich leiden die Juden, wie zahlenmäßig kleine Völker es üblicherweise tun, an dem Komplex, auserwählt zu sein. Der faktische Unterschied zwischen einem Getto und einem Klub ist, daß man aus dem einen nachts nicht heraus- und in den anderen tagsüber nicht hineinkommt; was man jedoch aus diesem Unterschied macht, hängt von der Einstellung des einzelnen ab. Arroganz kann leicht bewirken, daß einer, der selbst eingeschlossen war oder ist, andere ausschließt; und wenn der nichtsahnende Israel-Tourist erleben muß, daß er, was auch seine Religion sei, gezwungen wird, für die Dauer seines Aufenthalts nach den Vorschriften des jüdischen Gesetzes zu leben, dann empfindet er dies vielleicht als Ausdruck eines Bedürfnisses nach Vergeltung.

Die Komplexe der Russen sind anderer Art – nicht durch Kleinheit, sondern durch Größe bedingt: ein gewisses Desinteresse an den feineren Formen der Geselligkeit; ein gleichgültiger Umgang mit der Zeit; eine distanzierte Erhabenheit, die eher dem resignierten Sich-Fügen in die Unausweichlichkeit der Langeweile entspringt als einer genuinen Arroganz. Aber einmal abgesehen von diesen offenkundigen Unterschieden, haben die beiden Völker einander sowohl psychologisch als auch materiell auf eine bleibende Weise beeinflußt. Jedenfalls haben sie im Zeichen all der Irrtümer der Vergangenheit und der gegenseitigen Beschuldigungen der Gegenwart niemals die Chance gehabt, einander gleichgültig zu werden.

14
«Sozialismus in *einem* Land»

Rußland brauchte jeden Freund, den es bekommen konnte. Mit der neuen türkischen Republik unter Mustafa Kemal Atatürk schloß es 1921 Frieden. Dies bedeutete die Beendigung einer Erbfeindschaft und erleichterte die Wiedereroberung Armeniens, Georgiens und Aserbeidschans, die, ebenso wie die Ukraine, Sowjet-Republiken wurden. Mit Afghanistan, dem Iran und der Äußeren Mongolei – die damit aus der chinesischen in die sowjetische Einflußsphäre überging – wurden Verträge geschlossen.

China war gerade im Begriff, nach Jahrhunderten der Abkapselung wiederzuerwachen. Sun Yat-sen hatte dem chinesischen Volk ein neues nationales Bewußtsein vermittelt, und zwischen den beiden Nationen stellte sich eine spontane gegenseitige Sympathie ein, zumal da die Sowjets auf alle aus den zwischen China und dem zaristischen Rußland abgeschlossenen Verträge, die sie als ungerecht betrachteten, verzichteten. Die Ostchinesische Eisenbahn, bislang unter russischer Verfügungsgewalt, wurde jetzt einer gemeinsamen chinesisch-sowjetischen Verwaltung unterstellt. Begabte junge Chinesen kamen zum Studium in die Sowjetunion; auch Tschiang Kai-schek studierte in Moskau. Eine russische Militärkommission etablierte sich in Kanton, um die Chinesen in die Feinheiten der modernen Kriegführung einzuweihen.

Im Westen verblüfften und verunsicherten Russen und Deutsche die europäischen Mächte mit der Unterzeichnung des Vertrags von Rapallo (am 16. April 1922), der alle aus dem Kriege resultierenden Ansprüche für nichtig erklärte und engere wirtschaftliche und politische Kontakte vorsah. Die Vereinigten Staaten unter ihrem Präsidenten Hoover hatten zwar auf das leidenschaftliche Hilfsersuchen des Dichters Maxim Gorki nach der katastrophalen Mißernte von 1921 mit der Organisation eines großangelegten Hungerhilfsprogramms reagiert, aber eine Anerkennung der Sowjetunion stand für sie noch nicht zur Debatte. Für die Amerikaner ist bislang jede Revolution außer ihrer eigenen ein Schockerlebnis gewesen, von dem sich zu erholen sie jedes Mal lange gebraucht haben – man denke nur daran, wie lange es gedauert hat, bis sie die tiefgreifenden Umwälzungen, die sich nach 1949 auf dem chinesischen Festland vollzogen, zur Kenntnis genommen haben, obwohl doch das kleine Formosa oder Taiwan schwerlich als legitimer Vertreter der 1000 Millionen Festlandschinesen gelten konnte. Auch in bezug auf die Russische Revolution hielten die Amerikaner sich an die Regel, erst einmal alles Für und Wider gründlich abzuwägen. Großbritannien, Frankreich und Italien dagegen erkannten den sowjetischen Staat schon 1924 an. Die Vereinigten Staaten ließen sich damit bis zum 17. November 1933 Zeit, und auch da taten sie den Schritt nur, weil inzwischen in Deutschland Hitler zur Macht gelangt war!

In Rußland selbst hatte der Tod Lenins eine gefährliche Situation heraufbeschworen. Kaum waren die einbalsamierten sterblichen Überreste des Vaters der Revolution im Mausoleum an der äußeren Kremlmauer untergebracht, da entbrannte der Kampf um die Macht. Die Führung übernahm zunächst ein Triumvirat, bestehend aus Kamenew, dem Leiter der Moskauer Parteiorganisation, Sinowjew, dem Leiter der Leningrader Parteiorganisation, und Stalin, dem Generalsekretär der Partei.

Die Neue Ökonomische Politik ließ sich gut an; wie gut, wird aus der Tatsache deutlich, daß die russischen Importe, die 1921 die Exporte noch um mehr als 100 Prozent überstiegen hatten, sich 1924 nur noch auf ⅔ der Exporte beliefen. Die Gewinnchancen, die sich im Zeichen der neuen Politik für Händler und Unternehmer eröffneten, führten zu einer Steigerung der Industrieproduktion, brachten aber zugleich Erscheinungen hervor, die den Unwillen sozialistischer Puristen erregen mußten. Wie die Statistiken ausweisen, brachten Spielkasinos, Nachtklubs, Restaurants und andere Vergnügungsstätten allein im Jahr 1923 10 Millionen Rubel an Steuern in die Moskauer Stadtkasse. Die rasche Erholung der russischen Landwirtschaft und Industrie begann wieder kurzfristiges ausländisches Risikokapital ins Land zu locken, aber die Altgläubigen der bolschewistischen Bewegung fingen an, Ketzerei zu wittern, wie die Altgläubigen der Orthodoxen Kirche es in der Vergangenheit getan hatten, nur daß der Popanz des Antichrist durch den des Konterrevolutionärs ersetzt war, des neureichen Bourgeois, der aus dem Schleifenlassen der wirtschaftspolitischen Zügel im wahrsten Sinn des Wortes Kapital zu schlagen wußte.

Ein Ergebnis dieser Kritik war der Aufbau der Kommunistischen Internationale, abgekürzt Komintern, einer den Zielen der Weltrevolution verpflichteten Propaganda- und Spionageorganisation. Die Komintern, die den Traum Lenins nach dem Tod des Träumers weitertragen sollte, in Wirklichkeit aber bestenfalls mit der einbalsamierten Hülle dieses Traums hausieren ging, machte mit der Zeit praktisch alles von einer geduldigen und geschickten russischen Diplomatie Erreichte zunichte. Sie war das Dach, unter dem sich die kommunistischen Parteien aller Länder als nominell gleichberechtigte Partner vereinigten; damit verfügte die Sowjetregierung über direkte Kontakte zu subversiv arbeitenden kommunistischen «Zellen» in verschiedenen Teilen der Welt, unter anderem auch in den Kolonien der Großmächte. Daß die Existenz eines solchen Apparates die Glaubwürdigkeit russischer Botschafter untergrub, liegt auf der Hand, da sie in den Augen ihrer Gastländer nur mehr als die Fassade erschienen, hinter der die Fäden der Verschwörung gesponnen wurden.

Schon 1923 sah sich der britische Außenminister Lord Curzon gezwungen, einen ungewöhnlich scharfen Protest gegen propagandistische Aktivitäten der Sowjetunion in Großbritannien und seinen Kolonien einzulegen. Vier Jahre später durchsuchte die britische Polizei die Büros der sowjetischen Handelsniederlassung Arcos in London und beschlagnahmte dabei Dokumente, deren Inhalt zwar niemals veröffentlicht wurde, offensichtlich aber so brisant war, daß er den Abbruch der diplomatischen Beziehungen sowohl seitens der britischen wie auch seitens der kanadischen Regierung zur Folge hatte.

Kein besseres Bild bot sich im Fernen Osten. Obgleich alte Streitpunkte aus der Welt geschafft waren, veranlaßte die chinesische Regierung eine polizeiliche Durchsuchung der sowjetischen Botschaft in Peking, und in der Folge entfernte Tschiang Kai-schek alle Kommunisten aus seinen Streitkräften; als es in Kanton zu einem regelrechten kommunistischen Aufstand kam, wurde dieser blutig niedergeschlagen. Wieder einmal war Rußland Opfer seines eigenen Puritanismus geworden.

Diese äußeren Dissonanzen spiegelten sich in innerparteilichen Kämpfen. Zum letzten Gefecht traten an auf der einen Seite die Vertreter einer gemäßigten und pragmatischen Linie wie Bucharin, Rykow und Tomski, die die Vorteile der neuen ökonomischen Politik höher einschätzten als ihre Nachteile und ein gewisses Maß an wirtschaftlichen Anreizen auch weiterhin für nötig hielten; ihnen gegenüber standen Sinowjew, der Leiter der Komintern, Kamenew und der feurige Redner Trotzki, Befürworter einer permanent weitergeführten Revolution und einer forcierten Industrialisierung. Und dann war da noch Stalin.

Stalin ließ sich Zeit und machte von der Macht, die er als Generalsekretär der Partei innehatte, geschickten Gebrauch. Eigenartigerweise war es die Rekordernte von 1926, die Anlaß zu der folgenschweren Kampagne gegen die reichen Bauern gab, deren Profite angeblich höher waren, als es sich mit der Parteidoktrin vereinbaren ließ. Die Partei fürchtete, daß sich auf dem Land ein Pendant zu der Klasse der wohlhabenden städtischen Parasiten entwickeln würde, von denen die Spielkasinos und Cafés der Hauptstadt lebten. Der Konflikt spitzte sich so zu, daß Trotzki und Sinowjew aus der Partei ausgestoßen, Kamenew als Botschafter nach Italien abgeschoben wurde. Kaum war dies bewerkstelligt, da mobilisierte Stalin seine Anhänger in der Partei und ging ungerührt daran, genau die Politik in die Tat umzusetzen, für deren Propagierung Trotzki und seine Genossen bestraft worden waren.

Für diejenigen, die der Meinung sind, daß die politischen Fronten während der Stalin-Ära klar und deutlich abgesteckt waren im Sinne eines bloß zweidimensionalen Konflikts zwischen (durch die kommunistische Brille gesehen) Guten und Bösen, ist es vielleicht nicht uninteressant, sich kurz des makaberen Schicksals derjenigen zu erinnern, die nach dem Tode Lenins einige Jahre lang die Geschicke dieses riesigen Landes bestimmten.

Trotzki wurde 1927 aus der Partei ausgeschlossen und nach Alma-Ata in der fernen Kasachischen Republik verbannt. Dort verbrachte er seine Zeit mit dem Verfassen polemischer Schriften, bis er 1929 als lebenslänglich Verbannter aus der Sowjetunion ausgewiesen wurde. Er ließ sich schließlich in Mexiko nieder, wo er 1940 von einem jungen

Mann namens Ramón Mercader ermordet wurde, von dem man vermutet, daß er im Auftrag der sowjetischen Regierung handelte. Zwei verheiratete Töchter und ein Sohn Trotzkis verschwanden in Rußland. Der verbliebene Sohn wurde in Frankreich ermordet; all dies geschah noch vor dem Tod Trotzkis.

Sinowjew wurde zusammen mit Trotzki aus der Partei ausgeschlossen, aber dann, nachdem er seine ketzerischen Auffassungen widerrufen hatte, 1928 wieder aufgenommen. 1932 jedoch wurde er erneut ausgestoßen, 1933 erneut aufgenommen. 1935, nach der Ermordung Kirows, eines mächtigen Parteifunktionärs, der Stalin so nahe stand, daß er die Eifersucht nicht nur anderer Parteigrößen, sondern auch des Diktators selbst auf sich zog, wurde Sinowjew wegen «moralischer Komplizenschaft» an dem Mordanschlag zu 10 Jahren Gefängnis verurteilt. Er saß jedoch nur ein Jahr seiner Strafe ab, da er 1936 erneut verurteilt und hingerichtet wurde.

Kamenew war, wie bereits erwähnt, von 1926 bis 1927 als sowjetischer Botschafter in Italien. Wie die beiden Vorgenannten, wurde er 1927 aus der Partei ausgeschlossen, um dann, genau wie Sinowjew, 1928 wieder aufgenommen, 1932 wieder ausgeschlossen und 1933 erneut aufgenommen zu werden. Nach der Ermordung Kirows wurde auch er jener rätselhaften «moralischen Komplizenschaft» beschuldigt und zu fünf Jahren Gefängnis verurteilt, nur um 1936 ebenfalls in einem zweiten Prozeß abermals verurteilt und hingerichtet zu werden.

Und was wurde aus den drei anderen, die Stalins Angriff auf Trotzki mitgetragen hatten?

Stalin widmete sich ihnen, sobald Trotzki und seine Gesinnungsfreunde aus der Partei ausgestoßen waren, und beschuldigte sie der «Rechtsabweichung».

Rykow wurde abgehalftert, bis er 1931 widerrief; trotz

der beschämenden Demütigungen, die er auf dem XVII. Parteitag schlucken mußte, trug er seine Zerknirschung so überzeugend zur Schau, daß er innerhalb der Partei bis zum Kandidaten des Zentralkomitees aufstieg. Doch all dies nützte ihm nichts: 1938 wurde er des Verrats angeklagt und hingerichtet.

Bucharin, Stalins wichtigster Verbündeter gegen Trotzki, fand sich urplötzlich der Gunst des Diktators beraubt, wurde als Verfälscher der marxistischen Lehre gebrandmarkt und aller seiner offiziellen Funktionen enthoben. Gleichwohl wurde er später Herausgeber der offiziellen Regierungszeitung *Iswestija*; 1937 jedoch wurde er aus der Partei ausgeschlossen unter dem verblüffenden Vorwurf, ein Trotzkist zu sein! Ein Jahr später wurde er des Verrats für schuldig befunden und hingerichtet.

Und Tomski? Der Glückliche nahm sich 1936 das Leben.

Von der bolschewistischen Elite, die das Erbe Lenins übernahm, starb nur ein einziger eines natürlichen Todes: Stalin.

Es ist ein seltsames Phänomen der jüngeren europäischen Geschichte, daß dreimal eine bedeutende Nation der diktatorischen Herrschaft eines nicht-einheimischen Usurpators anheimgefallen ist; jedes Mal war es ein Mann, der aus dem Süden stammte und sich zum Beherrscher eines wirtschaftlich leistungsfähigeren Nordens aufwarf. Napoleon war der erste in der Reihe; der Korse wartete ab, bis die lodernde Flamme der Revolution ausgebrannt war, und machte den neuen Geist dann seinen eigenen militärischen Begabungen dienstbar. Der Georgier Stalin besaß den Instinkt eines Konzerngründers – immer einen Schritt schneller als die temperamentvollen jüdischen Intellektuellen mit ihrem Sinn für theoretische Zusammenhänge und als die Russen, die sich nicht mehr wünschten, als daß die Dinge, die gut liefen, noch besser laufen sollten.

Für die Theorie hatte er nur zynische Geringschätzung übrig, wenn er es auch hin und wieder für nötig befand, ein Lippenbekenntnis zu ihr abzulegen. Wäre er als Amerikaner geboren worden, er hätte es bestimmt zu einer einflußreichen Stellung in einem großen, wahrscheinlich dem größten, Unternehmen gebracht, und er hätte dort kaum über wirkliche Leichen gehen müssen, um seine Ziele zu erreichen. Er hatte mehr von einem Paten als von einer Vaterfigur an sich und war von den dreien der einzige, dem wirklicher, wenn auch fürchterlicher Erfolg beschieden war.

Der Österreicher Hitler, der Dritte im Bunde, war in seinem Buhlen um die Vorsehung zu schrill und verbaute sich selbst jede Chance, ein wirklich mächtiger Fürst der Finsternis zu werden. Ihm fehlten der Stil und die Unverfrorenheit Napoleons und die lächelnde Abgebrühtheit Stalins. Er war einfach ein besessener plebejischer Himmelsstürmer, der verzweifelt auf Eingebungen lauschte, die nicht kamen, und die halbe Welt mit sich in eine Orgie des Todes und der Vernichtung riß.

Keiner der drei liebte seine Nächsten, aber Stalin war sicherlich derjenige, der mit der größten Gelassenheit Verrat üben konnte, der seine Ängste am sorgfältigsten hütete und seine Ausbrüche mit der sanftesten Stimme zelebrierte. Er hielt, wie es bei Menschen seines Schlages nicht anders möglich ist, von seinen Mitmenschen wenig und baute weniger auf ihre Stärken als auf ihre Schwächen. Für Rußland hatte sein Wirken den gleichen Effekt wie das Wüten eines Tatarenheers, wobei er jedoch hinsichtlich der ihm zustehenden Tribute anspruchsvoller war.

Sein bleibendes Vermächtnis waren jene berüchtigten Fünfjahrespläne, mit denen die wirtschaftliche Entwicklung des Landes auf drakonische Weise vorangepeitscht wurde. Nichts blieb dem Zufall überlassen. Diejenigen, die im Zeichen der Neuen Ökonomischen Politik so erfolgreich gewirtschaftet hatten, wurden, ebenso wie die wohlhabenderen Bauern, durch erdrückende Steuern wirtschaftlich stranguliert. Alles und jedermann wurde kollektiviert, alle Energien auf die Entwicklung der Schwerindustrie konzentriert, ohne die eine moderne Nation weder ihre Verteidigung noch auch nur ihre Unabhängigkeit sicherstellen konnte.

Im Zeichen dieser rücksichtslosen Uniformisierung der Gesellschaft wurde alles darangesetzt, das Land leistungsfähig zu machen – und es zu veröden. Die Künste, die im warmen Klima der Revolution eine ungehemmte Blütezeit erlebt hatten, wurden mobilisiert und einer tötenden Gleichschaltung unterworfen. Die Avantgarde, wie sie durch Malewitsch, Wladimir Tatlin, Alexandra Ekster in der bildenden Kunst, Meyerhold im Theater, Majakowski, Blok und Jessenin in der Literatur, Eisenstein und Pudowkin in der Filmkunst repräsentiert war, wurde, soweit sie nicht physisch ausgestorben war, zum Schweigen gebracht, indem irgendwelche bornierten Beamten, die offenbar glaubten, man könne die künstlerische Produktion ebenso wie die industrielle durch Fünfjahrespläne reglementieren, sie unaufhörlich mit Vorschriften und Anweisungen drangsalierte. In der Malerei wurde ein lächerlicher Stil verordnet, der sich Sozialistischer Realismus nannte und auf eine quasi fotografische Darstellung der heroischen Aspekte der sowjetischen Realität und auf allegorische Illustrationen der Bösartigkeit der «Staatsfeinde» und «Saboteure» hinauslief. Dem sowjetischen Film, der einen so glänzenden Einstand gefeiert hatte, wurde der Lebensnerv gezogen, und die Komponisten sahen sich einer beständigen nörgelnden Kritik an jedem Anklang an moderne musikalische Formen in ihren Partituren und an jeder pessimistischen Klangfarbe in ihren Melodien ausgesetzt. Die Funktion der Kunst für die Gesellschaft wurde auf einen engen Nützlichkeitsbegriff reduziert, die Künste so behandelt, als wären sie eine beliebige Industriebranche. Die Anweisungen und Urteile Schdanows und anderer Vorbeter des offiziellen Kunstgeschmacks nehmen in der Chronik menschlicher Unsensibilität und Dummheit einen Ehrenplatz ein.

Während die sowjetische Industrie sich in einem atemberaubenden Tempo entwickelte, traten im Gefolge der Kollektivierung der Landwirtschaft und der im großen Maßstab einsetzenden Landflucht die ersten Zeichen einer Lebensmittelversorgungskrise auf, die bis heute andauert.

1928 bestand die russische Bauernschaft noch fast durchweg aus individuell wirtschaftenden Landwirten, die ihr eigenes kleines Stück Land bebauten. Staatliche und genossenschaftlich betriebene Güter hatten nur einen Anteil von weniger als drei Prozent an der russischen Landwirtschaft. 1934 entfielen auf Sowchosen und Kolchosen dagegen 86,5 Prozent, auf private bäuerliche Betriebe nur noch 13,5 Prozent.

Der zweite Fünfjahresplan brachte eine wesentliche Lokkerung des gleichmacherischen Zwangssystems; allerdings vergrößerten sich die Lohnunterschiede zwischen gelernten und ungelernten Arbeitern, ebenso wie die zwischen höheren und niedrigeren Beamten sowie zwischen letzteren und Arbeitern. Binnen kurzer Zeit entwickelte sich eine neue Hierarchie und in gewisser Weise auch eine neue, linke Aristokratie, eine Aristokratie allerdings, die, selbst wenn Nepotismus und Protektion eine Rolle spielten, wie es in jedem großen gesellschaftlichen Verband zwangsläufig der Fall ist, nicht auf irgendeiner Form der Erblichkeit beruhte, sondern ihre Mitglieder unter dem Gesichtspunkt ihrer Verdienste und ihrer Unterwerfung unter die herrschende graue Disziplin rekrutierte.

Die Stabilisierung des Staates, die sich zweifellos vollzog, und das damit einhergehende Gefühl zunehmender Macht führten zugegebenermaßen zu gewissen ideologischen Veränderungen. Die Vergangenheit wurde kritischer und differenzierter betrachtet. Der Zarismus wurde nicht mehr in Bausch und Bogen verteufelt. Selbst Herrscher wie Iwan der Schreckliche wurden einer Neubewertung unterzogen, seine positiven Beiträge zum Gedeihen der Nation herausgestellt, ein Unterfangen, das auf eine merkwürdige Weise zur Stalinschen Ära paßte. Ungeachtet der Tatsache, daß «bourgeois» und «bürgerlich» nach wie vor die schlimmsten Schimpfworte waren, entwickelte das Rußland Stalins entschieden bürgerliche Charakterzüge, vermutlich als Ergebnis des Bemühens, die errungenen Erfolge und geschaffenen Reichtümer nach außen hin zu dokumentieren. Ins häusliche Leben hielten Topfpalmen und Zierdeckchen Einzug, und Wolkenkratzer im neugotischen Stil warfen ihre Schatten über die Städte. Die Ehescheidung, im Boheme-Klima der ersten Revolutionsjahre die einfachste Sache der Welt, wurde nun wieder extrem erschwert, und die Abtreibung, dieses letzte Etappenziel auf dem Weg der Befreiung der Frau von den Fesseln der religiösen Dogmatik, wurde wieder strikt verboten.

Stalin war, vielleicht zum Teil deswegen, weil er kein Russe und nicht mit den russischen Traditionen vertraut war, niemals Internationalist. Von abstrakten Bekenntnissen zur Weltrevolution hielt er überhaupt nichts, solange die einzige Revolution, über die er wirklich etwas vermochte, die russische, noch ungelöste Probleme stellte. Er faßte seine Auffassung schon 1924 in der Formel vom «Sozialismus in einem Land» zusammen. Seiner Ansicht nach mußte der Sozialismus in Rußland aufgebaut werden, unabhängig von möglichen kommunistischen Aufständen in anderen Ländern. Dies war der objektive Hintergrund seiner Auseinandersetzung mit den Predigern der Revolution vom Schlage Trotzkis.

Das uns heute so vertraute Engagement der Sowjets für

militärische Abrüstung setzte bereits 1922 ein, als die Sowjetregierung Rüstungskontrollvereinbarungen mit den Nachbarstaaten Polen, Finnland, Estland, Lettland und Litauen anstrebte. Auf einer Abrüstungskonferenz 1927 in Genf schlug der sowjetische Delegierte eine etappenweise Verringerung der Land-, See- und Luftstreitkräfte vor. Die europäischen Mächte lehnten den Vorstoß ab.

Angesichts dieser Zurückweisung und anderer Anzeichen der Feindseligkeit geriet die sowjetische Regierung fast zwangsläufig auf den Weg einer Annäherung an Deutschland. Als die Deutschen ihrerseits Abrüstungsvorschläge vorlegten, fanden sie bei der Sowjetunion Unterstützung.

Als 1933 Hitler an die Macht kam, führte das zu einer grundlegenden Veränderung der europäischen Bündniskonstellationen. Die Grundmotive seiner Politik waren ein wütender Antikommunismus – mit dem er sich die Gunst der deutschen Industrieführer erworben hatte, die ihm dann den Weg zur Kanzlerschaft erleichterten – und die Ablehnung der Versailler Verträge, die Deutschland entwürdigende Bedingungen auferlegt hatten. Der sowjetische Außenminister Litwinow griff dieses Motiv behende auf und formulierte, in der Überzeugung, daß der Friede unteilbar sei, erstmals den Gedanken eines kollektiven Sicherheitssystems. 1934, im gleichen Jahr, in dem Deutschland aus dem Völkerbund austrat, trat Rußland ihm bei.

Bündnisse hat es zu allen Zeiten in Hülle und Fülle gegeben, aber erst in einer Zeit, da sich praktisch alle großen und die meisten kleinen Nationen aktiv am politischen Leben eines durch die Verkürzung der Kommunikationswege geschrumpften Kontinents beteiligten, konnte der Gedanke der kollektiven Sicherheit zur Diskussion gestellt werden. Daß der Gedanke erstmals von der Sowjetunion vorgetragen wurde, gereicht ihr zur Ehre, bedeutete aber auch, daß andere ihm mit Argwohn begegneten. Viele einflußreiche

Nikolaus, Zarin Alexandra und der künftige Alexander II.

Politiker, namentlich in England, sahen in Hitler und Mussolini Garanten einer begrüßenswerten wirtschaftlichen Leistungsfähigkeit, ohne sich darüber klar zu sein, daß diese Leistungsfähigkeit später dazu dienen sollte, Krieg zu führen. Die Modernität der deutschen Autobahnen und die Tatsache, daß die italienischen Staatseisenbahnen auf ganz unitalienische Weise auf Trab gebracht wurden, verleiteten einige schlaftrunkene Mitglieder des britischen Establishment zu einer Art respektvollen Neides.

Mit Frankreich, einem Land, das immer dem Verbalradikalismus gehuldigt, dies freilich durch eine zumeist recht konservative Politik kompensiert hat, kamen die Russen besser zurecht, zumindest eine Zeitlang. Die Komintern, die ihrer unverhüllten Aufrufe zur Rebellion und ihrer anderen, subtileren Methoden der Unruhestiftung wegen stets als die graue Eminenz der sowjetischen Außenpolitik gefürchtet wurde, änderte abrupt ihre Politik: Statt die kritischen Sympathisanten zu schmähen, umgarnte sie sie nunmehr und rief zu einer Einheitsfront gegen das expansionistische und antisemitische Programm der Nazis auf. Diese kluge Änderung der Taktik schuf die Voraussetzungen für das Zustandekommen eines russisch-französischen Beistandspakts, und 1936 wurde in Frankreich die Volksfrontregierung unter Léon Blum gebildet, in der, erstmals außerhalb der Sowjetunion, auch kommunistische Minister vertreten waren. Auch mit der Tschechoslowakei wurde ein gegenseitiger Beistandspakt geschlossen, der allerdings mit der Vorbehaltsklausel versehen war, daß er nur wirksam würde, wenn auch Frankreich in die militärische Auseinandersetzung mit einbezogen wäre. Mit ihren unmittelbaren Nachbarn Rumänien, Polen, Litauen, Lettland, Estland und Finnland schloß die Sowjetunion Nichtangriffspakte ab.

Die japanische Invasion Chinas im Jahr 1937 lieferte den Anlaß für das Zustandekommen eines chinesisch-sowjetischen Vertrags; alsbald begannen die Russen die Armeen Tschiang Kai-scheks mit Waffen und technischen Beratern zu versorgen.

Der Ausbruch des spanischen Bürgerkriegs, den man im Rückblick als eines der wichtigsten Ereignisse dieses Jahrhunderts bezeichnen kann – was einige wenige weitblickende Menschen schon damals erkannten –, stellte alle diese Bündnisvereinbarungen auf den Prüfstand. Im März 1936 begann die Rebellion General Francos gegen die rechtmäßige Regierung der spanischen Republik, und prompt wurde den Rebellen die volle Unterstützung Deutschlands und Italiens zuteil; sie schickten Truppen und Luftwaffengeschwader, die die Gelegenheit nutzten, um an spanischen Städten und an der spanischen Bevölkerung Techniken der modernen Kriegführung zu erproben. Rußland stellte der legitimen Regierung Flugzeuge, Waffen und Berater zur Verfügung, aber die beiden Länder waren geographisch sehr weit voneinander entfernt. Spanische Politiker und französische Intellektuelle forderten Frankreich zum Eingreifen auf, aber die Volksfront blieb, von Großbritannien stark unter Druck gesetzt, neutral und untätig; sie richtete lediglich Unterkünfte für Flüchtlinge ein. Durch seine feste Haltung stellte Großbritannien in diesem Augenblick die Weichen für den Ausbruch des Zweiten Weltkrieges, der im Grunde genommen bereits begonnen hatte – und der Argwohn Lenins gegenüber gemäßigt linken Sympathisanten erwies sich als nur allzu gerechtfertigt. Traurig, aber wahr: Linke Koalitionsregierungen umhüllten die Kommunisten mit einer Wolke des Wohlwollens, die sich beim ersten kühlen Lufthauch in nichts auflöste.

Kurz nach der Kapitulation der demokratisch gewählten spanischen Regierung vor den Kräften des Faschismus wurden die Konzepte einer kollektiven Sicherheit auf eine neue Probe gestellt. Deutschland beschloß, die Gebiete der sudetendeutschen Minderheit in der Tschechoslowakei zurückzufordern. Ein Krieg drohte, konnte aber vorläufig noch einmal abgewendet werden durch eine beschämende Konferenz zwischen Hitler, Mussolini, Chamberlain und Daladier in München, zu der die Russen trotz ihres Vertrags mit der Tschechoslowakei nicht eingeladen wurden. Die Tschechen wurden auf höchst feige Weise im Stich gelassen, war doch die Tschechoslowakei, wie Neville Chamberlain so schön sagte, ein «fernes Land, von dem wir wenig wissen». Geographie war bestimmt nicht die Stärke des britischen Premierministers. Bei einer späteren Gelegenheit, als bekanntgegeben wurde, daß deutsche Truppen in einer ihrer Blitzaktionen Narvik in Nordnorwegen besetzt hatten, erklärte er im Unterhaus, es müsse ein Übermittlungsfehler unterlaufen sein; es hätte in dem Telegramm Larvik (bei Oslo) heißen müssen.

Diese Enttäuschungen veranlaßten die Sowjetunion, ihre außenpolitische Strategie erneut zu ändern. Litwinow, der besonnene, idealistische Optimist, wurde durch Molotow ersetzt, einen Mann, der sich, wie Stalin, selbst seinen *nom de guerre* zugelegt hatte. Das russische Wort *molot* bedeutet Hammer. Molotow, dessen richtiger Name Skrjabin war, ließ an seinen Absichten nicht den geringsten Zweifel. Mit seiner Knopfnase, seinem blitzenden Zwicker und seiner hohen Stirn gab er die passende Galionsfigur für das mitten in rauher See seine Richtung ändernde russische Staatsschiff ab.

Ein Aufschrei verletzten Moralempfindens erhob sich im Westen, als das kommunistische Rußland und das nationalsozialistische Deutschland am 23. August 1939 einen Nichtangriffspakt unterzeichneten. Er trug alle Merkmale einer pragmatischen Übereinkunft. Es war sicherlich ein kaltblütiger und berechnender Schritt, der zu Lasten Polens ging, des traditionellen Puffers zwischen Ost und West. Polens

Unglück lag eben darin, daß es nicht nur dem Westen, sondern in neuerer Zeit auch dem Osten als Glacis diente. Die Russen hatten die Lehre aus der Phase des Optimismus gezogen, in der sie die Hand ausgestreckt hatten, mit dem Resultat, daß sie entweder nur widerwillig genommen oder ganz abgeschlagen worden war. Darüber hinaus ist Rußland eben, was die Lage an seinen Grenzen betrifft, stets ebenso empfindlich gewesen wie England hinsichtlich der Lage auf den Weltmeeren, und was zuviel war, war zuviel.

Wenn Chamberlain bei seiner Rückkehr nach Großbritannien, als er aus dem Flugzeug stieg, unter dem Applaus des größten Teils der Nation mit den Worten: «Ich habe hier ein Blatt Papier» eine Willenserklärung Hitlers schwenkte, dann war das ebensosehr ein Akt der Perfidie wie der Hitler-Stalin-Pakt; doch dieselben Hände, die Chamberlain Beifall klatschten, reckten sich in indigniertem Protest gegen Stalin.

Als Deutschland, der Gefahr entledigt, wie 1914 einen Zweifrontenkrieg führen zu müssen, am 1. September 1939 Polen überfiel, taten Großbritannien und Frankreich endlich, was sie ihrer Ehre schuldig waren: Am 3. September erklärten sie Deutschland den Krieg. Die Russen, ihrer vertraglichen Verpflichtungen dem Westen gegenüber entledigt, marschierten am 17. September in Polen ein und besetzten, offenbar einem geheimen Zusatzabkommen entsprechend, dessen östliche Hälfte. Da sie nun einmal dabei waren, annektierten sie, sobald Deutschland im Westen mit dem Krieg gegen Frankreich beschäftigt war, gleich auch die baltischen Staaten und holten sich Bessarabien und die nördliche Bukowina von Rumänien zurück. Sie verschafften sich im gewissen Sinn Wiedergutmachung, nicht nur für den Vertrag von Brest Litowsk, sondern auch für die unter Ausnutzung der damaligen Schwäche Rußlands auf seine Kosten gemachten Eroberungen. Der Leser wird sich beispielsweise daran erinnern, daß das wiedererstandene Polen in seinen Grenzen vier Millionen Russen beherbergte.

Das Hauptmotiv für ihre vorübergehende Komplizenschaft mit den Deutschen war für die Sowjets aber sicherlich das Bestreben, die Pufferzone zwischen sich und Hitlerdeutschland, das zweifelsfrei ihr potentieller Kriegsgegner war, möglichst weit nach Westen auszudehnen. Zu unterstellen, wie es heute gerne getan wird, daß der deutsche Überfall auf die Sowjetunion Stalin letzten Endes doch überrascht habe, heißt, ihn für naiv zu erklären, was ungefähr ebenso sinnvoll ist, wie Hitler einen Gentleman zu nennen. Nein, die Russen haben immer aus der Weite ihres Raums eine militärische Tugend gemacht, was nur natürlich ist, da diese Weite ihnen zur zweiten Natur geworden ist, ebenso wie den Engländern, um dies nochmals zu wiederholen, das Meer zur zweiten Natur geworden ist. Mit dem zunehmenden Tempo in der modernen Kriegführung haben räumliche Entfernungen etwas von ihrer Bedeutung eingebüßt, aber im Zweiten Weltkrieg waren sie für ein Land, das eine enorm lange Grenze zu verteidigen hatte, noch immer ein äußerst wichtiger Faktor. Ein Angreifer sollte seine Karten in einer vorgelagerten Zone aufdecken müssen, ehe er die russische Grenze überschritt. Im Sinne dieses Kalküls griffen die sowjetischen Truppen im November 1939 trotz des bestehenden Nichtangriffspakts Finnland an, um die Grenze weiter von Leningrad wegzuverlagern und Terrain für die Anlage von Flottenstützpunkten zu gewinnen. Wieder einmal war der Westen entrüstet, und Finnland wurde zu einem ebenso gehätschelten Symbol edler Integrität wie Belgien 25 Jahre zuvor.

Was im Westen gerne einem russischen Expansionsdrang zugeschrieben wird, ist in Wirklichkeit ein durch und durch defensives Verhalten. Ihr Denken kreist ganz und gar um Abwehr, Schutz, Sicherung. Die Russen haben in Europa niemals von sich aus einen Angriffskrieg vom Zaun gebrochen, und es fehlt ihnen auch ganz und gar an der inneren Einstellung, die das unerläßliche Rüstzeug für ein solches Abenteuer ist. Selbst am Vorabend des Krimkriegs hielt Rußland sich an die Regeln des schäbigen Spiels. Seine Gegner taten es nicht.

15
Der Kampf gegen den Faschismus

Zu der Zeit, als in den Vereinigten Staaten der McCarthy-Ausschuß zur Untersuchung der angeblichen kommunistischen Unterwanderung der US-Streitkräfte seine Verhöre durchführte, wurde ein Ausdruck geprägt, der von einer ziemlich erschreckenden Einstellung zeugte. Es war der Begriff des «frühreifen Antifaschisten», und er bezog sich auf diejenigen, die die von Hitlerdeutschland ausgehende Gefahr früher und klarer erkannt, als es vielen lieb war, und entsprechend gehandelt hatten. Als Ausbünde dieser speziellen Art der Frühreife galten insbesondere jene romantischen Burschen, die nach Spanien gingen, um in der Lincoln-Brigade zu kämpfen. Es spricht für sich, daß die aufwühlende Erfahrung dessen, was der spanischen Republik widerfuhr, daß dieses schlichte Motiv, das seither in vielen Variationen von immer größeren Orchestern in immer ohrenbetäubenderer Lautstärke nachgespielt worden ist, auch Dichter aus anderen Ländern inspirierte, Dichter, die Soldaten sein wollten, und ebenso auch Soldaten, die sich als Dichter verstanden.

Malraux, Hemingway, Lorca waren dabei. MacNeice und viele andere schrieben darüber. Mao Tse-tung und Attlee machten ihre Aufwartung. Tito arbeitete im Rekrutierungsbüro in Paris. Es war die Generalprobe für das, was folgen sollte, und die ehrenwertesten der britischen Sowjetagenten wurden unter dem Eindruck dieses Geschehens angeworben.

Lenin und Stalin im Jahre 1922.

Es mag vielen schwer begreiflich erscheinen, wie ein intelligenter Mensch sich von einer fremden Macht dazu verleiten lassen kann, in die dunklen Regionen der Spionage hinabzusteigen; man wird dem Verhalten dieser Menschen aber nur gerecht, wenn man ihnen ein gewisses Maß an Einfühlungsvermögen und Fairneß entgegenbringt. Keiner, der jene Zeit bewußt miterlebt hat, wird jemals das Gefühl hilfloser Erbitterung vergessen, das man als demokratisch engagierter Engländer angesichts der schlafmützigen Gleichgültigkeit der politisch Verantwortlichen in London empfand; als schwebten sie in einer anderen Welt, nahmen die Regierenden die systematischen Kriegsvorbereitungen Hitlers einfach nicht zur Kenntnis. Dabei spielte sich alles vor den Augen der Welt ab: Deutsche Truppen besetzten das entmilitarisierte Rheinland, die militärischen Auflagen des Versailler Vertrags wurden nicht mehr befolgt, allenthalben fanden Aufmärsche und Militärparaden statt, zeigten sich Symptome aggressiver Militanz; der Kinderreichtum wurde durch Anreize und Belohnungen gefördert, jedes geborene Kind wurde als Geschenk für Führer und Reich begrüßt. Dann wurden die widerwärtigen Rassentheorien verkündet; die Schaufenster jüdischer Geschäfte wurden eingeworfen, die Auslagen geplündert, beides mit behördlichem Segen; und die ersten Konzentrationslager wurden gebaut, wobei es freilich noch einige Jahre dauerte, bis das KZ-System seine schließliche Perfektion erreichte.

Die Italiener fingen unterdessen an, sich nicht nur als die geistigen, sondern auch als die politischen Erben des alten Römischen Reiches zu betrachten. Den nötigen Pomp beherrschten sie bereits, was nun noch fehlte, war das äußere Imperium. Sie eroberten Abessinien, einen der wenigen Flecken in Afrika, die noch für koloniale Abenteuer zu haben waren. Sie hatten es bereits früher einmal probiert, in einer weniger spannungsgeladenen Zeit, gegen Ende des 19.

Jahrhunderts, und waren bei Adona schwer unter die Räder gekommen. Jetzt dürsteten sie nach Rache, aber es kostete sie einen sehr hohen Preis, diesen Durst zu löschen.

Nicht lange danach demonstrierten sie, daß Eroberungsfeldzüge auch innerhalb Europas möglich waren: Nach einem kurzen Waffengang, der jedoch nur eine vorläufige Entscheidung markierte, annektierten sie Albanien. Die albanischen Krieger zogen sich in ihre Bergfestungen zurück, wie die Jugoslawen es wenig später nachexerzieren sollten. Allen diesen Alarmzeichen gegenüber bewahrte die britische Regierung ihre vornehm-ungerührte Gleichgültigkeit. Sie stellte sich auch taub, als einige deutsche Generäle sie eindringlich ersuchten, einer noch längst nicht störungsfrei laufenden nationalsozialistischen Machtmaschine mit entschlossener Härte entgegenzutreten. Das Münchner Abkommen ging, allen Widerständen zum Trotz, durch; es war der vollendete Ausdruck der als «Beschwichtigungspolitik» bekanntgewordenen Strategie, die mit dem Ausbleiben jeder Reaktion auf das *fait accompli* der Besetzung des Rheinlands eingesetzt und in dem elendiglichen Hoare-Laval-Plan ihre Fortsetzung gefunden hatte, der anläßlich des Abessinienkriegs vorgelegt wurde und auf den Versuch hinauslief, den Täter zufriedenzustellen, ohne dem Opfer unzumutbare Verluste zuzufügen.

Das Münchner Abkommen wurde nachträglich damit gerechtfertigt, daß es Großbritannien und Frankreich Zeit zur Vorbereitung gegeben habe. Vorbereitung wofür? Für Dünkirchen und die Kapitulation Frankreichs?

Bis zum Einmarsch Hitlers in die «Resttschechei» war die Sowjetunion unter den bedeutenden europäischen Mächten die einzige, die sich der Unausweichlichkeit des militärischen Konflikts mit dem NS-Staat bewußt zu sein schien und sich zu Auffassungen bekannte, die im mindesten Fall weniger Selbstsucht, im besten Fall mehr Menschlichkeit bezeugten als die Ideen, auf die Deutschland und Italien sich beriefen. Einem hartnäckigen spießbürgerlichen Klischee zufolge sind Faschismus und Kommunismus ein und dasselbe. Meines Erachtens ist der Faschismus nur als Äußerungsform einer militanten Nostalgie zu begreifen, die weit weniger auf Programme als auf die Suggestivkraft mystischer Formeln baut. Mittel- oder südamerikanische Generäle verfügen gewöhnlich nicht über das intellektuelle Format, politische Programme zu entwickeln, aber dafür über ein großes Repertoire hochtrabender Floskeln, Versatzstücken einer primitiven Mystik. Hitler hatte sich durch die Musik Wagners und die damit assoziierten deutschen Heldensagen inspirieren lassen; Mussolini ließ die Triumphbögen, die die alten Römer zu Ehren heimkehrender siegreicher Feldherren errichtet hatten, wieder aufbauen; die Japaner bezogen ihre Inspiration aus den Heldentaten der Samurai, deren moderne Nacheiferer in den Kanzeln klappriger Kampfflugzeuge einem ehrenvollen Tod entgegenrasten.

Faschistische Ideologien sind immer primitiv und beruhen auf dem Grundsatz, daß die Disziplin die Freiheit des Unwissenden ist. Die gewöhnlichen Spielarten des Faschismus kommen mit sehr wenigen Theorien aus. Ihre Hauptkennzeichen sind Gigantomanie, schwülstiges Pathos, Prunksucht und eine enge Affinität des Gefühls und der Interessen zur Geldaristokratie, für die Disziplin ein ebenso wertvolles Gut ist wie für Generäle mit einem Sinn für die Ästhetik des Exerzierplatzes. Der Faschismus erzeugt Vertrauen zum Status quo, weil er «funktioniert» und weil seine außenpolitische Aggressivität die Wirtschaft stimuliert.

Der Kommunismus ist etwas viel Komplizierteres, eine Religion für Intellektuelle. Er gründet sich nicht auf partikulare, sondern auf universelle Ideale. Er ist zutiefst besessen von Moralität. Die Verfassung der Sowjetunion ist eine feine Sache. Sie setzt freilich verständlicherweise andere Schwerpunkte als ihr berühmtes amerikanisches Pendant. Die Grundrechte des einzelnen sind mit seinen Pflichten dem Staat gegenüber verknüpft, statt den vor Eingriffen des Staates zu schützenden Freiraum des Individuums zu definieren. In der amerikanischen Verfassung erscheint der Staat als notwendiges Übel, in der sowjetischen als das notwendige Gute.

Die Ansichten darüber sind vielfältig, welche relativen Vorzüge jeder dieser beiden Arten, die Welt zu deuten und die Rolle des einzelnen in ihr zu bestimmen, zukommen. Gleichwohl ist unbestreitbar, daß der Kommunismus in jenen frustrierenden Vorkriegsjahren genügend Anziehungskraft besaß, um Intellektuelle an sich zu binden; in dieser Zeit wurden an den Universitäten jene jungen Leute rekrutiert, die später Spione werden sollten. Sie werden heute in den Medien als Männer dargestellt, die ihr Land an den Feind verrieten. Das ist natürlich eine unbillige und böswillige Vereinfachung.

Als Hitler am 22. Juni 1941 in Rußland einfiel, vollbrachte er damit etwas Wichtiges, das kaum je Erwähnung findet: Er beendete die Isoliertheit der «frühreifen Antifaschisten». Die Demokratien und die Sowjetunion sahen sich plötzlich in ein Bündnis gedrängt, das allen Beteiligten stets unheimlich blieb und nur durch Hitlers größenwahnsinnige Pläne zusammengeschmiedet wurde. Was immer die Spione in jener Zeit taten, taten sie im Dienste einer befreundeten Macht, aber diese Tatsache wird heute sorgsam unterschlagen, weil jene Freundschaft ein bloßes Zweckbündnis war. Freilich, niemandem ist es je übel angerechnet worden, ein «frühreifer Antikommunist» gewesen zu sein. Das galt nie als anrüchig.

Der Krieg im Osten begann mit großen Feldschlachten. Wie bei allen früheren Angriffen auf Rußland war der allgemeine Eindruck auch jetzt der, daß der Angreifer den Sieg davontragen würde. Das war 1812 und 1914 so gewesen, und auch bei der Intervention der Entente-Mächte 1918. Man schätzte die Wehrkraft Rußlands gering ein. Es war viel die Rede von «General Winter», als ob allein infernalische Naturgewalten diese deutschen Teufelskerle noch aufhalten konnten, die doch wissen mußten, was sie taten, da sie sich sonst auf ein solches Abenteuer nicht eingelassen hätten. Und hatte nicht Stalin durch seine von Verfolgungswahn diktierte Säuberung der Roten Armee von Heerführern wie General Tuchatschewski den Streitkräften die fähigsten Führer genommen? Daß Marschall Rokossowski aus der Haft entlassen und mit einem hohen Kommandoposten betraut wurde, schien die Gerüchte über den desolaten Zustand der Truppe zu bestätigen. Alles mutete so verschroben und halsbrecherisch an wie einst in den Zeiten Iwans des Schrecklichen – drei Frontabschnitte von gewohnt riesiger Länge unter dem Befehl eines Namenlosen, des glatzköpfigen Marschalls Timoschenko, eines Veteranen, des 60jährigen, persönlich mit Stalin befreundeten Woroschilow, und eines gefeierten Husarengenerals aus dem Bürgerkrieg, Budjonni, der einen überdimensionalen Backenbart mit sich herumtrug und von dem es hieß, er habe die Mitgift für seine unverheiratete Tochter stets und überall bei sich für den Fall, daß er auf einen geeigneten jungen Mann stieß.

Stalin rechtfertigte den Nichtangriffspakt mit Hitler in einer Rede vom 3. Juli als notwendigen Schritt, der Rußland Zeit zur Vorbereitung gegeben habe. Das ging an die Adresse der eigenen Bevölkerung und diente offensichtlich dem Zweck, einer Öffentlichkeit, die gewohnt war, den Nazismus als das schlechthin Böse zu betrachten, eine Erklärung für die Bocksprünge der sowjetischen Außenpolitik anzubieten. Tatsächlich habe die Nachgiebigkeit des Westens, so erläuterte Stalin, der Sowjetunion keine andere Möglichkeit gelassen als die einer zeitweiligen Verständigung mit den Deutschen, wollte man sich auch nur eine kleine Chance zum Aufbau einer Verteidigungsmacht wahren, die es mit den Deutschen würde aufnehmen können. In diesem Zusammenhang rief Stalin auch zu einer Politik der verbrannten Erde auf, genau wie Alexander I. es vor nahezu 150 Jahren im Angesicht des angreifenden Napoleon getan hatte. Dabei war von Anfang an klar, daß rasche Durchbrüche der Deutschen in der ersten Kriegsphase nicht zu verhindern sein würden.

Am 19. September nahmen sie Kiew. Charkow folgte am 24. Oktober, und bald darauf wurde die Krim erobert, wenn auch Sewastopol erst am 2. Juli 1942 fiel. Die russischen Verluste in dieser Phase waren enorm: Über zwei Millionen Soldaten gerieten in Gefangenschaft, und entsprechend hoch waren die Materialverluste. Leningrad war praktisch eingekreist, und von Moskau waren die deutschen Truppen nur noch 30 Kilometer entfernt. Der Regierungsapparat zog nach Kuibyschew, südöstlich von Moskau, um. Viele rüstungswichtige Industrien wurden mit Sack und Pack in die Uralregion und in andere Gebiete des Hinterlands verfrachtet.

Als «General Winter» schließlich auf den Plan trat, hatten die Deutschen zwar riesige Gebietsgewinne erzielt, den Sowjets aber noch keineswegs das Rückgrat gebrochen. Auf der anderen Seite waren die sowjetischen Heerführer der ersten Phase zu anderen Aufgaben abkommandiert worden, und neue Truppenführer, die durch die Schule der praktischen Schlachtenerfahrung und des Improvisierens gegangen waren, hatten sich in den Vordergrund geschoben. Einer von ihnen war General Schukow, der den ersten erfolgreichen Gegenangriff gegen die Deutschen kommandierte. Wenn dieser Erfolg auch kaum strategisches Gewicht besaß, so zeigte er doch, daß der russische Degen noch stechen konnte und daß man noch die Kraft zur Initiative hatte. In den Monaten nach Ende des Winters boten die Deutschen alle Kräfte auf, um die nahe geglaubte Entscheidung zu erzwingen. Sie trachteten nach dem Süden, nach Öl und Weizen. Rostow fiel, der Don wurde überschritten, der Kaukasus besetzt. Im August standen die Deutschen vor den Toren Stalingrads an der unteren Wolga. Die Stadt schien ihres Namens wegen eine hypnotische Wirkung auf Hitler auszuüben, und er feuerte seine Truppen an, als würde die Eroberung Stalingrads den Krieg entscheiden; und tatsächlich wurde die Schlacht um Stalingrad zum dramatischen Wendepunkt seines Kriegsglücks.

Was die Russen in der Vergangenheit so oft praktiziert hatten, daß es ihnen zur Tradition geworden war, gelang ihnen auch diesmal: sich mit einer Hand hinhaltend zu verteidigen und unterdessen mit der anderen neue Armeen aufzustellen und neue Waffen zu produzieren. Diesmal begingen sie nicht den für das zaristische Rußland so typischen Fehler, die Technik zu vernachlässigen und eine unzureichend bewaffnete Truppe als Rammbock und Kanonenfutter einzusetzen. Und sie gingen auch nicht zum Gegenangriff über, ehe sie stark genug dafür waren. Gleichwohl war die Schlacht um Stalingrad ein fürchterlicher Zermürbungskampf. Hitler setzte wie ein von allen guten Geistern verlassener Spieler sein gesamtes Restkapital auf die eine aussichtslose Karte, während die Russen sich bedeckt hielten und Fußbreit um Fußbreit zurückwichen, bis die neuen, noch unverbrauchten Armeen einsatzbereit waren. Drei Monate währte das blutige Ringen, bis «General Winter» pflichtgemäß seinen Einzug hielt. Am 19. November starteten die Russen eine überraschende Gegenoffensive in Form eines wuchtigen, von einem verheerenden Hagel von Artilleriegranaten und Katjuscha-Raketen unterstützten

Zangenangriffs. Und vier Tage später, als die beiden Flügel der Zange sich im Rücken der deutschen Sechsten Armee vereinigten, waren mehr als 200 000 angeschlagene deutsche Soldaten von allen Verbindungen zu den Divisionen an ihren Flanken und im Hinterland abgeschnitten. Durch einen verzweifelten Vorstoß von Süden her versuchten die Deutschen, die bedrängten Truppen von General Paulus aus dem Kessel zu befreien, aber der russische Gürtel hielt, und am 31. Januar bot der an einem nervösen Augenzucken leidende Befehlshaber der Sechsten Armee die Kapitulation an. Hitler beförderte ihn zum Feldmarschall.

Im Mittsommer des Jahres 1943 hatte der Igel den verwundeten Hasen eingeholt und überholt. Hitler schickte seine gebeutelten Truppen in eine letzte Offensive, die sich an den neuen sowjetischen Armeen unter Schukow, Konjew, Rokossowski und Merezkow festlief. Im Norden fiel Smolensk, im Süden Kiew. Tag für Tag wurde in den Nachrichten des russischen Rundfunks, untermalt von Geschützdonner, die Rückeroberung von Dörfern und Städten verkündet.

Mitte 1944 hatte die Rote Armee das gesamte seit Kriegsbeginn verlorene Terrain wiedererobert und stieß in den von Deutschland annektierten Teil Polens hinein vor. Gleichzeitig landeten die Alliierten in der Normandie.

Rasch erreichten die Russen die Weichsel und die östlichen Vororte Warschaus. Die polnische Untergrundarmee unter General Bór-Komorowski trat auf den Plan und intensivierte im Angesicht der sich nähernden Russen ihre Aktivität. Die Russen machten jedoch halt, und der Aufstand der Polen wurde von den Deutschen mit äußerster Brutalität niedergeschlagen, Warschau auf ausdrücklichen Befehl des wutentbrannten Hitler dem Erdboden gleichgemacht. Westliche Historiker vertreten seit eh und je die Auffassung, daß Stalin diese Tragödie bewußt herbeige-

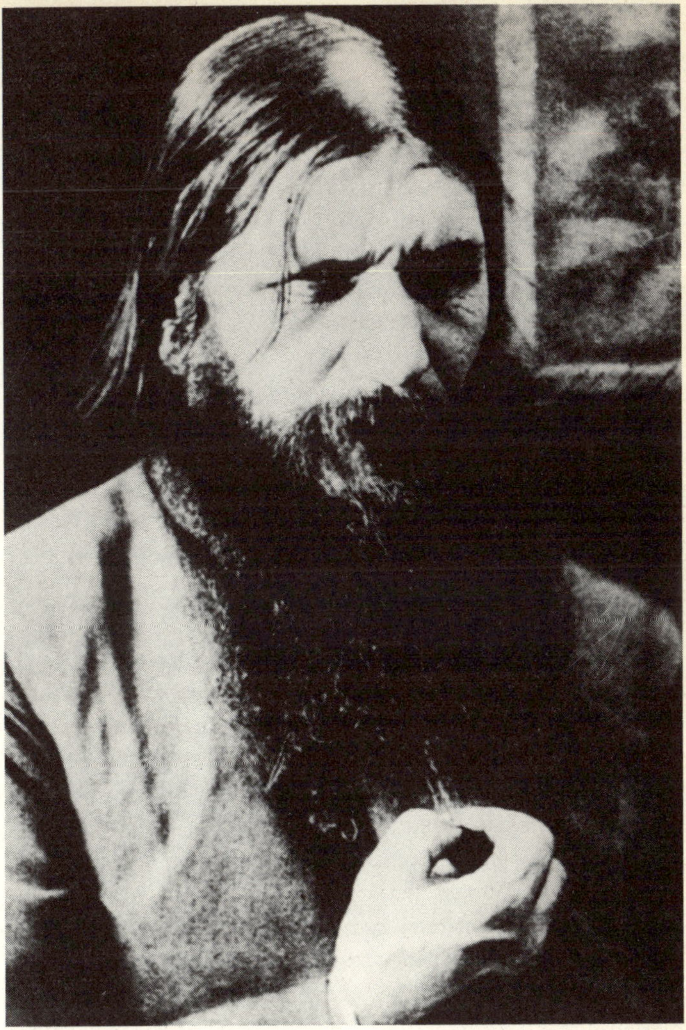

Rasputin, der Mönch mit dem unheilvollen Einfluß auf den Hof der letzten Zarenfamilie.

führt habe. Da General Bór-Komorowski im Namen der polnischen Exilregierung kämpfte, klingt diese Vermutung nur allzu plausibel, erst recht angesichts der Tatsache, daß die Sowjets nicht zuließen, daß alliierte Flugzeuge nach dem Abwurf von Versorgungsgütern für die heroisch kämpfenden Polen hinter den russischen Linien landeten. Marschall Schukow schildert jedoch in seinen Memoiren einen heftigen Streit zwischen ihm und Stalin, bei dem letzterer kategorisch die unverzügliche Fortsetzung des Vormarsches Richtung Berlin forderte. Es war Schukow, der aus rein militärtechnischen und logistischen Gründen auf einer Atempause beharrte, da es seiner Meinung nach zu gefährlich gewesen wäre, die Speerspitzen des sowjetischen Vormarsches den Reserve- und Versorgungseinheiten so weit vorauseilen zu lassen. Es müsse, so erklärte er Stalin, an der Weichsel, dem vorletzten großen Fluß vor Berlin, eine Auffanglinie aufgebaut werden, von der aus der entscheidende Schlag durch die Zusammenziehung einer überlegenen Zahl an Truppen und Waffen sorgfältig und ohne unnötiges Risiko vorbereitet werden könne. Nach einem erbitterten, mit beißendem Sarkasmus auf der einen, soldatischer Unverblümtheit auf der anderen Seite geführten Wortgefecht fügte Stalin sich lächelnd dem überlegenen Techniker des Krieges und befahl, den Vormarsch zu stoppen. Aus dieser Darstellung ergibt sich indirekt, daß Schukow die Tragödie Warschaus als eine Folge polnischer Ungeduld und nicht russischer Heimtücke angesehen hat. Dies ist ein charakteristisches Beispiel dafür, wie schwierig es sein kann, die sorgsam gehüteten Geschichtsmythen der Sowjets mit ihrer marxistischen Perspektive gegen die ebenso voreingenommenen westlichen Darstellungen auszutarieren. Die Ereignisse von Jalta und sogar der Ablauf und die Ergebnisse der Konferenz von Helsinki stellen sich in der Erinnerung beider Lager unterschiedlich dar; nicht nur, daß jede Seite rückwirkend die inhaltlichen Schwerpunkte anders setzte, beide operierten auch mit einem inkongruenten Vokabular.

Zwischen der Sowjetunion und dem Westen gibt es nicht nur Verständigungsmängel, es herrscht auch ein Mangel an Verständigungs*bereitschaft*, und das ist schlimmer.

16
Kommunismus von innen

Wäre Rußland eine brave Demokratie gewesen, weniger berechenbar aufgrund der Fluktuationen eines Mehrparteiensystems, so bestünden heute sehr wahrscheinlich dieselben Spannungen in seinem Verhältnis zu den Vereinigten Staaten, vielleicht mit geringerer Betonung auf dem Gesichtspunkt der Menschenrechte und daher auch mit einem geringeren Maß an Heuchelei in den wechselseitigen Vorwürfen.

In westlichen Köpfen spukte die heimliche Hoffnung, daß das kommunistische Rußland und das nationalsozialistische Deutschland sich irgendwie gegenseitig aus dem Weg schaffen würden oder daß zumindest das eine sich bei der Vernichtung des anderen so verausgaben würde, daß es den siegreichen westlichen Demokratien leichtfallen würde, ein am Boden zerstörtes Europa zu den Tugenden der parlamentarischen Demokratie zu erziehen. Anstelle des vernünftigerweise zu Erwartenden trat das genaue Gegenteil ein.

Gegen Ende des Krieges, als das nationalsozialistische Deutschland langsam in sich zusammensank, zeigten sich die sowjetischen Armeen zwar blutbeschmiert, aber quicklebendig, stärker als je trotz ihrer fürchterlichen Verluste. Bei der Konferenz von Teheran 1943 mußten Lösungen für die drängenden Probleme gefunden werden, die sich im Zusammenhang mit dem voraussehbaren Untergang des Deutschen Reichs und dem dabei entstehenden Machtvakuum in

Mitteleuropa ergeben würden. Das Vakuum mußte ausgefüllt werden, und zwar auf eine geordnete und, soweit möglich, gerechte Weise.

Es ist üblich geworden, die vermeintliche Kapitulation der Alliierten vor den Wünschen Stalins auf eine krankheitsbedingte Trübung der Urteilsfähigkeit Präsident Roosevelts zurückzuführen. So zu argumentieren heißt, die Zusammenkünfte in Teheran und später in Jalta als normale Konferenzen zu betrachten und die höchst außergewöhnlichen Bedingungen, unter denen sie stattfanden, außer acht zu lassen. Zunächst einmal standen die Gespräche unter Zeitdruck und unter der Prämisse, daß eine Einigung erzielt werden mußte. Zum zweiten hatte Stalin gerade, um den fürchterlichen Preis von 20 Millionen Toten, den vollständigsten Sieg errungen, der Rußland in seiner ganzen bisherigen Geschichte beschieden gewesen war. Bei aller Anerkennung der Rolle, die amerikanische wie britische Hilfsleistungen und der alliierte Vormarsch im Westen – zu einem Zeitpunkt, da das Blatt sich bereits zuungunsten der Nazis gewendet hatte – für den Gesamtsieg spielten, mußte doch anerkannt werden, daß der Krieg im Osten ganz andere Dimensionen hatte als etwa in Frankreich, Italien oder Afrika. Stalin hatte sein unergründliches Lächeln nicht verloren, aber es verbarg nicht mehr Fragen und Zweifel. Es war das Wahrzeichen des Sieges, das Emblem des Selbstbewußtseins dessen, der sich stark weiß. Wäre in diesem historischen Augenblick eine wesentlich andere Vereinbarung mit den Russen möglich gewesen? Hätte ein Roosevelt im Vollbesitz seiner Geistesgegenwart und Energie mehr erreicht als jener in einen Umhang gehüllte blaßgesichtige Schatten eines Mannes, der der Wirklichkeit ausdruckslos ins Gesicht starrte? Churchill war ein alter Mann, aber er war nicht krank, und er tat, was er konnte – «Polen wird um zwei Plätze nach links rücken». Einem moralisch denkenden

Menschen mag dieser disponierende Umgang mit geopolitischen Gegebenheiten einen kalten Schauer über den Rükken jagen, aber ein Staatsmann konnte bei dieser soundsovielten Verteilung des territorialen Kuchens namens Europa keine zimperlichen Rücksichten auf die möglichen unglücklichen Folgen für die «Zutaten» zu diesem Kuchen nehmen. Sicher fiel es Stalin nicht schwer, einige unverbindliche Zusagen im Hinblick auf freie Wahlen hier und dort zu geben, doch da er von freien Wahlen nichts verstand und überhaupt kein Verhältnis zu ihnen hatte, konnte man nicht erwarten, daß er diesen Teil der Vereinbarungen mit allzu großem Eifer zu erfüllen bestrebt sein würde.

Was ihn viel mehr interessierte, war verständlicherweise die Sicherheit Rußlands. Das war schließlich die Sorge, die russische Herrscher von den wechselvollen und so höchst prekären Anfängen dieses Landes an bewegt hat und sie immer bewegen wird.

Manchem mag es scheinen, daß auch die Revolution vom Oktober 1917 die Fenster Rußlands kaum oder gar nicht aufgestoßen hat; dies ist jedoch lediglich eine der negativen Kehrseiten territorialer Größe. Kleinere Länder, die sich um ihr Überleben in einer Welt voller Spannungen oder doch zumindest um die Bewahrung ihrer nationalen Identität sorgen, müssen sich zwangsläufig ein sehr genaues Bild von den Eigenarten und Aktivitäten ihrer Nachbarn machen. Bei ihnen ändern sich die Grenzziehungen im Wandel der Zeiten und der kulturellen Einflüsse, die über sie hinwegschwappen. Anders in Rußland. Stimmen aus angrenzenden Räumen sind dort nicht zu vernehmen. Immer wenn Rußland einen Blick auf das werfen wollte, was andere taten oder vorhatten, mußte es große Gesandtschaften losschicken, wie in den Tagen Iwans des Schrecklichen oder Peters des Großen, Gesandtschaften mit dem ausdrücklichen Auftrag, zu beobachten, zuzuhören, zu lernen.

Lenin mag ein weitgereister Mann gewesen sein; indes, wie hätte er seine anderswo gewonnenen Erkenntnisse auf die russischen Verhältnisse übertragen können? Ohnehin galt sein Hauptinteresse der im Osten ebenso wie im Westen noch nicht praktisch erprobten marxistischen Theorie. Gerade diejenigen, die andere Länder und andere Gesellschaftssysteme aus eigener Erfahrung kannten, gerade sie waren es, die sich bald nach der Revolution, die sie gemacht hatten, in der Verbannung wiederfanden, was noch das Harmloseste war, das ihnen zustoßen konnte.

Stalin wußte nichts von anderen Ländern und hatte auch kein Verlangen danach, sie kennenzulernen. Teheran wurde als Konferenzort gewählt, weil Stalin nicht gewillt war, sich weiter vom Schauplatz seiner Triumphe zu entfernen. Das bestätigt nur, daß in der Tat die Mauern des Kreml den Horizont seiner Welt bildeten; viele in der Reihe der russischen Despoten hatten in den Mauern dieser Festung ihre Träume gehegt und sich in dieser hermetisch isolierten Welt in die eine oder andere Form von Verfolgungs- oder Größenwahn hineingesteigert. Wenn es Stalins Bestimmung war, diese Tradition fortzusetzen, dann war ein georgisches Priesterseminar vermutlich dafür nicht die schlechteste Schule.

Mit anderen Worten: Ausgangspunkt und Vergleichsmaßstab für eine Erneuerung Rußlands war Rußland selbst, waren sein Charakter und seine Geschichte; jeder andere Einfluß blieb ausgeschlossen, abgesehen von der einen Ausnahme jenes theoretischen Werks, das für Rußland eine so merkwürdig große Bedeutung erlangt und im offiziellen Selbstverständnis des russischen Staates, wenn nicht in den Herzen der Bevölkerung, die Rolle einer neuen Bibel übernommen hat.

Wie wäre dann überhaupt eine wirkliche Wandlung Rußlands möglich gewesen? Hätten die stürmischen Wellen an der Oberfläche die Richtung der Tiefenströmung beeinflussen können, jenes kollektiven Unbewußten, das sich in Jahrhunderten der konditionierten Anpassung an die ständige Bedrohtheit der eigenen Existenz und des Sich-Übens in der Kunst des Überlebens durch Geduld herausgebildet hat? Eine rhetorische Frage.

Die Schrecken der Stalinschen Herrschaft, das gespenstische Verschwinden so vieler, die barbarischen Schauprozesse, all dies ist bekannt. Andererseits war Stalin derjenige, der das Zeug hatte, sich den brutalen Erfordernissen zu stellen, von denen ein siegreiches Bestehen im Kriege abhing, und insofern gereicht es ihm zur Unsterblichkeit, daß er einfach zur rechten Zeit am rechten Platz war. Natürlich läßt es sich nicht beweisen, aber vieles spricht doch dafür, daß kein anderer sich dieser Aufgabe mit derselben brutalen Zielstrebigkeit und Unermüdlichkeit hätte entledigen können. Wie für andere einerseits zutiefst abstoßende, aber andererseits auch unendlich faszinierende Gestalten der bewegten russischen Geschichte, so scheint auch für Stalin, diesen ungeschlachten, gefühllosen Tyrannen, zu gelten, daß sein Volk den Triumph über einen zu seiner Vernichtung entschlossenen Todfeind letzten Endes der Tatsache zu verdanken hat, daß es sich seiner Tyrannei unterwarf.

Die Leiden, die in seinem Namen Tausenden und Abertausenden zugefügt wurden, sind und bleiben unentschuldbar, aber es ist eine Tatsache, daß sie im allgemeinen Bewußtsein von dem Augenblick an, da Hitlers Truppen nach Rußland einmarschierten, im Sinne eines notwendigen Übels akzeptiert wurden.

Immer wieder wurde und wird die spekulative Frage gestellt, was passieren würde, wenn diese oder jene bedeutende Gestalt von der historischen Bühne abträte. Frankreich ohne de Gaulle, Jugoslawien ohne Tito, Spanien ohne Franco, China ohne Mao – zu diesen Themen wurden unzählige

Mutmaßungen angestellt, die sich hinterher meist als falsch erwiesen. Infolge der außerordentlichen Flut an personenbezogenen Informationen (und Fehlinformationen), die von den Medien verbreitet werden, ist bei vielen Menschen der Eindruck entstanden, daß gewisse politische Persönlichkeiten unersetzlich seien, als verkörperten sie nicht nur das politische System eines Landes, sondern dessen nationale Identität selbst. Entgegen den Erwartungen und Kassandrarufen der Experten hatte der Tod dieser Männer in keinem Fall grundlegende Veränderungen zur Folge. Andere, vielleicht weniger bedeutende Männer übernahmen das Ruder und setzten die Arbeit ihrer großen Vorgänger in einer Art natürlicher Kontinuität fort.

Einzig im Falle Stalins war das anders, dessen melodramatisches Ende nach einer Reihe schwerer Schlaganfälle in unterschiedlichen Schilderungen und Interpretationen überliefert ist. Das Aufatmen, mit dem die Russen auf sein Ableben reagierten, hätte sich mit dem Seismographen messen lassen. Niemand zweifelte daran, daß dies wirklich das Ende einer Ära war.

Ilja Ehrenburg schrieb 1952 einen Roman mit dem symbolträchtigen Titel *Tauwetter*, und der temperamentvolle Nikita Chruschtschow faßte sich nach dem Tode Stalins ein Herz und rechnete in einer berühmten Rede auf dem XX. Parteitag der KPdSU im Jahr 1956 mit einigen der schlimmsten Auswüchse des eisigen Winters der Stalin-Diktatur ab. Sobald sich jedoch einmal die Erleichterung darüber, daß die Eiterbeule aufgeschnitten war, gesetzt hatte, ging man daran, die Wunde zu säubern und sie mit einem sterilen Verband gegen potentiell ansteckende westliche Viren abzuschirmen, so lange, bis wieder eine dicke Hornhaut gewachsen sein würde.

Die leidigen Frustrationen des kalten Krieges waren vorüber, ebenso die Zeit der monotonen «Njets» in der UNO;

die Veränderung betraf jedoch nur den Stil, in dem die Konfrontationen ausgetragen wurden, nicht deren Ursachen. Chruschtschow besaß eine joviale Fröhlichkeit, die geradezu eine Wohltat war im Vergleich zu der steinernen, nur gelegentlich von einem katzenhaften Lächeln heimlicher Genugtuung aufgelockerten Maskenhaftigkeit Stalins. Ganz im Gegensatz zu Stalin unternahm Chruschtschow Reisen. Er ließ seinen bauchigen Körper in Indien mit Blumenketten behängen, machte in Hollywood seine Faxen und begutachtete im amerikanischen Mittelwesten fachmännisch Maiskolben. Er durchreiste die Vereinigten Staaten von einem Ende zum anderen, um seine Witze, Lebensweisheiten und Bauernsprüche unter die Leute zu bringen – beseelt freilich eher von einem moralischen Sendungsbewußtsein als von dem Willen zu lernen.

Erstaunlicherweise schlossen die Amerikaner dieses reizbare Temperamentsbündel beinahe in ihre Herzen, fast so, als wolle sich jede Familie, um unter lauter grauen Schafen auch einmal ein buntes zu haben, ihren eigenen Chruschtschow zulegen, eine Art jähzornigen Familienonkel, der die Angewohnheit hatte, auch im ungeeignetsten Augenblick unverblümt seine Meinung zu sagen, dem man aber deswegen trotzdem nie richtig böse sein konnte.

Paradoxerweise war es gerade diese Qualität Chruschtschows, seine so natürlich wirkende Gradlinigkeit, die ihn schließlich in den Augen seines eigenen Volks kompromittierte. Dag Hammarskjöld pflegte im Freundeskreis Fotografien der berühmten «Schuhszene» in der UNO herumzuzeigen, als Chruschtschow mit einem Schuh auf sein Pult getrommelt hatte, um auf eine etwas schuljungenhafte Art seinen Protest kundzutun. Der Vorgang haftet weit über den von den meisten längst vergessenen Anlaß hinaus im Gedächtnis, zumal Chruschtschow die Möglichkeiten der Situation tatsächlich voll ausschöpfte. Hammarskjöld war über den Vorfall jedoch zutiefst irritiert und konnte mit seinen Fotografien beweisen, daß Chruschtschow während seiner Trommelei *seine* Schuhe *beide* anhatte, was bedeutet, daß er sich entweder den Schuh eines unschuldigen Adlaten geborgt oder vielleicht sogar das *corpus delicti* in einer Papiertüte in die Sitzung geschmuggelt haben muß, womöglich als belegtes Brot getarnt.

Wie dem auch sei, es liegt etwas Paradoxes darin, daß Chruschtschow gerade mit jener Unverstelltheit und Unbedachtheit, die ihn den Amerikanern so sympathisch machte, bei seinen eigenen Leuten auf Befremden stieß, die seine Ausfälle pikiert als «nekulturni», unkultiviert, verurteilten. Dieses Wort hat für die Russen eine andere Bedeutung, als es in der wörtlichen Übersetzung zum Ausdruck kommt – zum Beispiel ist es «nekulturni», ein Museum zu betreten, ohne zuvor den Mantel in der Garderobe abzugeben –, und es hat sehr viel mit einem äußerst bürgerlichen Begriff der Wohlanständigkeit zu tun, wie er in einem Milieu der Topfpalmen und Zierdeckchen zu Hause ist. Die Russen hatten wirklich das Gefühl, Chruschtschow habe mit diesem Benehmen ihrem Land einen Bärendienst erwiesen, würde doch nun vielleicht alle Welt glauben, in Rußland sei es üblich, seine Unzufriedenheit dadurch zu zeigen, daß man mit dem Schuh auf dem Tisch herumtrommelt.

Wenn auch der ausschlaggebende Anlaß dafür, daß Chruschtschow 1964 aus der politischen Führung der Sowjetunion entfernt wurde, die in der Kuba-Krise erlittene Demütigung gewesen sein dürfte, so trug doch der Vorfall in der UNO mehr zur Erschütterung seiner Autorität bei, als gemeinhin geglaubt wird. Verglichen mit Stalin war Chruschtschow ein Leichtgewicht gewesen, eine erholsame, amüsante Abwechslung, außer für diejenigen, bei denen seine Art, sich zu geben, einen empfindlichen Nerv traf. Immerhin hatte er den Mut gehabt, in den Ring zu steigen, seine Kraft mit allen Herausforderern zu messen, wie ein Matador in einem Dorfzirkus. Er leistete einen Beitrag zur Entmystifizierung Rußlands, und in diesem Sinne war sein Wirken segensreich. Auch wenn sich nach altbewährtem Muster hinter den Kulissen einiges Geheimnisvolle abspielte, so ließ er doch durch seine Unbeherrschtheit einen Teil davon sichtbar werden.

Der farblose Malenkow, der unserem Gesamteindruck vom Wesen des Russischen weder etwas hinzugefügt noch weggenommen hat, läßt sich in einem kurzen Abriß der Entwicklung nach der Stalin-Ära ohne weiteres übergehen. Eine gewichtigere Figur, auch äußerlich, war Breschnew mit seinen erstaunlichen Augenbrauen, die, wilden, windbewegten Hecken über den kühlen, leidenschaftslosen Tümpeln seiner Augen gleich, seinem Gesicht den Ausdruck permanenten Überraschtseins vermittelten. Es war ein keineswegs unfreundliches Gesicht, das bereit schien, durch einen Vorhang des ängstlichen Argwohns hindurch auch Wärme auszustrahlen.

Einer der tausend politischen Witze, die einer permanent unter Druck gehaltenen Bevölkerung als Ventil dienen, lautet wie folgt: Stalin, Chruschtschow und Breschnew fahren mit der transsibirischen Eisenbahn. Plötzlich hält der Zug mit einem endgültig klingenden Stoßseufzer. Dann ist alles still. Stalin streichelt sich den Schnurrbart, während er einen Augenblick lang überlegt. Dann lächelt er und kündigt an, er wolle nach dem Rechten sehen. Er steigt aus und kehrt zwanzig Minuten später zurück. «Was hast du gemacht?» fragen ihn die beiden anderen. «Ich habe die Schuldigen erschossen», antwortet er.

Der Zug macht jedoch, was nicht weiter verwunderlich ist, keine Anstalten, sich wieder in Bewegung zu setzen. Chruschtschow wird immer ungeduldiger. Endlich stößt er ein paar wütende Anklagen an die Adresse Stalins hervor und verläßt das Abteil mit der Ankündigung, er werde dafür sorgen, daß es weitergehe. Nach zwanzig Minuten kommt er zurück. «Was hast du gemacht?» fragen ihn die beiden anderen. «Ich habe die Schuldigen rehabilitiert», antwortet er.

Die Minuten vergehen, und der Zug rührt sich nicht. «Jetzt bin ich wohl dran», sagt Breschnew, ohne daß er Anstalten machen würde, aufzustehen. Die anderen schauen ihn eine Weile erwartungsvoll an. «Was willst du machen?» fragen sie ihn. «Ich werde die Vorhänge zuziehen, dann können wir uns vorstellen, daß der Zug fährt.»

Ironische Anekdoten dieser Art gibt es viele; sie stammen aus dem Schoß eines Volkes, von dem etliche im Westen glauben, daß es humorlos, apathisch und phantasielos sei.

Oberflächlich besehen, hat in Rußland jedermann das Recht, Zweifel an der Funktionsfähigkeit des kommunistischen Systems zu äußern; so gibt es beispielsweise viele Anzeichen dafür, daß der Anspruch, eine gerechte Verteilung der Güter zu erreichen, nicht allzu ernst genommen wird. Eier sind vielleicht in manchen Großstädten eine absolute Mangelware, aber nur wenige Kilometer weiter entdeckt man ältere Leute, die auf Bahnsteigen massenhaft Eier feilbieten. Wenn es in einem Supermarkt plötzlich ein reichliches Angebot an Obst gibt und man bei genauerem Nachfragen feststellt, daß die angenehme Bescherung einem Privatunternehmen zu verdanken ist, dessen Gewinne in die Taschen derer fließen, deren Initiative es war, das Obst so zu vermarkten, dann ist dies durchaus nichts Ungewöhnliches. Ungarn, das von allen sozialistischen Ländern die wirtschaftlich gesündeste Landwirtschaft besitzt, hat den Weg in diese Richtung bereits gewiesen und beschritten, ebenso wie er ja auch im Zeichen der Neuen Ökonomischen Politik beschritten wurde, die für die schnelle wirtschaftliche Erholung nach der Revolution verantwortlich war.

Als beredtes Beispiel bürokratischen Unverstandes findet man in der Sowjetunion bisweilen Gruppen alter Omas, die eine Hauptstraße ausbessern und dabei Arbeiten verrichten, die dem Ehrgeiz der radikalsten Emanze genügen würden, während nur wenige Kilometer weiter, in den üppigen Parkanlagen von Djezkoje Selo, junge Männer im wehrfähigen Alter mit trägen Bewegungen die Herbstblätter zwischen den goldenen Nymphen und Tritonen aufspießen.

Es ist sicher, daß es zuwenig Anreize (vor allem auch für Qualität statt nur für Quantität) gibt. Daß derjenige, der seine Arbeit besonders gut macht, in Form einer großformatigen Fotografie der Öffentlichkeit vorgestellt wird, ist eine Belohnung, die nicht so wirksam zu greifen scheint wie die unauffälligeren Anreize, mit denen Leistung im Westen belohnt wird. Auszeichnungen, die vielleicht einem Schulkind die Brust schwellen lassen, kommen bei kritischen Russen nicht besonders an. Zwar werden Medaillen von denen, denen sie verliehen worden sind, beständig getragen, aber alle diejenigen, die diese Symbole ein klein wenig zu ernst nehmen, machen sich sehr rasch zur Zielscheibe zahlreicher Witzeleien.

Unbestreitbar ist indessen, daß das Land sich, innerhalb eines gesetzten Rahmens von allerdings ganz humorloser Rigorosität, in einem beständigen Wandlungsprozeß befindet. Es als ein monolithisches und versteinertes Gebilde zu betrachten, hieße zu vergessen, daß letztlich alle Länder den Gesetzen unterliegen, die die menschliche Natur als solche regieren, und daß die Fesseln, die dieser angelegt werden, nie so straff angezogen werden können, daß sie jede Bewegung verhindern. Als vor Jahren der ehemalige sowjetische Botschafter in der Bundesrepublik, Valentin Falin, von einem bekannten britischen Journalisten gefragt wurde, ob die Sowjetbürger denn je, sei es zu Hause oder im Büro, darüber diskutierten, wer einmal die Nachfolge

Breschnews antreten werde, entgegnete er: «Darüber wird andauernd diskutiert, sowohl zu Hause als auch im Büro.»

Mit anderen Worten, Diskussionen und Streitgespräche sind in der Sowjetunion, wie überall auf der Welt, an der Tagesordnung, auch wenn das Gesicht, das dieser Staat der Außenwelt zeigt, unnatürlich unbewegt scheint. Dies ist vor allem eine Folge des Argwohns, den eine jahrhundertelange Geschichte voller unliebsamer Überraschungen den Russen eingepflanzt hat. Sie neigen dazu, dem Augenschein zu mißtrauen und sich zu fragen, was sich wohl dahinter verbergen könnte. Und über all dem steht die durch Erfahrung gefestigte Überzeugung, daß eine Flasche Wodka und zwei oder mehr klingende Gläser nicht nur einen Abend lang Freundschaften stiften, sondern auch eine Nacht lang die Zungen lösen. *In vodka veritas.* Alkohol spielt in allen nördlichen Klimazonen eine überragende Rolle, und der Sowjetunion sind, wie sie selbst häufig einräumt, die damit einhergehenden Probleme nicht unvertraut. Sie steht damit natürlich nicht alleine.

Wer sich in Schweden ein Glas Schnaps bestellt, erhält dazu unweigerlich ein betagtes belegtes Brötchen, das er, wie der Kellner ihm ebenso unweigerlich zu verstehen gibt, tunlichst nicht essen sollte, da es (als gesetzlich vorgeschriebene Beigabe zu Spirituosen aller Art) schon viele Male verkauft worden ist. So erklärt es sich, daß belegte Brötchen in Schweden ihrem Besitzer Geld einspielen, wie es anderswo Rennpferde tun.

In Norwegen, wo Spirituosen rationiert sind, trifft man am ersten Samstag eines jeden Monats Leute an, die lallende Selbstgespräche halten, nachdem sie ihre monatliche Zuteilung gleich auf einmal geschluckt haben. Man kann vermuten, daß diese Leute den Rest des Monats aufgrund erzwungener Trockenheit im Zustande einer gewissen Verdrießlichkeit verbringen. Die Strafen für Alkohol am Steuer sind in allen skandinavischen Ländern immer besonders drakonisch gewesen; Leute, die im eigenen Auto zu einer Party fahren, lassen sich oft von einem angeheuerten Studenten nach Hause chauffieren. In Schweden gab es bis vor kurzem einen Standardwitz, wenn es darum ging, die zeitweilige Abwesenheit eines Verwandten oder Freundes zu erklären, der wegen Fahrens mit einem saftig überhöhten Alkoholpegel im Kittchen saß; man sagte, der oder die Betreffende sei «in China». Das war schön und gut, solange China ein unerreichbar fernes Land war; heutzutage ist dieser Brauch allerdings geeignet, wirkliche Chinareisende in peinliche Situationen zu bringen.

Das Alkoholproblem des finnischen Staates hängt eng mit dem der Sowjetunion zusammen, da finnische Bürger normalerweise ohne Schwierigkeiten ins benachbarte Leningrad fahren können, wo der Wodka um ein Vielfaches billiger ist als im eigenen Land. Nicht selten kann man erleben, daß aus einem Hotelrestaurant, genauer gesagt von unterhalb eines Tisches, ein kräftiger mehrstimmiger, wenn auch einsamer Chorgesang aus finnischen Männerkehlen erklingt, während ältere russische Wachmänner nebenan hilflos in ihre Trillerpfeifen blasen.

Dem Rußlandbesucher fällt auf, daß die meisten Betrunkenen einen überquellenden Hang zur Freundlichkeit und zur Verbrüderung mit jedermann an den Tag legen, vielleicht gerade deshalb, weil die Russen im nüchternen Zustand so steif und unnahbar sind.

Als der amerikanische Botschafter Averell Harriman einmal im Moskauer Restaurant *Praga* zu Abend aß, betrat ein russischer Matrose das Lokal, dessen Gesicht vor Menschenfreundlichkeit leuchtete, der aber offenbar, seinem schwankenden Schritt nach zu urteilen, rauhe See unter den Füßen hatte. Als er Harriman erblickte, fing er vollends zu strahlen an und wäre vor freudiger Überraschung beinahe gestürzt. Er kam auf Harriman zu, legte beide Hände um dessen Kinn, gab ihm einen schmatzenden Kuß und rief: «Harriman! *Drug moi*!» («Harriman! Mein Freund!») Er wurde sogleich vom Personal weggezerrt und hinausgeführt, um der allgegenwärtigen Miliz übergeben zu werden; Botschafter Harriman stürzte hinterher und verpaßte zwei Gänge seines Essens, weil er erst zurückkehrte, als er sichergestellt wußte, daß die Behörden die überschwengliche Geste des Matrosen nicht als eine Belästigung oder Beleidigung des Botschafters ahnden würden. Die Geschichte stellte sowohl der Menschlichkeit Harrimans als auch der Herzlichkeit des Matrosen ein gutes Zeugnis aus.

Das Problem des Alkoholismus und dasjenige des sogenannten Hooliganismus sind Produkte nicht nur des Klimas, sondern auch der Langeweile, der strengen Geregeltheit eines Alltagslebens, in dem kaum Platz für Träume, Abenteuer oder auch nur persönliche Extravaganzen ist. Sicherlich gibt es «gepflegte» Formen der Zerstreuung: Ballett, Theater- und Museumsbesuche, und diese Möglichkeiten werden auch reichlich genutzt von einem Publikum, das sich in den Feinheiten alter Ballett-Traditionen auskennt; die zahllosen Primadonnen und Solisten, die auf ihren Spitzen kreuz und quer über heimelige Waldlichtungen trippeln, tun dies freilich mit einer Gestik, die viel von ihrer Bedeutung und noch mehr von ihrer Eindringlichkeit eingebüßt hat. Sicherlich finden sich inmitten dieser Erinnerungsorgien da und dort tänzerische Höchstleistungen, aber die Anhäufung durchscheinender Feenflügel, romantisch aufgeputzter Schottenröcke und Ballonmützen, ganz zu schweigen von einer Musik mit dem Sättigungseffekt einer Engadiner Nußtorte und einem mit den Jahren verblaßten Bühnenbild, bringt den Zuschauer wohl eher zum Gähnen als zum Träumen.

Rußland besitzt jede Menge guter Tänzer, Sänger und

Schauspieler, aber was sie vorführen, ist vor allem sorgfältig einstudiert und verhält sich zu wirklicher schöpferisch-künstlerischer Phantasie wie ein steriler Garten zu einer Landschaft, wie ein Dach zum Himmel.

Es gibt kein anderes Land, in dem man, wenn man in ein Museum geht, dort so viele Soldaten aller Waffengattungen – nicht in Gruppen, sondern allein oder zu zweien – antrifft wie in Rußland. Was in ihnen vorgeht, wenn sie ehrfurchtsvoll vor einem Van Eyck oder einem Rembrandt stehen, kann man nur vermuten, und auch wenn sie im Angesicht eines Rubens durch ein Lächeln ein wenig von ihren Empfindungen preisgeben, so fällt es doch schwer, sich amerikanische Soldaten oder Soldaten irgendeines anderen Landes in größerer Zahl als freiwillige Besucher der Washingtoner Nationalgalerie bzw. ihrer jeweiligen heimatlichen Kunsttempel vorzustellen. Indes, wenn auch das Bedürfnis nach Kultur bei Männern und Frauen, denen von frühester Jugend an eingeschärft wurde, daß die Kunst das gemeinsame Erbe eines ganzen Volkes sei, mit erstaunlichem Erfolg gefördert worden ist, so bleibt doch der deutliche Eindruck, daß das dadurch geweckte Verlangen durch das, was die Leute geboten bekommen, nicht ganz befriedigt wird. Die Tatsache, daß auswärtige Theatergruppen bei Gastspielen mit Begeisterung überschüttet werden, selbst wenn sie keine besonders hochwertige Kunst bieten, und daß Konzerte von Jazz- und Rockgruppen auf junge Leute die labende Wirkung eines Regenschauers nach Jahren der Trockenheit haben, zeigt, wie groß die Bereitschaft ist, etwas Neues in sich aufzunehmen, das in Jahrhunderten einer von keinerlei Großzügigkeit oder Aufgeklärtheit getrübten Zensur von ihnen ferngehalten worden ist.

An banausenhaften Besserwissern, die sich bemüßigt fühlten, kritische Mitbürger in die Dunkelkammer ihrer eigenen Borniertheit hineinzuschwadronieren, hat Rußland

Die Zarenfamilie vor dem Ersten Weltkrieg.

nie Mangel gelitten. Chruschtschow wurde nie müde, in seiner großsprecherischen Art seine kleinbürgerlichen Ansichten über die Malerei zum besten zu geben, womit er nichts anderes bewies, als daß er sich mit Maiskolben besser auskannte. Die Folge der Einmischungen unqualifizierter Schiedsrichter in das kreative Chaos, auf dessen Boden wirkliche Kunst einzig gedeihen kann, ist die, daß der interpretierende über den schöpfenden Künstler gestellt wird, da seine Arbeit leichter und ihr Resultat weniger kontrovers ist. Dies allein führt schon zu einem unguten Ungleichgewicht im kulturellen Leben eines Landes, und während es einerseits gewisse planbare Erfolgserlebnisse garantiert, sorgt es andererseits für einen völligen Mangel an Überraschungsmomenten.

Die Hörensagen-Berichte in der westlichen Presse über das Leben im Zwangskorsett des kommunistischen Staates sind zahlreich und von penetrant gleichartiger Tendenz. Erscheint in einer russischen Zeitung einmal ein kritischer Beitrag, sei es über eine Untersuchung zur Verbreitung des Alkoholismus oder über die Verhaftung eines Schiebers, der illegal Nylonstrümpfe verkauft hat, so wird er unweigerlich aufgegriffen und mit einem Gestus der Objektivität referiert, der ein hämisches Grinsen nur schlecht verhüllt. Man hat den Eindruck, es gäbe für manche im Westen nichts Wichtigeres, als den Beweis zu erbringen, daß das sowjetische System nicht funktioniert. Natürlich ist das umgekehrt genauso; der Unterschied ist allerdings, daß in den Augen des Westens alles, was aus dem Osten ertönt, pure Propaganda ist, während die westlichen Medien ein Born der objektiven Berichterstattung sind. Der Kleinkrieg innerhalb der UNESCO illustriert dies sehr anschaulich. Die von beiden Seiten erhobenen Anschuldigungen oder, weniger dramatisch, die von beiden Seiten geäußerten Befürchtungen, erscheinen im Lichte der gegensätzlichen Stand- und Ausgangspunkte voll und ganz gerechtfertigt; Entwicklungsländer sind daran interessiert, selbst die Kontrolle über den Informationsfluß in ihrem Land zu gewinnen, und dies gibt den Gegnern eines solchen Ansinnens Anlaß zu der Befürchtung, daß damit zumindest die Möglichkeit einer Einschränkung der Informationsfreiheit durch diktatorische Einparteienregierungen geschaffen wird. So weit, so gut; doch kein Mensch scheint wahrhaben zu wollen, daß jede Nachricht von Haus aus tendenziös ist. Ein amerikanischer Journalist schreibt für eine amerikanische, ein französischer für eine französische Leserschaft, und dies macht schon, daß er die Meldungen, die er schreibt oder auswählt, unterschwellig so aufbereitet, daß sie dem Geschmack seiner durch eine bestimmte journalistische Tradition zu bestimmten Erwartungshaltungen erzogenen Leserschaft entsprechen. Das gilt um so mehr, als die Vorstellungen davon, was Freiheit ist, von Land zu Land unterschiedlich sind, was wiederum divergierende Präferenzen von Zeitungslesern in verschiedenen Regionen der Welt zur Folge hat.

Wir haben an anderer Stelle darüber räsoniert, daß die amerikanische Verfassung so angelegt ist, daß der Staat darin eher als notwendiges Übel erscheint; tatsächlich verbindet sich der Freiheitsbegriff, wie die Amerikaner ihn gemeinhin verstehen, mit einem tiefen Mißtrauen gegen die Staatsmacht und ihre Ansprüche. Alles, was sich der Staat außerhalb seiner verwaltungstechnischen und außen- und verteidigungspolitischen Verpflichtungen anmaßt, wird als Einmischung in die persönliche Freiheit betrachtet, der man sich um jeden Preis widersetzen muß.

In Rußland ist alles zentralisiert. Wie in einem Aquarium die Fischarten, sind in der sowjetischen Gesellschaft die Personengruppen voneinander gesondert und schwimmen gleichsam in getrennten Behältern. Wenn ein Fisch den Antrag stellt, in einen anderen Behälter umziehen zu dürfen, dann erregt er damit höchsten Argwohn und bekommt unweigerlich einen ablehnenden Bescheid, denn ein Aufmukken gegen das System der getrennten Behälter wird als antisowjetisches Verhalten betrachtet, ohne daß die persönliche Situation des Antragstellers in Betracht gezogen wird. In den Vereinigten Staaten schwimmen alle Fische in dem gleichen großen See, und wenn die Kaulquappen sich nach dem Ausschlüpfen aufmachen, um in der beneidenswerten Freiheit dieses Gewässers ihr Leben unter Barrakudas, Stachelrochen und Haien zu fristen, belehrt man sie: «Denkt daran, ihr habt Rechte.»

Kein System ist vollkommen, doch fühlen sich in einer Welt voller Spannungen alle Völker hin und wieder bemüßigt, bei der Verteidigung ihres Systems gegen Kritik von außen so zu tun, als sei es vollkommen. Und wenn diese Verteidigung die Gestalt einer Rüstungseskalation auf einem immer höheren Niveau teuflischer Raffinesse und gedankenlosen technischen Fortschritts annimmt, müssen wir uns fragen, ob die moralischen Werte, die wir zur Rechtfertigung dieses ganzen militärischen Wahnsinns so feierlich beschwören, angesichts der Immoralität der Waffen, die zu ihrer Verteidigung dienen sollen, nicht vielleicht zu einem unglaubwürdigen, leeren Fetisch werden.

Und wie sehen denn überhaupt unsere großen moralischen Trümpfe aus? Ist der moralische Abstand zwischen uns und den anderen wirklich so groß, daß wir es uns leisten können, aus dem, was uns trennt, die Rechtfertigung für eine Feindseligkeit abzuleiten, die ernster und potentiell gefährlicher ist, als es einer bloßen Nichtübereinstimmung in bestimmten moralischen Grundfragen entspräche?

Die Freiheit des Denkens ist überall gegeben: im Gefängnis, im Arbeitslager, in Augenblicken der Einsamkeit oder des Nachdenkens. Keiner Macht der Welt ist es bislang gelungen, dieses Recht abzuschaffen. Freiheit des Handelns gibt es nirgendwo, es sei denn, wir lassen die Tatsache, daß ein reicher Mensch in der Lage ist, sich einen teuren Gegenstand zu kaufen, als Freiheit gelten; aber insofern, als ein armer Mensch sich diesen selben Gegenstand versagen muß, ist die Freiheit, ihn sich kaufen zu können, eben kein Recht, sondern nur ein Privileg.

Wir sind alle dem Gesetz unterworfen, und selbst wenn die Gesetze der verschiedenen Länder sich voneinander unterscheiden, so sind diese Unterschiede doch viel geringer, als wir es uns vielleicht einbilden. Das Spiel des Lebens läuft in allen Teilen dieser Welt nach bemerkenswert ähnlichen Regeln ab, außer vielleicht dort, wo der Preis, um den gespielt wird, das nackte Überleben ist.

Worin bestehen nun aber die moralischen Gegensätze, die diese gefährdete Welt in zwei Lager spalten? Fragen wir die frommen amerikanischen Bildschirm-Prediger in ihren Talmi-Fräcken, und sie werden uns mit düsteren Prophezeiungen aus der Bibel zu Leibe rücken und uns weismachen, daß die heutige Lage schon von den alten Propheten vorausgesehen worden ist – vorausgesetzt, wir akzeptieren, daß der Kommunismus mit seinen gierigen, brennend auf die heilige Unantastbarkeit des Privateigentums (worunter nicht nur Bankguthaben, sondern auch menschliche Seelen fallen) gerichteten Augen tatsächlich die Verkörperung des Antichrist ist.

Fragen wir einen Politiker wie Richard Nixon, und er wird uns in sachlich kühlem Ton sagen, daß es die erklärte Absicht der Sowjets sei, die Weltherrschaft zu erringen. Mit dieser Auffassung kann er sich auf keinen geringeren als Konrad Adenauer berufen, der sich seine diesbezügliche Auffassung allerdings zu einer Zeit bildete, als er ein noch aus allen Wunden blutendes Deutschland regierte, an dessen Türschwelle eine siegreiche und kraftstrotzende sowjetische Armee stand. Nun mag man einwenden, daß die Sowjet-Armee auch heute noch gleich um die Ecke stehe, daß sie noch immer zu groß und zu gut ausgerüstet sei, als daß man sich beruhigt abwenden könnte. Wozu brauchen sie so viele Soldaten, wenn nicht dazu, die Proletarier aller Länder unter ihrer Herrschaft zu vereinen?

Alle Argumente dieser Art sind reine Unterstellungen, aber sie können vielleicht einmal eine praktische Bestätigung erfahren, wenn nämlich irgendeinem Irren die Nerven so zu flattern beginnen, daß er einen Schwarm von Zugvögeln für eine anfliegende Raketenflotte hält. Es lohnt sich auf jeden Fall, auch noch andere Aspekte einer Situation zu untersuchen, die zu sehr mit ständig akuten Gefahren befrachtet ist, als daß man sich die Dinge so einfach machen kann, wie naive Fernsehprediger es tun.

Doppelte Moral ist heute Trumpf. Es mag wohl möglich sein, daß eine Spionagekamera ein Foto von einer sowjetischen Prostituierten schießt, die gerade nach einem anstrengenden Abend auf dem Trottoir an ihrem Schuh herumnestelt, und es mag auch möglich sein, daß sie den Inhalt ihrer Bettgespräche am Ende den entsprechenden Behörden zur Kenntnis bringt, aber es ist unfair, einen solchen journalistischen Fund breitzutreten, ohne im gleichen Atemzug auf die 42. Straße in New York mit ihren in greller Obszönität um Kunden buhlenden Neonlicht-Fassaden oder auf San Francisco zu verweisen, wo mit behördlichem Segen alle Sonderwünsche dieser Welt erfüllt werden.

Freiheit ist natürlich unteilbar, und eine ihrer unzähligen Facetten ist die Freiheit, leichtgläubig zu sein, ohne die von der Freiheit, Geschäfte zu machen, sicherlich nicht so ausgiebig und erfolgreich Gebrauch gemacht würde. Eine Anzeige in einer in Los Angeles erscheinenden Tageszeitung scheint mir ein ausgezeichnetes Beispiel zu sein für diese Ausbeutung einer Freiheit durch eine andere. «Wollen Sie obszöne Anrufe von garantiert nackten Mädchen?» heißt es

Oben: Galaabend in einem Moskauer Theater (1856).
Unten links: Tschaikowski im Jahre 1893, gemalt von N. Kusnezow.
Unten rechts: Leo Tolstoi bei der Arbeit, 1884 gemalt von N. N. Gey.

zunächst, und schließlich folgt, getragen von einem tiefen Verständnis für die heutige Situation des Menschen, die Versicherung: «Alle bekannten Kreditkarten werden angenommen.»

Diejenigen, die solche Dienstleistungen in Anspruch nehmen, wären sich gewiß einig darin, daß diese kleine Freiheit zusammen mit all den anderen, größeren, in jenes Bündel von Freiheiten hineingehört, in dessen Namen die Raketen auf ihre Ziele programmiert und die Bomben scharf gemacht werden.

17
Mein Rußland

Das Besondere an meinem Rußland ist, daß ich keine Angst vor ihm habe. Wenn ich seine Geschichte bedenke, meine ich, daß es allen Grund hat, an der Lauterkeit der Absichten anderer Mächte zu zweifeln und entsprechende Vorkehrungen zu treffen. Diese Behauptung bedarf keiner Beweise über das hinaus, was in diesem Buch bereits gesagt worden ist.

Napoleons Überfall war der erste konzentrierte Versuch, Rußland zu erobern; das Heer, das er nach Moskau führte und das zu Beginn des Feldzugs zahlenmäßig mindestens doppelt so stark war wie das russische, setzte sich freilich aus vielen disparaten und teilweise wenig motivierten Elementen zusammen. Dennoch herrschte – wie bei jedem Krieg, in den Rußland verwickelt war – allgemein die Auffassung, der schwerfällige Koloß werde nicht die nötige Behendigkeit aufbringen, um sich auf die Hinterbeine zu stellen und sich zu wehren. Der Protest, den die *Boston Gazette* am 3. Dezember 1812 anmeldete, zeigt, daß die heutige, quasi instinktive amerikanisch-russische Feindschaft zu jener Zeit, als noch keines der beiden Länder eine Weltmachtstellung zu verteidigen hatte, nicht existierte. «Der unprovozierte Angriff auf Rußland ist nichts anderes als ein maskierter Angriff auf uns. Die Wichte, die das Ansehen Rußlands in den Augen ehrlicher Bürger herabzusetzen versuchen, hätten es verdient, als Renegaten und Spione mit Schmach überhäuft und öffentlich angeprangert zu werden.»

Joseph de Maistre, Botschafter Sardiniens in St. Petersburg, pries die Tapferkeit der Verteidiger Rußlands – «Sie haben sich jenen reinen und unverlierbaren Ruhm erworben, der durch kein Wenn und Aber zu schmälern ist» –, fügte aber, sicher nicht ohne Stolz, hinzu: «Frankreich ist die einzige Festlandsmacht in diesem Universum, die auf dem Territorium anderer Völker, nie aber auf ihrem eigenen Krieg führt.»

Seine volltönend verkündete Erkenntnis sollte nicht mehr lange wahr bleiben; er hätte allerdings hinzufügen können, daß Rußland die meisten seiner größeren Kriege auf eigenem Gebiet und sehr selten auf dem Territorium anderer Völker geführt hatte. 42 Jahre nach dem Überfall Napoleons wurde Rußland ein weiteres Mal zum Objekt von Revanchegelüsten seiner westlichen Nachbarn, die, ohne daß ein *casus belli* vorgelegen hätte, den Krimkrieg vom Zaun brachen. Der blieb allerdings, wie sich zeigte, ein auf einen kleinen geographischen Raum begrenzter Konflikt und kann nicht in eine Reihe mit den anderen Überfällen auf Rußland gestellt werden. 60 Jahre später jedoch steckte die Welt unversehens in einem Krieg, in den die Beteiligten, wie in so viele Kriege zuvor, leichtfertig hineingeraten waren, der sich bald aber so unkontrollierbar weiterfraß wie eine Pestepidemie. Rußland stieg, wie wir gesehen haben, 1917 aus dem blutigen Spiel aus, nachdem es über eine Million Menschen verloren hatte, und schloß mit seinen bisherigen Gegnern zu mehr oder weniger demütigenden Bedingungen Frieden. Das Land war zur Fortführung des Krieges physisch nicht in der Lage, nicht nur wegen der erlittenen Verluste, sondern auch weil seine Industrie Waffen und Munition in den ungeheuren Mengen, die erforderlich gewesen wären, einfach nicht mehr liefern konnte. Und davon einmal abgesehen, gab es für ein Land, an dessen Spitze ein Lenin stand, andere Prioritäten.

Die Widerstandsfähigkeit der Russen ein weiteres Mal unterschätzend, setzten die Entente-Mächte primitive militärische Expeditionen ins Werk, in der Hoffnung, in Moskau wieder ein ihrer Sache geneigteres Regime ans Ruder bringen zu können. Diese Dinge sind heute im Westen weitgehend vergessen, aus dem sehr guten Grund, daß jene Invasionstruppen das gesetzte Ziel nicht erreichten, und welches Land räumt schon eigenen Fehlschlägen im Geschichtsunterricht viel Platz ein? In der Sowjetunion aber weiß jedes Kind, daß sich vor nur 60 Jahren britische, französische, japanische und amerikanische Truppen auf russischem Boden befanden, daß die Deutschen die ganze Ukraine unter ihre Herrschaft brachten und ganz Sibirien sowie große Gebiete im Norden und Süden Rußlands praktisch besetztes Land waren und daß die Sowjets in der Abwehr aller dieser schnappenden Wölfe ihren ersten bedeutsamen Sieg improvisierten.

Nur 23 Jahre später begann alles von neuem, bloß daß es dieses Mal mit 20 Millionen Toten endete statt mit einer. Auch diesmal gab es nach verunglückten Anfängen voller kostspieliger Fehleinschätzungen und Fehlentscheidungen schließlich einen Sieg zu feiern.

Gibt es irgendeinen stichhaltigen Grund dafür, daß die Russen es *nicht* für klüger halten sollten, ständig für den Ernstfall gerüstet zu sein, oder daß sie argloses Zutrauen zu den friedfertigen Absichten des Westens haben sollten? Historische Belege für die Friedfertigkeit des Westens sind viel schwieriger zu finden als solche, die für die Aufrichtigkeit des russischen Wunsches nach Frieden sprechen. Das dröhnende Schweigen vieler Millionen Gefallener und Getöteter mag dies bezeugen. Rußland hat in den vergangenen 200 Jahren mehr unter Kriegen gelitten als jemals ein anderes Volk. Es hat in dieser Zeit französische, britische, deutsche, polnische, österreichische, schwedische, italienische, rumänische, schweizerische, türkische, japanische und amerikanische Truppen als ungebetene Besucher auf seinem Territorium dulden müssen. Und heute soll dieses Land die Welt erobern wollen?

Verglichen mit Rußland, haben die Vereinigten Staaten eine kurze und gesegnete Geschichte. Der Sezessionskrieg war der einzige innere Konflikt, den sie nicht mit gewaltlosen Mitteln beizulegen vermochten, und das war, verglichen mit den gesellschaftlichen Erdbeben, die anderswo wüteten, nur ein Schüttelkrampf. Eine Invasion fremder Truppen oder eine nennenswerte Hungersnot haben die US-Amerikaner nie erlebt. Sie haben eine Wirtschaftskrise und einen Totalzusammenbruch des Marktes durchgemacht, aber diese Erscheinungen zeugen indirekt von dem großen gesellschaftlichen Reichtum, dessen Kehrseite sie sind, und mit der Erholung, die auf die Krise folgte, bewiesen die Amerikaner ihre Zähigkeit und ihren unverwüstlichen Optimismus. Dazu kommt, daß die USA sich zu einer Zeit als Nation konstituierten, als die verkehrsmäßige Erschließung des Landes bereits im Gang war. Lokale Spannungen hatten somit gar nicht die Chance, sich unter den Bedingungen einer isolierten kleinen Welt zu verschärfen. Die Vereinigten Staaten wurden sehr schnell zu einem einheitlichen nationalen Gebilde, ebenso wie ihre Bewohner ihren Pragmatismus und ihre anderen bestechenden Qualitäten fast über Nacht erwarben, vielleicht weil sie die Möglichkeit hatten, ihre außerordentlichen wirtschaftlichen und organisatorischen Talente praktisch unbehindert zu entfalten. Das Fehlen wirklich bedrohlicher Widerstände bestärkte sie auch in einem ungehemmten Idealismus, den zu besitzen vielleicht ein größerer Luxus ist als alles, was man sich für Geld kaufen kann. Amerikanische Politiker sprechen häufig und gern, mit einer Mischung aus Zuneigung und Ehrfurcht, von «dieser unserer großen Nation», und sie legen Wert auf gewisse, leicht angestaubt wirkende Gesten, wie beispielsweise das traditionelle Ritual, die Hand aufs Herz zu legen, wenn die Nationalhymne gespielt wird – was so etwas wie eine symbolische Nabelschnur, eine Art magischer Verbindung zu dem Heroismus ihrer wagemutigen Anfänge als Nation herstellt.

Zu einer Zeit, da Isolationismus noch eine mögliche Alternative war, betrachteten die Amerikaner Rußland als ein autokratisch regiertes Kaiserreich mit einer streng nach Klassen und Vorrechten gegliederten Gesellschaft, und dies alles war dem amerikanischen Denken und Fühlen zutiefst widerwärtig. So wurde denn auch ein Maxim Gorki, als er nach den Vereinigten Staaten kam, um die Revolution zu predigen, dort mit der denkbar größten Begeisterung begrüßt, und viele Amerikaner waren zu jener Zeit der Überzeugung, die Revolutionierung der inneren Zustände sei für ein Land wie Rußland die einzig mögliche Zukunftsperspektive. Die Begeisterung hielt aber nur so lange an, bis sich herumsprach, daß die Dame, in deren Begleitung der große Schriftsteller reiste, nicht sein angetrautes Weib war; er wurde daraufhin prompt aufgefordert, die Vereinigten Staaten zu verlassen. Den Tip hatte die zaristische Regierung gegeben, die die Amerikaner offenbar gut genug einzuschätzen wußte, um voraussehen zu können, daß ein Hauch von außerehelicher Liaison auf die Glut ihrer revolutionären Euphorie wirken würde wie eine kalte Dusche.

Der Bolschewismus ist in vielem die Antithese zur Weltanschauung des einfachen Amerikaners, und wie wir gesehen haben, dauerte es – trotz der mit typisch amerikanischer Großzügigkeit organisierten Hilfsaktion für die hungernde Sowjetunion in den frühen 20er Jahren – bis 1933, ehe die beiden Länder Botschafter austauschten. Im Zweiten Weltkrieg kam dank eines gemeinsamen Gegners ein beiden Seiten nicht ganz geheures Bündnis zustande; es ist in diesem Zusammenhang bemerkenswert, daß ein Mann von der intellektuellen Statur Präsident Roosevelts sich seinem Zweckbündnis-Partner gegenüber zu einigen verblüffend tiefschürfenden Bekenntnissen veranlaßt fühlte: «Ich vermag einen guten Russen nicht von einem schlechten Russen zu unterscheiden», soll er, wie Isaak Deutscher in seiner bemerkenswerten Stalin-Biographie berichtet, während der Teheraner Konferenz einmal gesagt haben. «Ich weiß, ob ich es mit einem guten oder mit einem schlechten Franzosen zu tun habe, ich kann einen guten Italiener von einem schlechten Italiener unterscheiden, und wenn ich einen guten Griechen sehe, so weiß ich, was ich mit ihm anzufangen habe. Die Russen verstehe ich nicht.»

Hier sind wir bereits auf dem besten Weg zu der simplen Dichotomie des Weltbilds eines Ronald Reagan. Weshalb, fragt man sich, ist es notwendig, zwischen guten und schlechten Russen zu unterscheiden? Immerhin ist es noch ein kleiner Trost, daß dieses Denkmodell die Existenz guter Russen zumindest nicht ausschließt. Und wie toll von Roosevelt, einen guten Italiener von einem schlechten unterscheiden zu können, wo doch immer dann, wenn Skandale wie der um den Banco Ambrosiana, gespickt mit Selbstmorden und Hinweisen auf einen Sumpf an Korruption, Schlagzeilen machen, deutlich wird, daß selbst Italiener diesen Unterschied nicht immer erkennen.

Die Regeln eines romantisierten Wilden Westens, wo die Guten an ihrem weißen, die Bösen an ihrem schwarzen Stetson zu erkennen sind, lassen sich auf das wirkliche Leben nicht anwenden, und erst recht nicht auf die Diplomatie, wo Leute, die sich die Dinge so einfach machen wie Mr. Reagan, dazu tendieren, diejenigen als gute Diplomaten zu identifizieren, die ihnen in allem beipflichten, und diejenigen als schlechte, die dies nicht tun. Einen Tag später können sich freilich, infolge von Umständen, auf die der einzelne keinen Einfluß hat, die Positionen der Beteiligten ins Gegenteil verkehren.

Es war Roosevelt, der die Idee mit den vier Weltpolizisten hatte: Die Vereinigten Staaten, Großbritannien, die Sowjetunion und China sollten gemeinsam den Globus überwachen, ihr Gewicht da und dort mit freundlicher Bestimmtheit geltend machen und Ordnung und Frieden bewahren. Da Großbritannien den anderen nicht das Wasser reichen konnte und in China alles drunter und drüber ging, reduzierte sich die Polizeitruppe auf die Vereinigten Staaten und die Sowjetunion; eine schlechtere Idee hätte einem so ausgezeichneten Kopf wohl kaum entspringen können, wenngleich man zugeben muß, daß sie in fast jeder Hinsicht den Realitäten der Zeit entsprach. Und so ist es noch heute.

Die Konfrontation hat sich inzwischen so zugespitzt, das Blut in den Adern der NATO und des Warschauer Pakts sich so gestaut, daß daraus eine uns alle bedrohende, permanente Gefahr erwachsen ist. Jetzt, da die Angebote für eine friedliche Koexistenz verfallen sind, da der kurze Augenblick einer von gemeinsamen Weltraumprojekten und anderen Kooperationsplänen genährten Hoffnung verstrichen ist und Vertragswerke zur Rüstungsbegrenzung ohne Ratifizierung geblieben sind, fällt die Temperatur von Minute zu Minute. Schon tun sich sichtbare Sprünge im Gefüge der westlichen Verteidigungsallianz auf. Die Versuche der Amerikaner, die sowjetische Wirtschaft dadurch ins Straucheln zu bringen, daß sie ihr technische Entwicklungshilfe vorenthalten – wobei sie sogar soweit gehen, ihre europäischen Verbündeten durch die Verweigerung technischer Lizenzen zum Einschwenken auf den amerikanischen Kurs zu zwingen –, sind nicht nur äußerst plump und taktlos, sondern auch dumm. Gesetze mit rückwirkender Rechtskraft schlagen dem europäischen Rechtsbewußtsein ins Gesicht und können die Nichteinhaltung bestehender Verträge nicht rechtfertigen, insbesondere wenn diese Verträge Arbeitsplätze schaffen und letztlich der Allgemeinheit zugute kommen.

Beim Bau einer Erdgasleitung durch die Sowjetunion sogleich an eine mögliche Abhängigkeit der europäischen Abnehmerländer zu denken, heißt die Dinge von vornherein und grundsätzlich unter dem Gesichtspunkt des potentiellen Konfliktfalls zu sehen, und die direkte Folge dieser Sichtweise ist, daß die Sowjetunion sich gezwungen fühlt, ihre Verteidigungsbereitschaft durch ein permanent hohes Rüstungsniveau zu demonstrieren.

Angesichts der Rigidität der amerikanischen Rußlandpolitik, der Verschärfung des Tons, der kleinlichen Einschränkungen der Bewegungsfreiheit des diplomatischen Personals und anderer provozierender Gesten wie der Rücknahme von Meistbegünstigungsklauseln, die für sich allein gesehen bedeutungslos erscheinen, aber ein Anzeichen dafür sind, daß verantwortliche Politiker Geschmack an einem kleinlichen, trotzigen Austausch von Bösartigkeiten finden, wie ihn höchstens frustrierte Jugendliche als Spiel betreiben mögen, angesichts all dessen haben die Sowjets Grund, sich bedroht zu fühlen.

Natürlich haben die Widersprüche in der Frage der Menschenrechte einerseits und die Strategie des Im-Hintergrund-Bleibens andererseits dazu geführt, daß die Supermächte ihre Interessengegensätze in vielen Teilen der Welt durch Stellvertreter austragen lassen: Die Kubaner mischen in Angola und am Horn von Afrika mit, die Israelis in Mittelamerika und natürlich entlang und jenseits ihrer eigenen Landesgrenzen.

Im Laufe des Libanon-Konflikts wurde deutlich, daß der israelische Verteidigungsminister General Scharon jedes Mal, wenn er im Zuge seines Vormarsches – bei dem er wirkte wie ein Elefant auf der Suche nach dem jeweils nächsten Porzellanladen – des Übereifers beschuldigt wurde, entgegnete, er besorge ja nur das Geschäft der Vereinigten Staaten, wenn er jeden Rest sowjetischen Einflusses im Nahen Osten zunichte mache. Die Russen wurden sogar von ihren erklärten politischen Freunden zunehmend unverhüllter und in beinahe erbittertem Ton dafür gerügt, daß sie ihrem Schützling, der PLO, nur mit verbalen Gesten zu Hilfe gekommen seien. Es lag sicherlich zum größten Teil an der äußersten Zurückhaltung der sowjetischen Regierung, daß Israel und die Vereinigten Staaten sich plötzlich allein im Ring fanden und sich ganz ungestört streiten konnten. Das entsetzliche Massaker in den palästinensischen Lagern in Beirut bildete den traurigen Höhepunkt der Ereignisse; unter seinem Eindruck fand die israelische Opposition endlich wieder zu einer nicht von der Rücksichtnahme auf vermeintliche militärische Notwendigkeiten geknebelten Stimme und machte sich an die langwierige und schmerzhafte Aufgabe, den Glauben an die Zivilisiertheit eines alten Kulturvolks wiederherzustellen, eines Volks von Gesetzgebern, das einen schrecklichen Augenblick lang den Anschein erweckte, als habe es, ziemlich spät in seiner Geschichte, ein ihm bis dahin unbekannt gewesenes Gesetz entdeckt: das Gesetz des Dschungels.

In praktisch jeder der vielen regionalen Konflikte der letzten Jahre, von den Senussi zu den Falkland-Inseln, vom Horn von Afrika über Angola bis zu El Salvador, zogen die Supermächte aus dem Hintergrund zumindest einige der Fäden; wo sie dagegen selbst unmittelbar engagiert sind, achten sie peinlich darauf, die offene Konfrontation zu vermeiden. Sie lassen ihre Waffen sprechen, aber in den Händen anderer. Die Zeit für den ganz großen Wahnsinn ist noch nicht gekommen. Er findet vorläufig erst in den Spalten der Zeitungen statt.

Wenn die Vereinigten Staaten sich in der Kuba-Krise so besonnen und von ihrem Standpunkt aus korrekt verhielten, dann sollten wir uns einmal kurz die heutige Situation der Sowjetunion vor Augen führen. Die Arktis, die so lange eine unüberwindliche natürliche Trennschwelle war, ist offenbar zum zentralen Schlachtfeld für den abstrakten Weltkrieg von morgen auserkoren – wenn er kommt. Das hat den einen Vorteil, daß es dort wenig zu zerstören gibt, außer vielleicht ökologische Gleichgewichte; aber hinterher wird es dort nichts mehr geben als eine nukleare Einöde, über der Tod und Zerstörung liegen. Finnland ist in Friedenszeiten eine neutrale Pufferzone, und dann kommt der sogenannte Eiserne Vorhang, den die Russen aus Gründen, die wir in einiger Ausführlichkeit erörtert haben, für ihre Seelenruhe nötig zu haben glauben.

Die militärischen Imperative der Sowjetunion beständig mit moralischen Wertungen zu vermengen, heißt, die Wahrheit den Zwecken einer interessenorientierten, in diesem Falle westlichen Propaganda zu opfern. Den Russen ist es weniger darum zu tun, was die Polen, Tschechen oder Ungarn denken, als um den militärischen Zusammenhalt ihres Verteidigungsbündnisses. Die unglückseligen und in vieler Hinsicht tragischen Interventionen in Budapest und Prag waren sicherlich das Werk von Generälen und nicht das empörter kommunistischer Theoretiker. Selbst in Polen, wo die Russen offensichtlich alles taten, um die Situation ohne ein direktes militärisches Eingreifen unter Kontrolle zu bekommen, galten ihre primären Befürchtungen nicht so sehr den möglichen gesellschaftlichen Folgen einer politischen und sozialen Emanzipationsbewegung (wiewohl den Russen die Ähnlichkeit zwischen den polnischen Streiks von 1980 und den Aktionen der Petrograder Arbeiter von 1917, die den Funken der russischen Revolution entzündeten, peinlich aufgestoßen sein muß). Wichtiger war wohl, daß die polnischen Ereignisse die russischen Verbindungswege nach der DDR gefährdeten und daher eine gefährliche Schwächung der militärischen Infrastruktur des Warschauer Pakts heraufbeschworen.

Südlich von Rußland liegt die Türkei, ein eher schillerndes Mitglied der sogenannten freien Welt, in dem es von Horchposten und amerikanischer Militärpräsenz wimmelt. Daran schließt sich der Iran an, der bis zur Übernahme der Macht durch den Ajatollah und dessen spezifische Spielart eines religiösen Fundamentalismus unter den Bündnispartnern Amerikas der treueste der Treuen war – ein Tummelplatz modernster Waffensysteme vor einem Hintergrund von Analphabetentum und Rückständigkeit. Dann Afghanistan, eine historische Nahtstelle britischer und russischer Einflußsphären. Schließlich China, das die Vereinigten Staaten mehr als einmal eingeladen hat, auf seinem Territorium Lauschposten zur Beobachtung der Russen einzurichten – Teil eines pragmatischen antisowjetischen Arrangements zwischen zwei Mächten, die sonst nichts verbindet.

Man braucht diese Situation des Eingekreistseins nur einmal in Gedanken auf die USA zu übertragen; in welche Panik würden die Vereinigten Staaten wohl geraten, wenn das südliche Kanada, das nördliche Mexiko und einige der Karibischen Inseln mit sowjetischen Militärstützpunkten gespickt wären? Die Reaktion Washingtons auf die seinerzeitige Aufstellung von Raketen auf Kuba und die Nervosität, mit der die Amerikaner die Entwicklung in Nicaragua, Guatemala, Honduras und El Salvador verfolgten, all dies zeigt, mit welcher Empfindlichkeit die Amerikaner reale oder vermeintliche Beeinträchtigungen ihrer Sicherheit registrieren. Um wieviel rabiater wären ihre Reaktionen, wenn sie so gründlich eingekreist wären wie die Sowjetunion? Und was ist so erstaunlich daran, daß die Sowjetunion unter diesen Umständen alles in ihrer Macht Liegende tut, um sicherzustellen, daß sie, die eine Grenze von Abertausenden von Kilometern Länge zu verteidigen hat, nicht noch einmal kalt erwischt wird, diesmal auf globaler Ebene? Diejenigen, die behaupten, daß die Sowjetunion militärisch höher gerüstet ist, als es für Verteidigungszwecke erforderlich wäre, sind dieselben, für die auch die Ehrenhaftigkeit und moralische Rechtschaffenheit des westlichen Verteidigungsbündnisses über jeden Tadel erhaben sind. Davon überzeugt zu sein, ist das gute Recht eines jeden; nur kann man von den Russen nicht erwarten, daß sie es sind, denn sie haben einfach keine Veranlassung dazu, weder aufgrund geschichtlicher noch aufgrund ethischer Erwägungen. Von ihrem Standpunkt aus stellt sich die Situation so dar, daß der Westen alles in seiner Macht Stehende tut, um militärischen und wirtschaftlichen Druck auf die Sowjetunion auszuüben, mit dem Ziel, ihre Entwicklung zu lähmen und sie nicht aus der Defensive herauskommen zu lassen. In einem gewissen Sinn haben sie damit sogar recht, zumindest was die Vereinigten Staaten angeht. Ironischerweise bewirken die Amerikaner mit dem Druck, den sie ausüben – in Form eines abnorm hohen Niveaus der Rüstungsausgaben mit dem Ziel, die sowjetische Wirtschaft bis an die Grenzen ihrer qualitativen und quantitativen Leistungsfähigkeit zu fordern – vor allem, daß die Möglichkeiten einer Verbesserung des Lebensstandards und einer Liberalisierung der sowjetischen Gesellschaft verschüttet werden. Je weniger die Sowjetunion unter äußerem Druck stünde, desto eher wäre sie in der Lage, den Weg weiterzugehen, auf dem sie im Lauf der Jahrhunderte langsam, aber stetig vorangekommen ist, ihren alten «inneren Feind», die Enormität der Entfernungen, ein für allemal zu überwinden und als gleichwertiges und kooperationsfähiges Mitglied in die Gemeinschaft der Nationen einzutreten.

Die europäischen Länder haben hierfür größeres Verständnis und sind daher zu gewissen Vereinbarungen bereit, die den Amerikanern jedes Mal ein Dorn im Auge sind. Aber schließlich lebt Europa seit eh und je an der Seite des Riesen, hat miterlebt, wie er den Windeln und den Kinderschuhen entwuchs und schließlich volljährig wurde, und wenn auch eine gewisse angestammte Furcht noch vorhanden sein mag, so dürfte das Europa von heute doch wohl in erster Linie unter der Tatsache leiden, daß es in zwei Lager gespalten ist, gesellschaftlich und wirtschaftlich, und daß es, schlimmer als alles andere, zwischen zwei ein ruinöses und unmenschliches Spiel treibenden Todesengeln zerrieben zu werden droht.

Die Abschreckung hat keine Zukunftsperspektiven, ebensowenig wie die Drohung mit dem Fegefeuer als Mittel zur moralischen Besserung der Menschen je eine Zukunftsperspektive hatte. Der Versuch, der potentiellen Katastrophe den Fluch des Unvorstellbaren dadurch zu nehmen, daß man über einen begrenzten Atomkrieg zu sprechen beginnt, scheint mir in etwa so sinnvoll zu sein wie der Entschluß eines Menschen, von Stund an nicht mehr nachzudenken. Es ist ein Ding der Unmöglichkeit.

Um es noch einmal zu sagen: Ich habe keine Angst vor *meinem* Rußland. Es ist ein Land mit einer faszinierenden Lebens- oder vielmehr Überlebensgeschichte, mit einer an Kontrasten und verblüffenden Wendungen gleichermaßen reichen Vergangenheit. In seinem Namen zu sprechen, steht mir nicht zu und ist auch nicht meine Absicht. Ich glaube nicht an die Überlegenheit einzelner Völker, ebensowenig wie an die Unterlegenheit anderer. Ich gehe davon aus, daß die Russen Menschen sind, nicht besser und nicht schlechter als die Bewohner anderer Länder; sicherlich wäre die Welt ohne sie ärmer.

Wenn es einen Grund gibt, sie zu fürchten, dann gewiß nicht den, daß sie in Friedenszeiten über vier Millionen Mann unter Waffen halten (wobei die letzte «Friedenszeit» noch nicht einmal ein halbes Jahrhundert alt ist). Nein, was mir eher Unbehagen einflößt, ist eine Einstellung vieler Russen zum Leben, die durch die Erfahrung geprägt ist, daß dieses Leben nun einmal schwer und oft prekär ist; die Überzeugung, daß dies nicht anders sein könne und daß man damit einfach fertig werden müsse, ist ihnen zur zweiten Natur geworden. Daraus resultiert ein fatalistischer Glaube daran, daß die Leiden ebenso wie die Freuden des Lebens bis zur Neige ausgekostet werden müssen; und wenn es wenig zu essen gibt, dann wird eben wenig gegessen. Die Gewohnheit, immerfort mit dem Schlimmsten zu rechnen, hat eine besondere Intensität der zwischenmenschlichen Beziehungen zur Folge. Freundschaften kommen aus dem Herzen, Tränen sind nichts Peinliches, sondern spontane Beweise der Anteilnahme, der körperliche Kontakt wird gesucht. In Rußland sieht man Männer, die sich küssen oder mit ineinandergehaktem kleinen Finger spazierengehen.

Die Russen sind infolgedessen zu großen, spontanen gemeinsamen Anstrengungen fähig und bereit, für das Wohl des Ganzen persönliche Opfer zu bringen. Sie haben diese Fähigkeit wieder und wieder unter Beweis gestellt, und sie kommt auch in einer leidenschaftlichen Liebe zur Natur und zu allem Natürlichen zum Ausdruck. Die Russen besitzen ferner eine bemerkenswerte Empfänglichkeit für Sprache, insbesondere Lyrik. Eine Dichterlesung auf einem öffentlichen Platz kann einen Menschenauflauf und ein Verkehrschaos herbeiführen. Und natürlich verfügen die Russen über eine außerordentliche Sensibilität für die Rhythmen und Harmonien ihrer einheimischen Musik. Dieses Bewußtsein davon, daß das Leben schwer ist, seine geheimen Freuden sich aber dem Offenherzigen erschließen, verleiht den Russen einen Zug, der sich auch bei allen anderen slawischen Völkern findet. Auf der anderen Seite sind die US-Amerikaner mit einem entwickelten Sinn für eine staatsbürgerliche Mitverantwortung ganz anderer Art ausgestattet. Darin zeigt sich ein qualitativer Unterschied zwischen Völkern verschiedener Hemisphären, ein Unterschied, der nichtsdestoweniger beide zu Komplementärfarben im breiten Spektrum menschlicher Möglichkeiten macht.

Wenn man dem amerikanischen Volk den Vorschlag machen würde, die Lebensweise des russischen zu übernehmen, könnte man mit einer unverzüglichen und überwältigenden Ablehnung dieses Angebots rechnen. Den Amerikanern würde es vor der Eintönigkeit, der grauen Trostlosigkeit des russischen Lebens und vor seinem Mangel an Annehmlichkeiten grausen. Erstaunlicherweise würden umgekehrt aber auch die meisten Russen es ablehnen, ihre Lebensweise gegen die der Amerikaner einzutauschen. Der Duft von Rosen ist nicht Entschädigung genug für das Fehlen von Dornen. Die Russen verzichteten freiwillig auf Hawaii, während die Amerikaner es zu ihrem 51. Bundesstaat machten und die Hawaii-Gitarre elektrisch verstärkten.

Die Russen hängen an den Leiden ihres Lebens ebenso innig wie an seinen Freuden. In ihrer Literatur und Musik haben sie die Melancholie zu einer Quelle künstlerischen Lustgewinns gemacht. Der Brunnen ihrer Melancholie ist bodenlos, und zwischen Lachen und Weinen liegt für sie oft nur ein Augenaufschlag. Russen, die im Exil leben, scheinen unter dem Fehlen dieser allgegenwärtigen Aura der Traurigkeit mehr zu leiden als die Exilierten anderer Länder unter dem Verlust dessen, was sie haben zurücklassen müssen, und sie versuchen, sich diese Aura wieder zu erschaffen, wohin es sie auch verschlägt. Wenn man die Russen verstehen will, sollte man wissen, daß sie so unbefangen wie kein anderes Volk von der «Seele» sprechen, nicht aus Sehnsucht nach einer besseren Welt, sondern weil «Seele» für sie das passende Wort zur Beschreibung jenes schmerzempfindlichen Hohlkörpers in unserem Innern ist, der in Wirklichkeit gar kein Hohlkörper ist, sondern ein empfindliches, alles registrierendes Sinnesorgan.

Wenn sie sich überall dort, wo sie «offiziell» auftreten, die Maske einer steinernen Unbewegtheit überstreifen, könnte das nicht ein Akt der bewußten Disziplin sein, ein Versuch,

Lenin spricht. Ein zeitgenössisches Plakat.

einen unberechenbaren und forschenden Geist in ein sicheres Gewahrsam zu bannen? Rußland ist das einzige Land, das ich kenne, in dem ein Polizist einen Strafzettel ausschreiben kann, weil ein Auto zu schmutzig ist. Was anders ist das, wenn nicht eine in der breiten Palette der Bemühungen, einen jahrhundertealten, angestammten Hang zu Schlendrian und träger Gleichgültigkeit auszurotten, der den Russen durch die eisigen Winter und die unendliche Weite ihres Landes eingepflanzt worden ist?

In den Augen ihrer Feinde ist die Sowjetunion ein einziges großes Gefängnis. Darauf könnte man erwidern, daß sich das Problem überfüllter Gefängnisse so gut wie überall stellt. Doch das Problem sind eigentlich nicht die Gefängnisse an sich; das Problem ist, aus welchen Gründen die Menschen sich darin befinden. *Mein* Rußland ist kein Gefängnis, sondern eher eine Schule, manchmal sogar ein Kindergarten. Es ist eine Anstalt, die versucht, Disziplin zu vermitteln, wie die Schule es tut, und sowohl die Disziplin als auch die Regeln, die man dort lernt, lernt man für das Leben als Erwachsener. Chruschtschow verstieß gegen die Regeln und wurde in die Wüste geschickt. Anderen erging es, in schlimmeren Zeiten, sehr viel schlimmer, aber heute vollziehen sich in dieser Hinsicht merkliche und erfreuliche Wandlungen. Mag sein, daß dies denjenigen, die Mehrheitsentscheidungen im Sinne des westlichen Demokratieverständnisses als unabdingbares Element politischer Freiheit betrachten, noch nicht genügt, aber Rußland hat keine Alternative, als seine Probleme auf die ihm gemäße Weise zu lösen.

Im Gegensatz zu Auffassungen, wie sie in manchen mit Vorurteilen vernagelten westlichen Köpfen spuken, kann man in der Sowjetunion ebensogut wie in irgendeinem anderen Land Freunde finden und sie behalten, mit ihnen disputieren und sie gelegentlich auch persönlich treffen. Die Russen sind, wie bereits erwähnt, Menschen wie alle anderen auch, wenngleich sie sich unter die Imperative eines großen gesellschaftlichen Experiments fügen müssen, das ganz gewiß nicht jedermanns Sache ist.

«Aber der KGB, die Behandlung der Dissidenten?» höre ich entrüstete Stimmen fragen. «Aber Afghanistan?»

Reinwaschen oder Verurteilen liegt nicht in meiner Absicht; ich will lediglich eine Ausgewogenheit des Urteils herstellen, die ich für grundlegend wichtig halte, wenn wir nicht sehenden Auges und in verwerflicher Gutgläubigkeit in eine immer gefährdetere Zukunft marschieren wollen. Ich werde mir daher Retourkutschen bezüglich der CIA, Vietnams und der Dominikanischen Republik verkneifen.

Sich an der lautstarken Aufrechnung der Sündenfälle beider Seiten zu beteiligen, hieße lediglich, die Stimme der Mäßigung zugunsten derjenigen zu schwächen, die nicht an Verständigung, sondern nur an Vorwürfen und Gegenvorwürfen interessiert sind. Supermächte haben ganz eigene Formen des Umgangs miteinander, die zu verstehen der übrigen Welt zuweilen nicht leichtfällt. Die Vereinigten Staaten verstrickten sich in den Vietnamkrieg aus Gründen, die dem militärischen Denken logisch und unausweichlich erschienen. Der Krieg zog sich Jahr um Jahr hin, und mit der Zeit setzten die edlen moralischen Ansprüche unter dem korrodierenden Einfluß des Kriegsgeschehens Rost an. Niemand boykottierte damals Olympische Spiele, einfach weil man den Amerikanern zugute hielt, daß sie trotz dieses Krieges, der ein Fehltritt sein mochte, das Herz auf dem rechten Fleck hatten und die innere Größe besaßen, aus ihren Fehlern zu lernen.

Einige Jahre später marschierten die Russen in Afghanistan ein, aus Gründen, die niemanden außer ihre bedingungslosesten Verbündeten überzeugten. Dieses Mal wurden die Olympischen Spiele boykottiert, und der internationale Umgangston wurde schriller. Man sollte immerhin die

Möglichkeit nicht außer acht lassen, daß man sich in Moskau Sorgen wegen der moslemischen Minderheiten in der UdSSR machte, die 19 Prozent der Gesamtbevölkerung stellen und wesentlich schneller zunehmen als das slawische Element, hat sich doch anderswo eine Renaissance des religiösen Fundamentalismus in Bewegung gesetzt, die wie ein Buschfeuer um sich greift, an keiner Grenze haltmacht und an Loyalitäten appelliert, die historisch viel tiefer verwurzelt sind als die Sowjetmacht. Aber niemand kümmerte sich in diesem Fall um mögliche Gründe. Die Tatsache der Invasion genügte und verlangte nach Bestrafung.

Alle beiden militärischen Verwicklungen waren unnötig und verwerflich. Für die schutzlosen Menschen in einem afghanischen Tal oder einem vietnamesischen Bergdorf (oder auch in Beirut) war die Frage, von wem und weshalb die Bomben abgeworfen wurden, die auf sie herabregneten, ebensowenig von Bedeutung wie die Frage nach der moralischen Rechtschaffenheit der Männer, die die Flugzeuge steuerten. Unschuldige zu töten ist ein Verbrechen, gleich, auf welche moralische Rechtfertigung die Täter sich berufen mögen.

So traurig es ist, scheint es doch eine Tatsache zu sein, daß Organisationen wie die CIA und der KGB notwendig sind, und ebenso scheint es sicher, daß kleinere Nationen auf diesem Felde nichts mehr zu bestellen haben. Als Frankreich und Großbritannien sich bei der Suez-Krise 1956 wie Großmächte zu gebärden versuchten, erlitten sie damit ganz und gar Schiffbruch – die USA und die UdSSR kauften ihnen, in erstaunlicher Eintracht agierend, gleich zu Anfang den Schneid ab. Seither müssen die Engländer sich mit James Bond trösten, der allerdings viel unterhaltsamer und auch viel lukrativer ist als die langweilige Wirklichkeit – wenn sie nicht Gelegenheit haben, für öde Inseln wie die Falklands noch mal Flagge zu zeigen.

Ich bilde mir nicht einen Augenblick lang ein, daß ich irgend jemanden in seinen vorgefaßten Meinungen verunsichern kann. *Meine* Geschichte wendet sich vornehmlich an diejenigen, die großzügig und, wie ich zu sagen wage, intelligent genug sind, sich einen offenen Sinn zu bewahren. Ihnen, und ihnen allein, möchte ich zum Schluß sagen, daß *mein* Rußland ein Land ist, das sich uns in vielen verschiedenen Äußerungsformen darbietet, die alle zumindest unsere Aufmerksamkeit verdienen.

Daß Rußland seine Kindheit überlebte, war ein Wunder; was es in seiner Jugend durchmachte, war ein Alptraum; was es als Jüngling zu bestehen hatte, war nur mehr gefährlich; seine ersten Erwachsenenjahre brachten eine Reihe schwerer Herausforderungen. Wenn den Sowjets nun die Aufgaben und Pflichten einer Weltmacht zugewachsen sind, so stellt ihr Wissen um die Schrecken und den Wahnwitz des Krieges ein Maß für ihr Verantwortungsbewußtsein dar und nicht etwa eine Maske, hinter der sich der Wunsch nach Weltherrschaft verbirgt.

Schließlich und endlich: Wer die Welt beherrschen will, hat es nicht anders verdient – und ist ein Tor.

Da ich diejenigen, die ich bis hierher nicht zu beeindrukken vermocht habe, ohnehin nicht mehr werde umstimmen können, trete ich, ihnen zuliebe, das Recht des letzten Wortes ab, und zwar an keinen geringeren als Josef Stalin. Er sagte einmal zu dem amerikanischen Politiker Harry Hopkins: «Die Russen mögen ein einfaches Volk sein, aber der Westen macht oft den Fehler, sie als Dummköpfe zu betrachten.»

Namensregister

HEYNE ALLGEMEINE REIHE

Biographische Romane, aktuelle Biographien und Autobiographien im Heyne-Taschenbuch

01/6303 - DM 9,80

01/6379 - DM 7,80

01/6345 - DM 6,80

01/6421 - DM 12,80

01/6398 - DM 6,80

01/6427 - DM 9,80

01/6264 - DM 12,80

01/6406 - DM 9,80